Felix Porsch

Kleine Theologie des Neuen Testaments

Felix Porsch

Kleine Theologie des
Neuen Testaments

Verlag Katholisches Bibelwerk
Stuttgart

überarbeitete Neuauflage 2005

www.bibelwerk.de

ISBN 3-460-33037-6
978-3-460-33037-5

Titelbild: FPG/Bavaria Bildagentur, Gauting
Umschlaggestaltung: Dieter Betz, Friolzheim
Satz: Rund ums Buch, Kirchheim
Druck: Ludwig Auer GmbH, Donauwörth

Inhalt

Vorwort

Ziel und Aufgabe einer Theologie des Neuen Testaments ergeben sich aus der Eigenart der Dokumente, mit denen sie sich beschäftigt. Die 27 Schriften des Neuen Testaments sind zuallererst Glaubenszeugnisse und Verkündigungsschriften. In ihnen spiegelt sich der Glaube der christlichen Gemeinden des 1. und beginnenden 2. Jh. wider, genauer: das vom Glauben inspirierte und bestimmte Leben dieser Gemeinden unter seinen vielfältigen Aspekten nach innen und außen. Sie sind gleichsam – wenn auch nicht vollständiger – Ausdruck ihres Lebens. Ihre Verfasser wussten sich nicht so sehr historischer, wie theologischer Treue verpflichtet. Wer in ihnen nur historische Informationen sucht, verschließt sich der eigentlichen Intention der Texte. Ihre Verfasser schreiben in einer je eigenen Situation, sie setzen je eigene theologische Schwerpunkte, bezeugen das eine Heilsereignis Jesus Christus von unterschiedlichen Standpunkten aus. Man muss daher die Einzelstimme kennen, um sie im Gesamt des Christuszeugnisses hören und verstehen zu können.

Darum ist es die Aufgabe einer „Theologie des Neuen Testaments“, *die wesentlichen theologischen Aussagen der einzelnen Schriften zu erheben, ihre vielfältigen Beziehungen untereinander aufzuzeigen und sie im Zusammenhang darzustellen.* Eine solche Gesamtschau soll es dem Leser/der Leserin ermöglichen, die theologischen Grundlinien der einzelnen Schriften oder Schriftgruppen besser erkennen und in ein Gesamtbild einordnen zu können.

Wer eine neutestamentliche Theologie schreibt, muss sich über den Weg klar werden, den er gehen will. Früher hat man öfter versucht, die Aussagen der einzelnen Schriften unter thematischen Gesichtspunkten nach tragenden Begriffen oder Themenkreisen zu ordnen und systematisch zu behandeln. Doch besteht dabei die Gefahr, dass die Eigenart der einzelnen Schrift und ihr Bezug zur jeweiligen Entstehungssituation, um der Stimmigkeit des systematisierenden Beweisgangs willen, vernachlässigt werden.

Die vorliegende Darstellung versucht dagegen, das besondere theologische Profil der einzelnen Schriften möglichst deutlich herauszuarbeiten. Sie betont also gerade die *Vielfalt* der Ansätze und deren Entfaltung im NT, ohne deshalb die Zusammenhänge zu vernachlässigen. Unterschiede und Gemeinsamkeiten sollen gleichermaßen sichtbar werden.

Entsprechend der Zielsetzung der Reihe wurde auf die Diskussion von Einzelproblemen weitgehend verzichtet. (Interessierte seien aber auf die weiterführende Literatur am Ende des Buches hingewiesen.) Dem Verfasser ging es – im bewussten Verzicht auf viele Einzelfragen und wissenschaftliche Fachsprache – darum, dem Leser/der Leserin einen *verständlichen Zugang* zu den theologischen Grundanschauungen der einzelnen Schriften zu ermöglichen und ihm eine Gesamtschau zu vermitteln. Er ist sich bewusst, dass manches kontrovers ist und auch anders gesehen werden kann. Doch war er bemüht, extreme und wenig gesicherte Positionen zu meiden und eher eine konsensfähige, heutiger Forschungslage entsprechende Zusammenschau zu bieten.

Mancher Leser/manche Leserin wird sich fragen, warum die Darstellung nicht mit den Kindheitsgeschichten oder der Verkündigung des irdischen Jesus einsetzt. Zweifellos sind die Botschaft und die Praxis Jesu der Ursprung und auch der bleibende Maßstab des christlichen Glaubens und der christlichen Theologie. Doch das Zeugnis darüber ist uns nur und erstmalig in Schriften greifbar, die *nach der Auferstehung Jesu entstanden sind*. Überdies schließt das volle christologische Bekenntnis den Tod und die Auferstehung Jesu ein. *Erst die Erfahrung der Gegenwart des gekreuzigten Jesus als Auferstandener und die Sendung des Geistes setzte die Entstehung der ntl. Glaubenszeugnisse, wie sie uns in den ntl. Schriften vorliegen, in Gang*. Von dieser nachösterlichen Sicht ist auch der Rückblick auf das Wirken des irdischen Jesus geprägt. Denn die Auferstehung konnte man nur als die nachträgliche, göttliche Bestätigung des Vollmachtsanspruchs des irdischen Jesus deuten. Erst danach begann man, ihn in seiner ganzen Bedeutung zu verstehen und von seinem Wirken deutend und bekennend weiterzuerzählen.

Die vorliegende Darstellung übernimmt also gleichsam diese *nachösterliche Sicht der ersten Zeugen und geht den Weg der Entstehung und Entfaltung ihres (christologischen) Glaubens nach*. Freilich ist keine streng überlieferungsgeschichtliche Darlegung beabsichtigt.

So wird z. B. die Theologie des Paulus erst nach der der Evangelien behandelt, um eine Trennung zwischen den paulinischen und den nachpaulinischen Schriften zu vermeiden und die Theologie der Evangelien im Anschluss an die frühesten vorevangeliaren Sammlungen darstellen zu können. – Auf Einleitungsfragen (wie z. B. die Frage nach den Verfassern, nach Entstehungsort und -zeit, nach der literarischen Einheit) wurde nur eingegangen, wo es erforderlich erschien. Für sie sei auf die entsprechenden Einleitungswerke, vor allem auf die Einführung von W. Kirchschläger, verwiesen. Hier werden die entsprechenden Grundkenntnisse vorausgesetzt.
Der beschränkte Umfang gestattete es leider auch nicht, auf ein sehr bedeutsames und heute mit Recht wieder sehr aktuelles Problem einzugehen: das Verhältnis des NTs zum Alten (oder Ersten) Testament (vgl. dazu: U. Struppe, Einführung in das Alte Testament, 1-5). Nur soviel sei in Erinnerung gerufen: Die Heilige Schrift Jesu und der ersten Christen war das (von uns so genannte) Alte Testament (vorwiegend in seiner griechischen Übersetzung). Dieses und die theologischen Auffassungen des zeitgenössischen Judentums, wie sie uns in der umfangreichen sog. „zwischentestamentlichen" Literatur vorliegen, lieferten den Vorstellungshintergrund, der es erlaubte, Jesu Leben und Sterben und seine neue Machtstellung seit der Auferstehung als gottgewollt, d. h. „gemäß den Schriften", zu deuten und in Bekenntnissätzen auszudrücken. Neben den christologischen Würde- oder Hoheitstiteln (wie Sohn Gottes, Davidssohn, Messias, Menschensohn) sei noch auf den Auferstehungsglauben, auf die Vorstellungen vom stellvertretenden Sühnetod, vom Endgericht und einer endzeitlichen Vollendung verwiesen. All dies und noch vieles mehr (z. B. die Exodus- und Paschaüberlieferungen, der Schöpfungsglaube) war gleichsam der atl.-jüdische Mutterboden, aus dem Jesus und die ersten Christen lebten. Wir können sie nur verstehen, wenn wir diese ihnen vertrauten Überlieferungen kennen. Und noch ein wichtiger Hinweis: Die ntl. Schriften sind geschrieben unter dem Impuls und Beistand des Geistes (unter seiner „In-spiration"!). Daher wird sie auch nur der verstehen, der sich dem Wirken dieses Geistes öffnet und sich seiner Führung in die Fülle der Wahrheit anvertraut (vgl. Joh 16,12-15; 1 Kor 12,3).

I. Kapitel
Der nachösterliche Neubeginn

1 Die ältesten Glaubens- und Bekenntnisformeln

Die Evangelien sind nicht die ältesten schriftlichen Glaubensäußerungen aus ntl. Zeit. Vor ihnen hat es schon Vorstufen gegeben und vor allem auch die Briefe des Paulus. Gerade in seinen Briefen finden wir nun aber noch ältere Überlieferungsstücke, die z.T. noch aus der mündlichen Überlieferung stammen und die er selbst schon übernommen hat. Denn der Schriftwerdung ging ein Stadium der mündlichen Verkündigung voraus, und diese hat sie gewiss auch weiterhin begleitet.

Es handelt sich dabei um schon in der mündlichen Überlieferung festgeprägte Formen und „Formeln" wie Glaubens- und Bekenntnisformeln, liturgische Texte (Hymnen, Lieder, Doxologien, Akklamationen) oder auch um Tugend- und Lasterkataloge aus der sittlichen Unterweisung. Sie lassen sich durch ihr wiederholtes Vorkommen, ihren Wort- und Vorstellungsschatz, ihren Stil und durch ihre Verwendung im Textzusammenhang (oft zeigt sich ein Bruch in der Gedankenfolge) erkennen. Gelegentlich werden sie durch einen ausdrücklichen Hinweis auf die Überlieferung eingeleitet (z. B. 1 Kor 11,23; 15,3). Inhalt und Form der Überlieferung sind immer auch von der konkreten Gemeindesituation, der sozialen und kulturellen Lebenswelt mit ihren zeitbedingten Vorstellungen abhängig. Ändert sich dieser „Sitz im Leben" (wie man diese Gemeindesituation nennt), dann verändert sich auch mehr oder weniger schnell die Darstellungsweise und Ausdrucksform des Glaubens (nicht sein wesentlicher Inhalt!). Das ist z. B. der Grund, warum wir nicht nur ein Evangelium haben, sondern vier. Der „Sitz im Leben" jener alten Formeln sind besondere Aktivitäten, Lebensäußerungen und Bedürfnisse der Gemeinden wie z. B. der Gottesdienst (Taufe, Abendmahl, Predigt), die Katechese oder die missionarische Verkündigung.

In diesen alten, uns überlieferten Formeln und Formen haben wir also die frühesten Zeugnisse des christlichen Glaubens, die Anfänge der Christologie und christlicher Theologie. Ihnen wenden wir uns daher zuerst zu.

1.1 Die Auferweckungsformel

In 1 Kor 15,1f erinnert Paulus die Korinther an den Anfang seiner Verkündigung in Korinth und mahnt sie, am Wortlaut des Evangeliums als dem Grund, auf dem sie als Christen stehen, festzuhalten. Er fährt dann fort:

> Denn vor allem habe ich euch überliefert, was auch ich empfangen habe: Christus ist für unsere Sünden gestorben, gemäß der Schrift, und ist begraben worden. Er ist am drillen Tag auferweckt worden, gemäß der Schrift, und erschien dem Kephas, (dann den Zwölf) (VV. 3-5).

Wir haben es hier offensichtlich mit einer der ältesten Zusammenfassungen des christlichen Glaubens, mit einer Art „Kurzformel des Glaubens“, einem Ur-Credo, zu tun. Seine wesentlichen Aussagen sind:

▷ Christus ist für unsere Sünden gestorben;
▷ er ist auferweckt worden.

Jede dieser Aussagen wird in der folgenden Zeile begründet: Sein Tod durch den Hinweis auf das Begrabenwerden, seine Auferweckung durch die Erscheinung vor Petrus (Kephas) und den Zwölf.

Da Paulus dieses Credo bei seiner eigenen Bekehrung „empfangen“ haben dürfte, reicht seine Entstehung bis in die ersten Jahre nach Jesu Tod (in der Jerusalemer Gemeinde? Oder in Antiochien?) zurück. Beobachtungen an anderen Texten führen jedoch zu dem Schluss, dass es sich bei diesem Ur-Credo bereits um ein fortgeschrittenes Stadium im Überlieferungsprozess handelt und dieses Bekenntnis schon eine *Verbindung zweier Aussagen* ist, die zunächst *selbstständig* existierten.

Das Bekenntnis zur Auferweckung Jesu begegnet nämlich in den paulinischen Briefen mehrmals in einer eigenen kurzen Auferweckungsformel, sei es als Aussagesatz:

▷ „Gott hat Jesus [den Herrn Jesus oder Jesus Christus] (von den Toten) *auferweckt*", sei es in der Form:
Ich bzw. wir glaub(e)n an den, *„der Jesus von den Toten auferweckte"* (wörtlich: „an den Jesus Auferweckthabenden", vgl. 1 Thess 1,10; Gal 1,1; 1 Kor 6,14; 15.15; 2 Kor 4,14; Röm 4,24; 8,11; 10,9. Weitere Anspielungen in Kol 2,12; Eph 1,20). Es fällt auf, dass Auferweckung hier gut alttestamentlich als Tat Gottes an Jesus verstanden wird und jeder Hinweis auf das Sterben fehlt.
In der Auferweckung Jesu durch Gott sieht die Gemeinde die Einsetzung Jesu in die Würde des Richters, des Herrn und Menschensohnes, dessen baldiges Kommen zum Gericht sie herbeisehnt und freudig erwartet (vgl. 1 Thess 1,9; auch Phil 3,20 und Apg 2,33). Zu ihm wendet sie sich mit dem drängenden Gebetsruf: *„Unser Herr, komm!"*, der uns sogar noch in seiner ursprünglichen aramäischen Form *„Marana tha"* erhalten ist, was zweifellos auf seine Entstehung in der frühen aramäisch sprechenden Gemeinde hinweist (vgl. 1 Kor 16.22; Offb 22,20).
▷ *In diesem Ruf und in der erwähnten „Auferweckungsformel" haben wir also die ältesten uns erreichbaren Ausdrucksformen des christologischen Bekenntnisses der Urgemeinden.* Ihr „Sitz im Leben" war wahrscheinlich die Taufliturgie bzw. die Eucharistiefeier (vgl. die Argumentation in Röm 6,3-5).
Auferweckung bedeutet also, dass Jesus gleichsam in einem Vorgang der Thronbesteigung (Inthronisation) eine Herrscherstellung eingenommen hat. Diese enge Beziehung zwischen Auferweckung und HerrSein Jesu zeigt sich ganz deutlich in einemalten Überlieferungsstück, das Paulus in *Röm 10,9* zitiert:

> „Wenn du mit dem Mund bekennst: Herr ist Jesus und in deinem Herzen glaubst: Gott hat ihn von den Toten auferweckt, wirst du gerettet werden."

▷ Der Glaube an die Auferweckung durch Gott ist der Grund des Bekenntnisses zum Herr-Sein Jesu, das sich hier in dem Zuruf: „Herr ist Jesus!" (der sog. „Kyrios-Akklamation"; Kyrios heißt auf Deutsch: Herr) ausspricht. Wir haben hier also eine Verbindung von *Auferweckungsformel* und *Kyrios-Akklamation*, von Glaubens- und Bekenntnisformel oder „Homologie". Paulus kann daher die

Christen als jene bezeichnen, *„die den Namen Jesu Christi, unseres Herrn, überall anrufen"* (1 Kor 1,2). Dieses Bekenntnis zum Herr-Sein Jesu ist nach Paulus übrigens nur durch das Wirken des Geistes möglich: *„Keiner kann sagen: Herr ist Jesus!, wenn er nicht aus dem Heiligen Geist redet"* (1 Kor 12,3). Von der Einsetzung Jesu in die Macht- und Herrschaftsstellung durch die Auferweckung handelt auch das alte Überlieferungsstück, das Paulus zu Beginn seines Römerbriefes zitiert:
„(Jesus), der dem Fleisch nach geboren ist als Same Davids, der dem Geist der Heiligkeit nach eingesetzt ist als Sohn Gottes in Macht seit der Auferstehung von den Toten ..." (Röm 1,3f; vgl. 2 Tim 2,8). Hier werden zwei Seinsweisen Jesu einander gegenübergestellt: die menschlich-irdische, nach der Jesus rechtmäßiger Nachkomme Davids (aus dessen Stamm der Messias erwartet wurde) ist, und die neue, seit der (oder: durch die) Auferstehung, durch die er als Sohn Gottes herrscht.
Dass hier eine sehr frühe, vorpaulinische Anschauung vorliegt, zeigt sich – außer an den altertümlichen Wendungen wie „Same" (= Nachkomme) und „Geist der Heiligkeit" (= Heiliger Geist) – besonders auch daran, dass Paulus dieses alte Bekenntnis neu interpretiert. Für Paulus ist Jesus nicht erst seit seiner Auferstehung „Sohn Gottes", sondern schon immer „der Sohn" und „Herr". In der alten Formel ist „Sohn Gottes" außerdem noch keine Wesensbezeichnung, sondern entspricht der königlich-herrschaftlichen Messiaswürde.
▷ Bedeutsam ist, dass für die Gemeinde Jesus *schon jetzt*, in der Gegenwart, seine Herrschaft ausübt und nicht erst in der Zukunft, wie der Gebetsruf „Marana tha" nahe legen könnte. Nach ihrer Überzeugung ist Jesus auch nicht nur Herr der Gemeinde, sondern Herr „aller Mächte und Gewalten". Es gibt, wie eine andere alte Formel sagt, nur *„einen Herrn: Jesus Christus.* Durch ihn ist alles, und wir sind durch ihn" (1 Kor 8,6; vgl. Röm 14,9). Diese universale, kosmische, allumfassende Herrschaft besingt ein altes Lied (auf das später noch zurückzukommen ist). In ihm heißt es, dass Gott Jesus „über alle erhöht hat" und dass er „ihm den Namen verliehen hat, der größer ist als alle Namen, damit alle im Himmel, auf der Erde und unter der Erde ihre Knie beugen vor dem Namen Jesu und je-

der Mund bekennt: *,Jesus Christus ist der Herr'"* (Phil 2.9-11; vgl. 1 Tim 3,16.)

1.2 Die Sterbe- und Dahingabeformel

Neben dem Bekenntnis zur Auferweckung Jesu und der daraus folgenden Anrufung Jesu als „Herr" gab es schon sehr früh auch kurze Formulierungen, die das Sterben Jesu zum Inhalt hatten oder seinen Tod als Dahingabe deuteten.

▷ So findet sich in den paulinischen Briefen öfters die Aussage, dass *„Christus für uns gestorben ist"* (vgl. 1 Thess 5,10; 1 Kor 1,13; 8,11; 15,3; 2 Kor 5,14f; Röm 5,6.8; 14,15; Gal 2,21; auch 1 Petr 2,21; 3,18) oder dass *„Gott seinen Sohn für uns dahin gab"* bzw. dass Christus „sich selbst für uns hingegeben hat" (vgl. Röm 8,32; Gal 1,4; 2,20; Eph 5,2.25). Auch wenn diese Formeln nicht immer in reiner Form erscheinen, weil Paulus oder nachpaulinische Verfasser sie öfter entsprechend dem Kontext und eigener Theologie verändern, ist doch noch mit genügender Sicherheit erkennbar, dass Paulus auf eine ihm schon vorliegende *„Sterbeformel"* oder *„Dahingabeformel"* zurückgreift.

▷ Für die eigenständige Betonung des Sterbens Jesu war vor allem das Motiv der *Heilsbedeutung seines Todes* bestimmend. Das „für uns" verweist darauf, dass Jesu Tod als Sühnetod „für uns" verstanden wurde. Wahrscheinlich liegt in diesem „für uns" auch eine Anspielung auf das Geschick des Gottesknechtes vor, wie es das 4. Gottesknechtslied, *Jes 53,9-12*, deutet. Dort heißt es u. a.:

> „Bei den Ruchlosen gab man ihm sein Grab, bei den Verbrechern seine Ruhestätte, obwohl er kein Unrecht getan hat und kein trügensches Wort in seinem Mund war. Doch der Herr fand Gefallen an seinem zerschlagenen (Knecht), er rettete den, der sein Leben als Sühnopfer hingab … Mein Knecht, der gerechte, macht die vielen gerecht; er lädt ihre Schuld auf sich … Denn er trug die Sünden von vielen und trat für die Schuldigen ein."

Jesu Dahingabe ist der Grund der Rechtfertigung und des gegen-

wärtigen Heilszustandes der an ihn Glaubenden. In dem Wort *Mk 10,45*, das manche für ein echtes Jesuswort halten, ist die Dahingabeformel noch durch die Vorstellung vom Lösegeld erweitert: „Denn auch der Menschensohn ist nicht gekommen, um sich dienen zu lassen, sondern um zu dienen und *sein Leben hinzugeben als Lösegeld für viele*" (vgl. auch 1 Tim 2,6; Tit 2,14). Eine „Sühneformel", die das Mittel, den Zweck, die Ursache und den Grund der Sühne angibt, liegt in *Röm 3,25* vor: „Ihn hat Gott dazu bestimmt, *Sühne zu leisten mit seinem Blut*, Sühne, wirksam durch Glauben. *So erweist Gott seine Gerechtigkeit durch die Vergebung der Sünden*, die früher, in der Zeit seiner Geduld begangen wurden" (vgl. auch 1 Joh 4,10). Bemerkenswert ist, dass nirgends gesagt wird, wem das Lösegeld gezahlt wurde, etwa Gott oder gar dem Satan, wie man später oft entgegen den Texten gedeutet hat.
Das Sterben Jesu ist sehr bald nicht mehr nur in kurzen, kerygmatischen (aus dem Griechischen: Kerygma = Verkündigung) Formeln überliefert worden. Schon sehr früh hat es einen zusammenhängenden Bericht vom Leiden und Sterben Jesu gegeben. Eine frühe Kurzform dieses Passionsberichtes lässt sich noch aus dem heutigen Markusevangelium erschließen (Näheres vgl. S. 50ff). In dieser Passionserzählung, in der man als wichtigen Teil auch einen Bericht vom letzten Mahl einfügte, versuchte man vor allem auch eine Antwort auf das Warum und Wofür dieses Todes zu geben. Dabei spielte der Rückgriff auf jüdische Vorstellungen vom Leiden und Erhöhtwerden des Gerechten und auf die atl. Schriften überhaupt eine entscheidende Rolle (vgl. schon den Hinweis auf die Schriftgemäßheit in 1 Kor 15,3, Näheres vgl. S. 40-45 und bei Weiser 70f).

1.3 Das Glaubensbekenntnis in 1 Kor 15,3f

Die bisherigen Darlegungen dürften die eingangs erwähnte Feststellung bestätigen und einsichtig gemacht haben, dass das in 1 Kor 15,3f zitierte frühe Glaubensbekenntnis bereits eine Verbindung von ursprünglich selbständigen christologischen Formeln ist (vgl. auch Röm 4,25). Wegen seiner Bedeutung für den Auferstehungsglauben müssen wir uns diesem Text noch einmal zuwenden. Welches Gewicht Paulus diesem Bekenntnis beimisst, unterstreicht er selbst durch die feierliche Einführung (VV. 1-2). Es ist für die Gemeinde der zentrale Inhalt des Evangeliums, „der Grund", auf dem sie steht. „Durch dieses Evangelium werdet ihr gerettet", erklärt Paulus, „wenn ihr an dem Wortlaut festhaltet, den ich euch verkündet habe."

▷ Dieses Überlieferungsstück zeigt einen *kunstvollen zweigliedrigen parallelen Aufbau*, der die beiden grundlegenden Heilstatsachen des christlichen Glaubens herausstellt: Jesu Sterben für uns („für unsere Sünden") und seine Auferweckung. Wie die Tatsächlichkeit des *Todes* mit dem Hinweis auf das *Begräbnis* unterstrichen wird, so wird die Wirklichkeit des *Auferwecktseins* durch den Hinweis auf *Erscheinungen* bekräftigt. Jesu Auferweckung ist Gegenstand eines Zeugnisses, das jene ablegen können, denen Jesus nach seinem Tod „erschienen" ist. Wahrscheinlich gehörte nur die Erwähnung der Erscheinung vor Kephas (= Petrus) zum ursprünglichen Überlieferungsstück (vgl. Lk 24,34). Die anderen in der Zeugenliste (VV. 5 -8) Genannten dürften – unter Aufnahme anderer Traditionen – später hinzugefügt worden sein. Ganz sicher stammt der Hinweis auf die Erscheinung vor Paulus (V. 8), wahrscheinlich aber auch die vor den 500 Brüdern, von Paulus selbst.

Da Paulus seine Sendung, seinen Apostolat, auf die Erscheinung des Auferstandenen zurückführt (vgl. 1 Kor 9,1), sehen manche Forscher den eigentlichen Aussagesinn dieser Zeugenliste in der Legitimation der besonderen Führungsrolle der genannten Personen („Kephas und die Zwölf", „Jakobus und alle Apostel", schließlich auch Paulus selbst). Das mag eine zusätzliche Absicht gewesen sein, aber kaum der ursprüngliche Sinn (vgl. die ausführliche Diskussion bei Vögtle/Pesch, Wie kam es zum Osterglauben?).

▷ Ursprünglich geht es bei dem Hinweis auf die Erscheinungen um den *Erweis der Tatsächlichkeit der Auferstehung Jesu als Grund des Glaubens* (vgl. VV. 12-19). Das ergibt sich ganz ungezwungen und selbstverständlich aus dem oben erwähnten Parallelismus. Wie das Begrabenwordensein eine Bestätigung des tatsächlichen Todes ist, so die Erscheinungen eine Bekräftigung der Wirklichkeit der Auferstehung.

Der Glaube an den Auferstandenen hat seinen Grund in diesem

neuen Ereignis, in dem „Widerfahrnis“ der Erscheinungen. Die Erscheinungen lassen nur den einen Schluss zu: Jesus ist nicht tot, er lebt. Der Auferstehungsglaube ist in diesem Sinne eine Deutung der Erscheinungen. Das heißt allerdings nicht, dass die Jünger gleichsam durch ein logisches Schlussverfahren zum Glauben an den Auferstandenen gekommen sind. Vielmehr sind sie durch den lebenden Herrn selbst überwältigt und verwandelt worden und mussten ihnen die „Augen des Glaubens“ geöffnet werden (vgl. Lk 24,31).

Was freilich diese Erscheinungen selbst waren, wie man sie sich zu denken oder gar vorzustellen hat, darüber gibt dieses frühe Bekenntnis keinen Aufschluss. Der hier gebrauchte griechische Ausdruck („ophthe,“ mit Dativ) bedeutet: „er ließ sich dem ... sehen“, „er gab sich dem... zu sehen“, „er hat sich dem ... sehen lassen“ oder auch: „er wurde durch Gott dem ... sichtbar gemacht“, „Gott hat ihn dem ... sehen lassen“, was wir sinngemäß mit: „er erschien dem ... “ übersetzen. Er wird im AT vornehmlich gebraucht, um das Erscheinen Gottes und seiner Herrlichkeit vor den Erzvätern, dem Volk Israel in der Wüste und z. Zt. des Königtums zu kennzeichnen, also um die Heilsgegenwart Gottes bei seinem Volk auszudrücken, dagegen nicht, wenn Gott sich einem Propheten offenbart. So heißt es in Gen 12,7 wörtlich: „Und es machte sich sehen Jahwe dem Abram“ (vgl. Gen 17,1; 18,1; 26,2; 35,1.9; 48,3). In späteren Texten verwendet man diese Formulierung, um die Erwartung einer endzeitlichen Heilsgegenwart – gleichsam als Wiederkehr und letzte Überbietung jener vergangenen Heilszeit – zu beschreiben. Die Wiederaufnahme dieser Wendung im Auferstehungsbekenntnis könnte daher auch mit beinhalten, dass die Christen in der Auferweckung Jesu die endzeitliche Heilszeit angebrochen sahen. Auferweckung Jesu war für sie ein endzeitliches Ereignis, Vorausdarstellung und Unterpfand ihrer eigenen Auferweckung (vgl. die Argumentation des Paulus im selben 15. Kapitel des 1 Kor und auch Röm 8,11).

▷ Natürlich ist „Auferweckung“ schon eine Interpretation der Erscheinungen, die nur auf dem Hintergrund des Glaubens an eine Auferstehung im Judentum möglich war. Zunächst besagen die Erscheinungen nur, dass der Getötete und Begrabene in Wirklichkeit

nicht tot ist, sondern lebt und als Lebender jetzt neu an der Gemeinde und in der Welt handelt. Dass damit nicht an eine Rückkehr in ein früheres Leben gedacht ist (wie etwa bei der Auferweckung des Lazarus), braucht nicht eigens betont zu werden.
Auf die Heilsgegenwart des Herrn verweist auch die ungewöhnliche Zeitform (im Perfekt), die in der Formel gebraucht wird. Jesus „ist (von Gott) auferweckt worden" und ist daher *jetzt als der Auferweckte in der Gemeinde gegenwärtig*. Es wird also nicht nur die Tatsache der Auferweckung als einmaliges, vergangenes Ereignis ausgesagt, sondern die wirkmächtige Gegenwart des Auferweckten. (Inhaltlich deckt sich die Aussage also mit dem Bekenntnis zum Herr-Sein Jesu, d. h. mit der „Kyrios-Akklamation".) In den Evangelien ist auch dieses Grundbekenntnis, ähnlich wie das vom Sterben, später in Berichten von der Entdeckung des leeren Grabes und den Erscheinungen Jesu vor den Jüngern erzählerisch entfaltet worden. Dies geschah z. T. in der Absicht, falschen Interpretationen und Bestreitungen der Wirklichkeit der Auferstehung zu begegnen (vgl. Mk 16,1-8; Lk 24; Mt 28; Joh 20-21).
Aber auch in diesen Erzählungen vermeidet man es, den Auferstehungsvorgang selbst zu beschreiben (das geschieht erst im späten apokryphen Petrusevangelium um 200; vgl. dort VV. 34-49). Die eigenartige „Beschreibung" des neuen, verklärten Zustandes des Auferstandenen in den Erzählungen der Evangelien (er ist wirklich der Gekreuzigte, der noch die Wundmale trägt, kommt aber trotzdem durch verschlossene Türen und verschwindet geheimnisvoll und plötzlich) sind Versuche, das im Grunde Unaussagbare des Neuartigen doch in menschlichen Vorstellungen und Worten mitzuteilen. Bei diesen Ostererscheinungen geht es einmal um die Sicherstellung der Realität des Auferstandenen (er ist „kein Gespenst": vgl. Lk 24,36-43), dann vor allem um die *Identität* des Erscheinenden mit dem irdischen Jesus. Schließlich soll durch diese Erscheinungserzählungen auch deutlich gemacht werden, dass die Jünger nicht etwa nur durch eigenes Nachdenken oder Meditieren der Schrift zum Glauben an die Auferstehung Jesu gekommen sind. Der Glaube an den Auferstandenen ist nicht ihre Erfindung und Schöpfung. Sie hatten sie nicht erwartet (vgl. das immer wiederkehrende Zweifelmotiv). Es bedurfte eines neuen Handelns Gottes und

einer Initiative des Auferstandenen, um sie von der Wirklichkeit der Auferstehung zu überzeugen. Nur aufgrund der Erscheinungen konnten sie bekennen: *„Der Herr ist wirklich auferstanden und ist dem Simon erschienen“* (Lk 24,34).

1.4 Die Erhöhungsaussagen

Der Glaube an den nach seinem Tod lebenden Herrn wurde neben der Deutung als Auferweckung auch durch die atl. Vorstellung von der *Erhöhung* ausgesagt (vgl. Ps 18,49; 89,20; 110,1; 118,16). Sie begegnet vor allem in den gleich noch zu behandelnden urchristlichen Christusliedern. In ihnen ist sie auch dort vorausgesetzt, wo statt des Begriffes „erhöhen“ ein verwandter Ausdruck erscheint (vgl. Phil 2,9; 1 Tim 3,16; 1 Petr 3,21f). Lukas verwendet die Erhöhungsvorstellung in der Apg 2,33 und 5,31, versteht sie aber als eine auf die Auferweckung folgende „Inthronisation“, also als einen zweiten, eigenen Vorgang. Auch das Johannesevangelium hat die Vorstellung von der Erhöhung (des Menschensohnes) aufgegriffen (3,14; 12,32.34). Sie ist bei ihm eng mit dem „Hinaufsteigen“ (3,13; 6,62; 20,17) und der „Verherrlichung“ des Menschensohnes bzw. Sohnes verbunden (vgl. 12,23 u.ö. Näheres siehe S. 77f).

2 Frühchristliche Lieder

Die Verbindung von Leiden und Herr-Sein Jesu findet sich auch in einigen uns noch erhaltenen frühchristlichen Liedern und Hymnen, die von Paulus und anderen Verfassern in ihre Briefe aufgenommen worden sind (vgl. den Christushymnus Phil 2,6-11, ferner 1 Tim 3,16; 1 Petr 1,20; 3,18.22). Diese Lieder beschreiben schon einen ganzen *Weg Jesu*, der (meist) bereits mit seinem vorweltlichen Sein bei Gott beginnt (also mit seiner Präexistenz), durch seine Erniedrigung führt und mit der Einsetzung in die Herrschaftsstellung, die (in Anlehnung an Ps 110,1) als Erhöhung und Sitzen zur Rechten Gottes vorgestellt ist, endet. Das Bild und Vorstellungsmaterial ist allerdings sehr reich und wechselnd. Oft ist die Sprache mehr andeutend und verhüllend, und es ist meistens sehr schwierig, den genauen Ursprung der einzelnen Vorstellungen zu bestimmen. Man muss bei ihrer Deutung immer berücksichtigen, dass es sich um poetische, hymnische Texte handelt, nicht um lehrhafte, dogmatische Aussagen. Der Schwerpunkt der Aussage liegt bei diesen Liedern eindeutig auf dem *Ziel des Weges*, d. h. bei der Erhöhung oder Verherrlichung Jesu, nicht auf den einzelnen Wegstationen. Ihr Ursprung ist wohl in heidenchristlichen Gemeinden zu suchen, wo sie im Gottesdienst Verwendung fanden.

Der Christushymnus in Phil 2,6-11

Am klarsten und ausführlichsten ist der Weg Jesu im vorpaulinischen Hymnus Phil 2,6 11 beschrieben. Das Lied beginnt mit dem vorweltlichen gottgleichen Dasein Jesu, das in sprachlich schwierigen und mehr andeutenden Wendungen gekennzeichnet wird. Es besingt dann die Entäußerung Jesu in seiner Menschwerdung und in seinem Tod, um dann mit dem feierlichen Bekenntnis zum Herr-Sein Jesu durch die Erhöhung das eigentliche Ziel zu erreichen. Die Erhöhung drückt sich darin aus, dass Jesus einen neuen „Namen" verliehen bekommen hat, nämlich „der Herr", was wiederum nichts anderes ist als eine Deutung des „Auferwecktseins" (vgl. 1 Tim 3,16).

> 6 Er war Gott gleich, hielt aber nicht daran fest, wie Gott zu sein,
> 7 sondern er entäußerte sich und wurde wie ein Sklave und den Menschen gleich.
> Sein Leben war das eines Menschen;
> 8 er erniedrigte sich und war gehorsam bis zum Tod, (bis zum Tod am Kreuz).
> 9 Darum hat ihn Gott über alle erhöht und ihm den Namen verliehen, der größer ist als alle Namen,
> 10 damit alle im Himmel, auf der Erde und unter der Erde ihre Knie beugen vor dem Namen Jesu
> 11 und jeder Mund bekennt: „Jesus Christus ist der Herr" – zur Ehre Gottes, des Vaters.

Paulus, von dem der Hinweis auf den Kreuzestod stammen dürfte, hat vor allem Jesu Entäußerung betont und diese Gesinnung Jesu den Philippern als Vorbild hingestellt (Phil 2,1-4; vgl. 2 Kor 8,9).

Der Christushymnus in Kol 1.15-20

In dem am Anfang des Kolosserbriefes zitierten Hymnus (1,15-20) wird Christus nicht nur als Heilsmittler, sondern auch als Schöpfermittler besungen. Der Hymnus setzt – anders als bei Phil 2,6-11 – mit dieser kosmischen Mittlerrolle Christi ein:

> Er ist das Ebenbild des unsichtbaren Gottes,
> der Erstgeborene der ganzen Schöpfung.
> Denn in ihm wurde alles erschaffen im Himmel
> und auf Erden,
> das Sichtbare und das Unsichtbare ... (Kol 1,15)

Im zweiten Teil besingt das Lied dann die Versöhnungstat Christi durch Tod und Auferweckung. Aber auch diese betrifft das ganze All:

> Er ist der Ursprung, der Erstgeborene der Toten;
> so hat er in allem den Vorrang.
> Denn Gott wollte mit seiner ganzen Fülle in ihm wohnen,
> um durch ihn alles zu versöhnen. (VV. 18f)

Angesichts einer weit verbreiteten Weltangst spricht aus diesem Lied die Gewissheit, dass die Christen durch Christus von den sie bedrohenden Mächten (den „Elementen“) befreit sind. Sie brauchen vor ihnen keine Angst zu haben. Daher ist es auch nicht erforderlich, sie durch kultische Verehrung gnädig zu stimmen. Christus ist der Herr des Alls, Ursprung und Ziel der ganzen Schöpfung (vgl. S. 116f).

Mit der Gottgleichheit und der Schöpfermittlerrolle Jesu beginnt auch der bekannte Logoshymnus des Johannesevangeliums (Joh 1,1-16 – mit den Zusätzen in VV. 68.15). Doch zielt seine eigentliche Aussage auf die *Offenbarung der Herrlichkeit* des gottgleichen Wesens im Menschen Jesus Christus (V. 14.16). Der Hymnus ist keine Spekulation über das vorweltliche Dasein Jesu, sondern Preislied auf die erfahrene Begnadung, d. h. die durch Jesus ermöglichte und gewirkte Teilhabe an der Fülle des göttlichen Lebens (vgl. Joh 3,16f). Der Hymnus in seiner jetzigen Gestalt ist die Bearbeitung einer älteren Vorlage. Auf seine Entstehungsgeschichte kann hier nicht näher eingegangen werden (vgl. Weiser 179f).

Überblick über die ältesten Glaubens- und Bekenntnisformeln		
Auferweckungsformel 1 Thess 1,10; Gal 1,1; 1 Kor 6,14;15,45 *Kyrios Akklamation* 1 Kor 12,3; (8,6); Phil 2,11; Röm 10,9; (14,9) (*Marana tha* 1 Kor 16.22; Offb 22,20)	*Sterbe- und Dahingabeformel* 1 Thess 5,10; 1 Kor 1,13; 8,11; 15,3; 2 Kor 5,14f; Gal 2,21; Röm 5,6.8; 14,15 1 Petr 2,21; 3,18; Gal 1,4; 2,20; Röm 8,32; Eph 5,2.25	*Erhöhungsaussagen* Phil 2,9; Apg 2,33; 5,31; Joh 12,32.34; 1 Petr 3,22 (1 Tim 3,16)

Der ursprüngliche Christushymnus

Der im Anfang bei Gott war,
alles ist durch ihn geworden,
und ohne ihn wurde auch nicht eines;
was geworden ist, in dem war er Leben,

und das Leben war das Licht der Menschen;
und das Licht leuchtet(e) in der Finsternis,
aber die Finsternis hat es nicht ergriffen.

In das Seine kam er,
aber die Seinen nahmen ihn nicht auf;
die ihn aber aufnahmen,
denen gab er Vollmacht,
Kinder Gottes zu werden.

Und er zeltete unter uns,
und wir haben geschaut seine Herrlichkeit
voll Huld und Treue;
(und) aus seiner Fülle haben wir empfangen,
Huld über Huld.

Lit.: *Lohse*, Entstehung des Neuen Testaments 18-27.

WIEDERHOLUNGS- UND VERSTÄNDNISFRAGEN

- Welches Ereignis setzt die Verkündigung der Jünger und damit die ntl. Überlieferung in Gang?
- Worauf gründet sich der Glaube an die Auferweckung Jesu?
- Was bedeutet die Auferweckung Jesu? Mit welchen Vorstellungen oder Begriffen kann sie noch ausgedrückt werden?
- Woran erkennt man die ältesten Glaubens- und Bekenntnisformeln? Nennen Sie die wichtigsten.
- Was bezeichnet man als „Sitz im Leben"? Nennen sie einige Beispiele.
- Was bedeutet 1 Kor 15,3-5 für den christlichen Glauben?

II. Kapitel
Die Rückfrage nach dem Irdischen Jesus

Das früheste Kerygma bekannte, so hatte sich gezeigt, dass Gott Jesus, der für unsere Sünden gestorben ist, auferweckt hat und dass Jesus dadurch „zum Sohn Gottes in Macht eingesetzt" bzw. zum Herrn „erhöht" worden ist. In diesem Bekenntnis ist die Behauptung der Identität Jesu, des Gekreuzigten, mit dem Auferweckten und Erhöhten wesentlich. Der Erhöhte ist nicht ein mythisches Wesen, sondern ist der konkrete Mensch Jesus von Nazaret, der zu einer bestimmten Zeit in Palästina gelebt und gewirkt hat.

1 Gründe und Bedeutung der Rückfrage

▷ Die Verkünder der Auferstehungsbotschaft mussten daher auf die Frage antworten können, *wer denn dieser Jesus war und warum Gott gerade ihn auferweckt hatte.*
In welcher Beziehung stand sein damaliges Leben, seine Botschaft und sein Wirken zu seiner jetzigen Stellung? War seine Autorität, die er jetzt nach dem Glauben der Gemeinde besaß, etwas völlig Neues, oder hatte Gott durch die Auferweckung „nur" einen Anspruch bestätigt und legitimiert, den bereits der Irdische erhoben hatte? Dann war es für den Erweis der Kontinuität von entscheidender Bedeutung zu wissen, wer dieser Jesus war bzw. zu sein beansprucht hatte. Hatte andererseits nicht auch der Glaube der Jünger an den auferstandenen Herrn bereits Anhalt und Wurzeln beim irdischen Jesus, insofern er Anerkennung seines Vollmachtsanspruchs gewesen war? Ostern war dann zugleich Bestätigung ihres – wenn auch erst keimhaften und ungeklärten – vorösterlichen Glaubens an Jesus. Doch musste sich ihnen nach Ostern erneut die Frage aufdrängen, wer denn dieser Jesus wirklich war, dem sie damals gefolgt waren, und auch, warum sie es getan hatten.
▷ Ferner war es ganz natürlich, dass die christlichen Gemeinden in den Weisungen und in der Praxis Jesu auch eine *Begründung ihres eigenen Verhaltens* suchten, das sich in manchen Dingen nicht un-

erheblich von dem ihrer Umgebung unterschied, z. B. in der Frage der Ehescheidung, des Sabbatgebotes, des Fastens, der Feindesliebe oder auch in der Einstellung gegenüber Reinheitsvorschriften und patriarchalischen Herrschaftsstrukturen. Nur wenn sie sich dafür auf die Autorität Jesu berufen konnten, konnte es für sie zur maßgeblichen Norm werden.

▷ Daraus ergibt sich, dass vor allem das weiter überliefert wurde, was einen *Bezug zum konkreten Leben* hatte, und dass diese Überlieferung zugleich im Hinblick auf die besondere Gemeindesituation aktualisiert wurde (vgl. z. B. die unterschiedliche Überlieferung des Ehescheidungsverbots bei Lk 16,18; Mk 10,2-12; Mt 5,31f; 19,9).

▷ Darüber hinaus konnte eine Darstellung des Wirkens Jesu auch zeigen, wie und warum es zu den *Konflikten* mit den verschiedenen religiös-politischen Gruppen im damaligen Judentum kam, die schließlich zum gewaltsamen Tod Jesu führten.

Es sind also verschiedene Motive, die zur Rückfrage nach dem vorösterlichen Jesus führten. Alle sind letztlich christologischer Art, aber doch in verschiedener Weise. Einige sind *direkt* an der *Person Jesu* interessiert, andere primär am neuen, im Jesusgeschehen begründeten *Leben der Gemeinden*. Eine säuberliche Unterscheidung ist weder durchführbar noch der Wirklichkeit angemessen. Wesentlich bleibt die Einsicht, dass der Rückgriff auf den irdischen Jesus und die Weitergabe der Jesusüberlieferung ihren *entscheidenden auslösenden Grund im Glauben an den von Gott auferweckten und zum Kyrios erhöhten Jesus hat,* dessen Gegenwart und Wirksamkeit die Gemeinde erfährt und dessen Wiederkunft sie erwartet. Das ist nun im Hinblick auf die frühesten Sammlungen der Jesusüberlieferungen zu entfalten.

2 Die ältesten Sammlungen und zusammenhängenden Darstellungen

Die einzigen Quellen für den irdischen Jesus, die Evangelien, sind alle verhältnismäßig spät zwischen 70–100, also rund 40–70 Jahre nach den Ereignissen, entstanden. Doch ist es nicht nur dieser zeitliche Abstand, der einen Zugang zur Verkündigung Jesu erschwert.

Es kommt hinzu, dass die Evangelien das Leben Jesu bereits aus einer nachösterlichen Perspektive sehen und deuten, an einem „historischen Jesus an sich" primär also nicht interessiert sind. Die Evangelien sind in diesem Sinne keine historischen Berichte vom Leben Jesu, sondern ihrer Absicht nach zuallererst *Glaubenszeugnisse*, die zum Glauben an Jesus Christus führen bzw. diesen Glauben stärken wollen. In einer Theologie des NT geht es um diese Sicht der ntl. Schriften, nicht um eine Rekonstruktion des „historischen Jesus". Das bedeutet aber nicht, dass die Glaubenszeugnisse ein verfälschtes Bild von Jesus geben und es uns überhaupt nicht mehr möglich ist, das Eigentliche und Spezifische an Jesu Gestalt zu erreichen. Wir dürfen im Gegenteil davon ausgehen, dass die ntl. Schriften gerade dies treu bewahrt haben. Eine übertriebene Skepsis, wie sie früher oft gezeigt wurde, ist auch für einen kritisch eingestellten Leser unbegründet. Mit immer feiner entwickelten Methoden ist es der heutigen Bibelwissenschaft im Übrigen möglich, zu den frühesten Schichten, den Vorstufen unserer Evangelien, vorzustoßen und authentische Jesusüberlieferung von späterer Gemeindetheologie – wenn auch mit unterschiedlichem Sicherheitsgrad – zu unterscheiden (Zur Fragestellung und zu den Methoden und Kriterien vgl. Kirchschläger 21-66; Weiser 217-220).

▷ Eine frühe Überlieferungsschicht von „Jesusworten", die bereits als schriftliche Sammlung um 50 n. Chr. existierte, kann man noch aus den Evangelien des Mt und Lk rekonstruieren Da sie fast ausschließlich Redegut bzw. Spruchgut enthält, keinen Passionsbericht und nur eine Wundergeschichte (Lk 7,1-10 par), nennt man sie die *„Redenquelle"* oder *„Spruchquelle"* (auch „Logienquelle" genannt, abgekürzt: Q). In dieser Redenquelle begegnen wir also dem Glaubenszeugnis einer Gemeinde (oder von Gemeinden) etwa 20 Jahre nach Jesu Tod.

▷ Aber auch hinter unserem Markusevangelium, dem ältesten der vier Evangelien, lassen sich noch ältere Überlieferungsschichten, sog. *„vormarkinische Traditionen"* erkennen. Es zeigt sich, dass es bereits vor Mk Sammlungen von Gleichnissen, Streitgesprächen, Wundergeschichten und höchst wahrscheinlich auch einen zusammenhängenden Bericht von der Passion Jesu gegeben hat. Die vormarkinische Überlieferung hat also einen anderen Charakter als die Redenquelle.

Man hat früher diese beiden Überlieferungsschichten (Q und vormarkinische) ziemlich schematisch verschiedenen Gemeinden zugeteilt (so sprach man von der „Q-Gemeinde") und z. B. aus der Tatsache, dass Q keine Passionsgeschichte hat, geschlossen, dass diese kein Passions- und Auferstehungskerygma kannte. Solch eine säuberliche Trennung scheint aber wenig wahrscheinlich angesichts der engen Beziehungen, die zwischen den Gemeinden bestanden. Man wird den Unterschied daher eher auf den verschiedenen *Zweck* zurückführen dürfen, dem diese Sammlungen dienen sollten (z. B. für Q einen mehr katechetisch-missionarischen).
Bevor wir versuchen, aus den genannten frühen vor-evangelischen Überlieferungen ein Bild vom Wirken des irdischen Jesus zu gewinnen – was immer nur annäherungsweise geschehen kann –, soll aber nach dem theologischen *Grund der Entstehung der Redenquelle*, nach ihrer Eigenart und nach dem *Selbstverständnis* der sie überliefernden Gruppe gefragt werden. Es geht also nicht um eine umfassende und detaillierte Darstellung ihrer Theologie bzw. Christologie, sondern eher um deren wesentliche Voraussetzungen

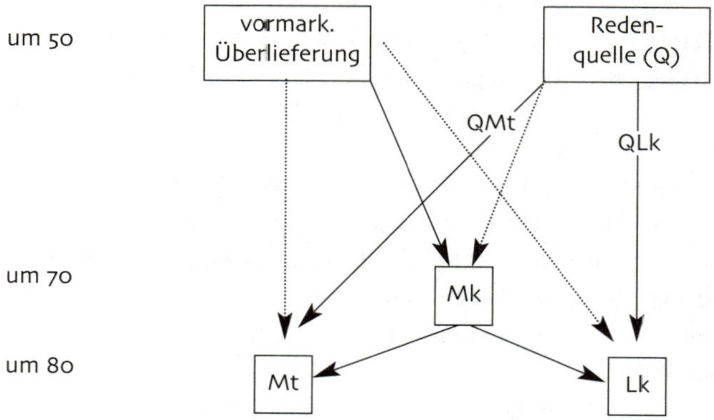

Obiges Schema zeigt die Aufnahme der beiden Sammlungen oder Quellen in die Evangelien. Die durchgehende Linie bedeutet direkte literarische Abhängigkeit, die gestrichelte möglichen, aber nicht nachweisbaren Einfluss. Die vormarkinische Überlieferung führt zu Mk. Mk wird von Mt und Lk übernommen und mit der Redenquelle, die ihnen vielleicht in verschiedener Fassung vorlag, verbunden. Beide haben darüberhinaus noch umfangreiches Sondergut aufgenommen, was hier jedoch unberücksichtigt bleibt.

und um die Grundlinien ihres christologischen Bekenntnisses (ausführlichere Darstellung bei Weiser 21-43). Auf eine gesonderte Darstellung der vormarkinischen Überlieferung wird hier verzichtet, da sie ganz in Mk eingegangen ist und im Zusammenhang mit diesem behandelt wird (vgl. unten S. 77ff).

2.1 Die Redenquelle

Der Grund und auslösende Faktor der Weiterverkündigung bzw. Wiederaufnahme der Verkündigung Jesu (und damit auch der nachösterlichen Sammlung von Jesusüberlieferungen) war – so hatte sich gezeigt – der Glaube an die Auferweckung Jesu durch Gott, dessen Leben und Verkündigung durch sie ihre göttliche Bestätigung erhalten hatte. Das muss auch für die Überlieferung der Redenquelle gelten, auch wenn sie nach unserer Kenntnis keine explizite Auferstehungsbotschaft enthielt. Die Sammlung begann mit dem Auftreten des Täufers, schilderte Jesu (Wort-)Verkündigung in Galiläa und endete mit einer Endzeitrede (erhalten in Lk 17,23-35; Mt 24).
Dennoch bezeugt auch Q indirekt den Glauben an den Auferstandenen, nämlich in der Identifizierung Jesu mit dem Menschensohn. *Das Bekenntnis zu Jesus als dem Menschensohn ist das zentrale christologische Glaubensbekenntnis von Q,* und sicher haben wir hier einen der ältesten Ansätze der Christologie überhaupt.

Jesus, der Menschensohn

Der Titel „Menschensohn" (wörtlich: „der Sohn des Menschen") begegnet in den Evangelien in drei Zusammenhängen:
▷ 1. in Worten, die vom endzeitlichen Kommen des Menschensohnes handeln (z. B. Lk 12,8; Mk 13,26; 14,62; Mt 10,32);
▷ 2. in Worten, die vom gegenwärtig auf Erden wirkenden Menschensohn sprechen (z. B. Mk 2,10; 2,28; Mt 11,19; Lk 9,58);
▷ 3. in Worten, die vom Leiden, Sterben und Auferstehen des Menschensohnes reden (Mk 8,31; 9,31; 10,33f und Parallelen).

Nach dem oben Gesagten fällt die 3. Gruppe für Q aus. In den beiden anderen Gruppen begegnet der Titel elfmal.
Obwohl der aramäische Ausdruck (bar enasch) auch einfach „Mensch“ oder „ein bestimmter Mensch“ bedeuten kann, ist die Mehrzahl der Forscher doch der Meinung, dass der Ausdruck in Q als *Hoheitstitel* für Jesus gebraucht wird.
▷ Seine Ursprünge hat er in der jüdischen apokalyptischen Literatur. Dort erscheint der Ausdruck zum ersten Mal in *Dan 7,13f* bei der Beschreibung des Endgerichts: „Da kam mit den Wolken des Himmels einer wie ein Menschensohn. Er gelangte bis zu dem Hochbetagten und wurde vor ihn geführt. Ihm wurden Herrschaft, Würde und Königtum gegeben. Alle Völker, Nationen und Sprachen müssen ihm dienen. Seine Herrschaft ist eine ewige, unvergängliche Herrschaft. Sein Reich geht niemals unter.“ In V. 18 wird dieser Menschensohn kollektiv verstanden und mit den „Heiligen des Höchsten“ gleichgesetzt. Als Einzelgestalt wird er dagegen in den sog. *„Bildreden“* der Henochapokalypse (Kap. 37-71) gesehen. Er nimmt auf dem Thron Platz und hält in Gottes Auftrag das Endgericht: „Von ihm heißt es: Dies ist der Menschensohn, der die Gerechtigkeit hat, bei dem die Gerechtigkeit wohnt, und der alle Schätze dessen, was verborgen ist, offenbart; ... Dieser Menschensohn, den du (= der Seher) gesehen hast, wird die Könige und Mächtigen von ihren Lagern und die Starken von ihren Thronen sich erheben machen“ (äthHen 46,3f). Der Menschensohn ist also eine Gestalt, die schon immer (präexistent) bei Gott im Himmel weilt. Er richtet die Gottlosen und rettet die Frommen, mit denen er das messianische Freudenmahl halten wird (ebd. 62,13-15). Mit seinem Erscheinen beginnt eine neue Welt. Mehr noch als Dan 13 dürften diese „Bildreden“ die Vorstellung der frühchristlichen Gemeinden (Q) vom Menschensohn beeinflusst haben.

Bis heute ist umstritten, ob Jesus von sich selbst als „der Menschensohn“ gesprochen hat. Da alle anderen Titel (wie: Messias, Herr, Sohn Gottes) nachweislich Jesus erst nachösterlich von der Gemeinde zugelegt worden sind, wäre „Menschensohn“ der einzige Titel, den Jesus aus der vorgegebenen Tradition aufgenommen und auf sich bezogen hätte. Das macht die Annahme einer Verwendung durch Jesus schon unwahrscheinlich. offensichtlich vermied es Jesus, einen der vorgegebenen Titel für sich zu übernehmen, da sie aufgrund ihrer Herkunft und der mit ihnen verbundenen Vorstellungen fast notwendigerweise zu Missverständnissen führen mussten (das gilt z. B. für den stark politisch gefärbten Titel „Messias"). Keiner der in der Tradition vorhandenen Titel konnte zudem das Selbstverständnis Jesu angemessen erfassen. Er selbst hat seinen Vollmachtsanspruch nicht durch vorgegebene Titel „definieren" wollen. Sein Anspruch kam in seinem Wort, in seinem Verhalten und in seinem ganzen Leben zum Ausdruck.

Was den Titel Menschensohn betrifft, so sind allerdings eine Reihe von Forschern der Meinung, dass Jesus selbst in dem Spruch aus der Redenquelle *Lk 12,8f* vom Menschensohn gesprochen habe. Im Spruch selbst wird aber zwischen Jesus und dem Menschensohn unterschieden. Es heißt dort: *„Ich sage euch: Wer sich vor den Menschen zu mir bekennt, zu dem wird sich auch der Menschensohn vor den Engeln Gottes bekennen. Wer mich aber vor den Menschen verleugnet, der wird auch vor den Engeln Gottes verleugnet werden."*
▷ Der Spruch stellt jedenfalls eine Einzigartige und unauflösliche Beziehung zwischen dem irdischen Jesus und dem Menschensohn her, insofern sich das Verhalten des Menschensohnes beim Endgericht gegenüber den Menschen nach dem Verhalten der Menschen gegenüber dem irdischen Jesus richten wird. Matthäus hat dann auch konsequenterweise beide Male ein „Ich" gesetzt (Mt 12.8). Man muss sich auch fragen, wie in der Verkündigung Jesu neben ihm noch eine andere Heilsgestalt (die im Himmel verborgen ist) Platz haben sollte und warum dann die Gemeinde nach Ostern Jesus und nicht einen anderen als Menschensohn verehrte. Im Munde Jesu hätte der Spruch nur einen Sinn, wenn Jesus mit dem Hinweis auf den Menschensohn in geheimnisvoller Weise, gleichsam als Chiffre, seine eigene zukünftige Richterfunktion andeuten wollte.
So wird man die ausdrückliche Identifizierung Jesu mit dem Menschensohn wohl auf die nachösterliche Gemeinde zurückführen müssen, die ja bereits mit dem Ruf „Marana tha" ihren Glauben an das Kommen Jesu, ihres Herrn, „vom Himmel" her zum Ausdruck brachte. Das Wort ist ein Trost- und Mahnspruch für die in der bedrohlichen nachösterlichen Situation die Botschaft Jesu weiterverkündenden Jünger und passt als solcher gut zu der auch sonst in der Redenquelle vorausgesetzten Lage.

Jesus, der Bote der Weisheit, und seine Boten

Eine Eigenart der Spruchquelle besteht darin, den Anspruch Jesu und seine Sendung durch den Rückgriff auf die Vorstellung von *der Sendung und dem gewaltsamen Geschick der Propheten* zu verdeutlichen (vgl. S. 70). Jesus ist für sie *der letzte Bote der Weisheit*, der wie die anderen vor ihm von Israel abgelehnt wird: „Deshalb hat auch die Weisheit Gottes gesagt: *Ich werde Propheten und Apostel zu ihnen senden, und sie werden einige von ihnen töten und andere verfolgen* ..." (Lk 11,49; vgl. 7,34f; 13,34). Im Unterschied zu der dahinterliegenden jüdischen Tradition wird diese Vorstellung in der Redenquelle aber vom konkreten Wirken des irdischen Jesus und des Täufers gefüllt und schon der irdische Jesus mit dem endzeitlichen Menschensohn identifiziert, der einmal als Richter derjenigen erscheinen wird, die ihn auf Erden abgelehnt haben (vgl. Lk 13,35).

Die Begründung des Sendungsauftrags

▷ Auf die Frage, wie die Gemeinde zu diesen Erkenntnissen gekommen ist und was diese Einsicht für sie bedeutet, dürfte der Spruch *Lk 10,21f/Mt 11,25-27* Antwort geben. Es ist ein Dankgebet Jesu an den Vater, das die Botenrede Jesu (Lk 10,1-16) abschließt, in der *Sendungsauftrag, Ausstattung und Bevollmächtigung* der Boten und der *Inhalt* ihrer Verkündigung beschrieben werden. Jesus preist den Vater, weil er *„all das den Weisen und Klugen verborgen, den Unmündigen aber offenbart"* hat. Mit den „Unmündigen" sind die Jünger Jesu gemeint. Es sind die „Armen" der Bergpredigt, die Gott erwählt hat und denen Jesu Verheißungen gelten. Es sind jene, die im Unterschied zu allen, die in ihren eigenen Augen „Weise" zu sein meinen, die Botschaft Jesu aufgenommen haben. Man kann annehmen, dass der Ausdruck „Unmündige" geradezu eine Selbstbezeichnung der Gruppe ist, die diese Worte überliefert, also der Q-Gruppe, und dass sich in ihm ihr Selbstverständnis ausdrückt. In den Augen der Weisen gelten sie als „Unmündige", die Gottes Weisheit nicht erkennen. Sie aber wissen, dass sie als „Unmündige" gerade durch Jesus und im Geschick Jesu Gottes Weisheit erkannt haben (vgl. die Ausführungen des Paulus in 1 Kor 1,18 – 2,16).

In V. 22 heißt es dann, dass Jesus vom Vater „alles übergeben worden“ ist und dass der Sohn bestimmten Erwählten eine exklusive Erkenntnis schenkt. Das Wort erinnert an Mt 28,18, beschreibt also die neue Herrschaftsstellung Jesu (vgl. Joh 17,1-8). „Der Sohn“ ist hier kein anderer als der Menschensohn. Mit diesem Spruch begründet die Q-Gruppe also ihre Erkenntnis und vor allem auch ihre nachösterliche (Israel-)Mission, die in der vorhergehenden Botenrede umschrieben worden ist, indem sie sie auf die Vollmacht des erhöhten Menschensohnes zurückführt.

Das Bewusstsein der Unvergleichbarkeit und Einzigartigkeit ihrer Erwählung und ihres Sendungsauftrags kommt auch in der folgenden Seligpreisung zum Ausdruck, die Jesus an die Jünger allein richtet: „Selig sind die, deren Augen sehen, was ihr seht. Ich sage euch: Viele Propheten und Könige wollten sehen, was ihr seht, und haben es nicht gesehen, und wollten hören, was ihr hört, und haben es nicht gehört“ (Lk 10,23f).

Der Spruch, der auf den irdischen Jesus zurückgehen dürfte, ist jetzt, in der nachösterlichen Situation, zugleich Einladung und Mahnung, auf diese Botschaft der Boten des Menschensohnes Jesus zu hören. Noch einmal wird – nach dem Verständnis dieser Gruppe – Israel ein Angebot gemacht, noch einmal hat es eine letzte Chance, auf Jesu Botschaft einzugehen.

▷ Diesen Ernst der nochmals gewährten Chance und der Entscheidungssituation meint wohl auch das schwer deutbare Wort von der *Lästerung des Geistes* (Lk 12,10/Mt 12,31f). In ihm werden zwei Zeiten der Verkündigung unterschieden: die Verkündigung des irdischen Menschensohnes Jesus und die nachösterliche Verkündigung, die in der Kraft des Geistes geschieht, in dem der Erhöhte selbst gegenwärtig ist. Die Ablehnung des Irdischen wird verziehen werden, wer sich aber auch diesem letzten Angebot verschließt, das im Wort der Boten des Erhöhten ergeht, hat die letzte Chance zur Umkehr vertan.

Auftrag und Verhalten der Boten

Mehrere Sprüche im Umkreis der Sendungsworte richten sich direkt an die Boten selbst und lassen einen Einblick in die Entstehungssituation der Redenquelle gewinnen. Es sind vor allem Sprüche, die den Jüngern Mut, Trost und absolutes Vertrauen auf den Beistand Gottes geben wollen.

Die Jünger sollen sich nicht von *falscher Sorge* lähmen lassen, sondern ganz auf die Fürsorge Gottes vertrauen, der sich auch um die Vögel und die Blumen kümmert (Lk 12,6.22-32). Weil sie unter Gottes speziellem Schutz stehen, brauchen sie sich *vor niemandem zu fürchten* (12,4f). Beim Endgericht wird der Menschensohn zu ihnen stehen. Das ist das Entscheidende (Lk 12,8f; vgl. auch die 4. Seligpreisung, Lk 6,22). Hier auf Erden ist ihnen der Beistand des Geistes zugesichert, wenn man sie „vor die Gerichte der Synagogen und vor die Herrscher und Machthaber schleppt" (Lk 12,11/Mt 10,19f; vgl. Joh 15,26;16,11). Sie müssen auch bereit sein, Widerstände und Entzweiungen im eigenen Familienkreis um Jesu willen auf sich zu nehmen (Lk 12,51-53.58f).

Die ganze Sorge der Jünger soll der bald kommenden Königsherrschaft Gottes gelten, die das zentrale Anliegen der Verkündigung Jesu war. Aber selbst bei der Verwirklichung dieses Zieles, zu dem sie gesandt sind, sollen sie nicht in falsche Sorge verfallen und nicht mutlos werden, wenn es nicht so vorangeht, wie sie es sich vorstellen, wenn sie auf Ablehnung oder Gleichgültigkeit stoßen. Denn was sie jetzt erst noch verborgen, hinter verschlossenen Türen, sagen, das wird am hellen Tag und von den Dächern ausgerufen werden (Lk 12,2). Ihre Botschaft hat Zukunft, weil sie die Botschaft des Menschensohnes ist. Sie wird sich gegenüber allen Widerständen durchsetzen.

Gespannte Erwartung des Menschensohn-Richters

An vielen Texten der Redenquelle wird deutlich, dass diese frühen Gemeinden in einer gespannten Erwartung des Endes, und das heißt auch: des Kommens des Menschensohnes, lebten (vgl. Lk

Aufbau und Inhalt der Redenquelle

	QLk	QMt
Auftreten und Verkündigung des Täufers	3.7-9.15-18	3,7-12
Taufe Jesu	3,21f	3,13-17
Die Versuchung Jesu	4,1-13	4,1-11
Die Rede Jesu am Berg („Feldrede" bzw. „Bergpredigt"	6,20–49	5,1-7,29
Heilung des Knechtes eines heidnischen Hauptmanns	7,1–10	8,5-13
Worte Jesu über den Täufer	7,18-35	11,2-19
Nachfolgeworte	9,57-62	8,19-22
Die Botenrede	10,1-16	9,37-10,16; 11,21-23; 10,40
Das Offenbarungswort über den Vater und Sohn	10,21-22	11,25-27
Die Seligpreisung der Augenzeugen	10,23-24	13,16f
Eine Gebetsunterweisung	11,1-4.9-13	6,9-13; 7,7-11
Antwort auf den Beelzebub-Vorwurf	11,14-26	12,22-30; 2,43-45
Sprüche über das Zeichen des Jona	11,29-32	12,38-42
Sprüche über das Licht	11,33-36	5,15; 6,22f
Wehe über Pharisäer und Gesetzeslehrer	11,37-54	23,4-36
Mahnung zu furchtlosem Bekenntnis	12,1-12	10,26-33
Über das Sorgen und Schätzesamrneln	12,22-34	6,19-33
Mahnung zur Wachsamkeit	12,39-46	24,43-51
Worte über Zerwürfnisse	12,51-53	10,34-36
Worte über die Zeichen der Zeit	12,54-59	16,2f; 5,25f
Die Gleichnisse vom Senfkorn und vom Sauerteig	13,18-21	13,31-33
Worte von der engen und verschlossenen Tür	13,22-30	7,13f; 7,22f; 8,11f
Jesu Klage über Jerusalem	13,34f	23,37-39
Das Gleichnis vom großen Gastmahl	14,15-24	22,1-10
Das Gleichnis vom verlorenen Schaf	15,3-7	18,12-14
Kritik des Doppeldienstes	16,13	6,24
Worte über Gesetz und Ehescheidung	16,16-18	11,12f; 5,18; 5,32
Worte über Ärgernis, Vergebung und Glauben	17,1-6	18,6f; 15.21f; 17,20
Eine Endzeitrede	17,22-37	24,26f. 37-39; 10,39; 24,40f. 28
Das Gleichnis vom anvertrauten Geld	19,12-27	25,14-30
Worte vom Richten über die zwölf Stämme	22,28-30	19,28

10,2.9.23f; 11,20.49-52; Mt 11,12f.) Von daher erklären sich z. T. auch manche sehr radikalen Forderungen und das Drängende in manchen Sprüchen.
Im Unterschied zur Verkündigung Jesu (siehe später S. 40f) ist die neue Heilsverkündigung, wie sie in der Redenquelle vorliegt, *„durch eine Betonung der Rettung vor dem kommenden Strafgericht Gottes geprägt"* (s. Polag, S. 174). Mit P. Hoffmann kann man sagen, dass die Redenquelle „die Gerichtsdrohung akzentuiert, sie mit der Naherwartung verbindet und die Gerichtsaussage personalisiert (durch die Identifizierung Jesu mit dem Menschensohn und mit dem vom verkündeten ‚Kommenden' " [34ff]). Auf den Ernst des bevorstehenden Gerichts und auf die Notwendigkeit einer nicht nachlassenden *Wachsamkeit* beziehen sich z. B. die drei Gleichnisse Lk 12,3f; 12,42-46; 19,12-27 und die Sprüche 17,26-30.34f.37; 17,23 f.
Hinter der frühen Sammlung von Q wird also eine Gemeinde bzw. Gruppe sichtbar, die im Glauben an den zum Menschensohn erhöhten Jesus lebt und sich von diesem Menschensohn erneut zu Osrael in der Kraft des Geistes gesandt weiß, in einer Situation der Anfeindung und angesichts des von ihr als nahe bevorstehend geglaubten Endes die Botschaft des Irdischen als nochmaliges und letztes Angebot zu verkünden. Der zentrale Inhalt ihrer Botschaft wird in der Botenrede wie folgt gekennzeichnet:

> Heilt die Kranken, die dort sind und sagt den Leuten:
> Das Reich Gottes ist euch nahe (Lk 10,9).

Damit nimmt diese Gemeinde das zentrale Verkündigungsanliegen des irdischen Jesus auf, dem wir uns jetzt im Einzelnen zuwenden. Es geschieht im begründeten Vertrauen darauf, dass wir – unter Beachtung der Ergebnisse historisch-kritischer Forschung – in den ältesten Überlieferungen noch ein im Wesentlichen richtiges Bild von Jesus und seiner Verkündigung finden können. Bei dieser Darstellung der Grundzüge der Verkündigung Jesu kommt vor allem auch der vormarkinischen Überlieferung eine große Bedeutung zu.

Lit.: *Weiser* 21-43; *Gnilka* 251-253; *Zeller*, Kommentar zur Logienquelle, SKK NT 21.

WIEDERHOLUNGS- UND VERSTÄNDNISFRAGEN

- Welche Gründe gab es für eine Rückfrage nach dem irdischen Jesus?
- Vor den Evangelien gab es schon Sammlungen bzw. zusammenhängende Darstellungen vom Wirken Jesu. Welche können wir heute noch rekonstruieren?
- Was ist das zentrale christologische Bekenntnis von Q?
- Mit welchen atl. Vorstellungen werden Jesu Anspruch und Sendung in Q gedeutet?
- Wie wird in Q die Sendung der Jünger begründet? Was ist ihr Auftrag, und wie wird ihr Verhalten beschrieben?
- Welche Besonderheiten kennzeichnet die Enderwartung von Q?

III. Kapitel
Die Botschaft und die Praxis Jesu

1 Die Umkehrpredigt des Täufers – Die Taufe Jesu

Schon die frühesten Sammlungen der Jesusüberlieferung beginnen mit einem Bericht über das Auftreten und Wirken des Johannes, der nach der für ihn typischen Handlung „der Täufer" genannt wird. Johannes wendet sich mit prophetischer Buß- und Gerichtspredigt an ganz Israel, das er durch sie zur Umkehr bewegen will. Er droht: Gottes Gericht steht nahe bevor. Es gibt nur eine Möglichkeit, ihm zu entrinnen: die *Umkehr* (vgl. Lk 3,7-14). Jeder, der zu innerer Umkehr bereit war, empfing als sichtbares Zeichen die *Taufe*, d.h. er ließ sich im Jordan eintauchen. Wer diesen äußeren Ritus mit innerer Bußgesinnung an sich geschehen ließ, war als „Umgekehrter" bezeichnet; er hatte das Gericht gleichsam im Voraus anerkannt und und durfte darauf hoffen, aus ihm gerettet zu werden. Es kann als eine der gesichertsten Tatsachen gelten, dass auch Jesus sich der Bußtaufe des Johannes unterzog (Mk 1,9f par). Die Christen hätten dies für sie nicht unproblematische Ereignis sicher nicht erfunden (vgl. die Entkräftigung von Einwänden Mt 3,14; Joh 1,19-28).

Die Taufe war ein entscheidender Einschnitt im Leben Jesu. Mit ihr beginnt sein öffentliches Wirken. Man kann sie daher mit den Berufungen der Propheten vergleichen (vgl. Ez 1,1; 2,1ff).

Die spätere Überlieferung hat sie z.T. in diesem Sinn zu einer Christus- und Offenbarungserzählung ausgestaltet. Man kann den heutigen Taufbericht als eine – in der Form einer Vision – zusammenfassende Deutung des Wesens und des Auftrags Jesu vor Beginn seines öffentlichen Wirkens verstehen, wobei vor allem seine Geistbegabung und seine Gottessohnschaft betont werden.

2 Die Botschaft von der Nähe der Gottesherrschaft

Jesus knüpft mit seiner Verkündigung an die Botschaft des Täufers an (vgl. Mt 3,2; 4,17). Doch sehr bald zeigen sich bei aller Nähe zum Täufer auch die Unterschiede. Wie für den Täufer steht auch im Mittelpunkt der Verkündigung Jesu die Botschaft vom Nahegekommensein der „Gottesherrschaft" oder des „Reiches Gottes". Die vormarkinische Überlieferung fasst Jesu Botschaft sicher sachlich und geschichtlich zutreffend in dem Ruf zusammen:

> „Die Zeit ist erfüllt, das Reich Gottes ist nahe. Kehrt um, und glaubt an das Evangelium" (Mk 1,15).

Was versteht Jesus unter der Gottesherrschaft, die er zum Zentrum seiner Verkündigung macht? Jesus hat dazu keine zusammenhängende theoretische Abhandlung oder eine Definition gegeben. Sein ganzes Leben, seine Wortverkündigung und seine Praxis, sind der eigentliche Kommentar zu diesem Zentralbegriff seiner Botschaft. In immer neuen Bildern und Vergleichen hat er versucht, seinen Hörern das Wesen dieser Gottesherrschaft zu erschließen.

Seine geschichtlichen Wurzeln hat der Begriff „Königsherrschaft Gottes" in der jüdischen Überlieferung. Er verdankt seine Entstehung der Scheu des Spätjudentums, in direkter Weise vom Handeln Gottes zu sprechen. So umschrieb man es mit Vorliebe durch abstrakte Begriffe und redete z. B. von der „Herrschaft der Himmel". Der Begriff „Herrschaft Gottes" will einfach zum Ausdruck bringen, dass Gott herrschen wird, dass er sein Königtum aufrichten wird. Die Erwartung vom Anbruch dieser Gottesherrschaft war gerade zur Zeit Jesu besonders stark, jedenfalls in bestimmten Gruppen (z. B. in Qumran, bei den Zeloten). Von ihr geben zahlreiche Texte der sog. apokalyptischen Literatur beredten Ausdruck.

Dennoch findet sich der Begriff selbst verhältnismäßig selten und hat auch zur Zeit Jesu keineswegs eine so große Bedeutung gehabt, wie man vielfach annimmt. Man kann eine *dreifache* Wurzel in der atl. Überlieferung erkennen:

1. das allgemeine, gleichsam beständige Königtum Gottes in Vergangenheit und Zukunft (vgl. Ex 15,18; Ps 145,11ff);
2. die im Kult geglaubte und erfahrene Gegenwart des Königseins Gottes (besungen in den „Thronbesteigungs-psalmen", z. B. Ps 47; 93; 96; 97; 99);

3. die Erwartung des In-Erscheinung-Tretens dieser Königsherrschaft am Ende der Zeit (vgl. Jes 24,23; 33,22; Zef 3,15; Sach 14,16f).

2.1 Unterschiede zu zeitgenössischen Vorstellungen

Vergleicht man – Späteres z. T. vorwegnehmend – Grundzüge der Gottes-Reich-Verkündigung Jesu mit zeitgenössischen Auffassungen (die in sich auch nicht einheitlich waren), dann ergeben sich bedeutsame Unterschiede:

▷ Im zeitgenössischen Judentum war die Erwartung der Gottesherrschaft mit starken *nationalen Tendenzen* verbunden, was aufgrund der damaligen politischen Situation (Anwesenheit der römischen Besatzungsmacht) verständlich ist. Nationalistische Gruppen erkannten nur Jahwe als einzigen Herrn und König an (z. B. die Gruppe der „Eiferer", der Zeloten) und wollten diese Gottesherrschaft mit militärischer Gewalt durchsetzen. Der Kampf gegen die „Feinde Israels" war für sie daher auch ein religiöser Kampf, eine Art „Heiliger Krieg". Die Zeloten weigerten sich daher auch, dem Kaiser Steuern zu zahlen. Auf diesem Hintergrund wird erst die Bedeutung der Frage verständlich, die man Jesus gestellt hat, „um ihn in eine Falle zu locken": „Ist es erlaubt, dem Kaiser Steuer zu zahlen?" (Mk 12,14 parr.). Jesus lässt sich auf diesen politischen Streit nicht ein, sondern verweist auf den Totalanspruch Gottes: *„Gebt dem Kaiser, was dem Kaiser gehört, und Gott, was Gott gehört."* Der Anspruch des Kaisers und der Anspruch Gottes stehen auf ganz verschiedenen Ebenen. Sie sind nicht exklusiv, wie die Frager meinen.

▷ Jesus hat sich stets *gegen jede Gewalt* gewendet. Seine Botschaft war wesentlich eine Botschaft der Versöhnung und des Friedens (vgl. Mt 5,21f.38ff.43-47). Auch seine Jünger sandte er aus, den Frieden zu künden (Lk 10,5f/Mt 10,13; vgl. 5,4.6). Obwohl er sich nur zu den „Schafen Israels" gesandt wusste (Mt 15,24), hat er jedes Feindbild abgelehnt, das seine Gegner durch die Unterscheidung „Israel – Feinde Israels" aufgebaut hatten. Die Gottesherrschaft verlangt zwar vom Menschen den letzten Einsatz, und nur die Gewalttätigen reißen sie an sich (vgl. Mt 11,12), aber man kann sie nicht durch Aktivitäten herbeizwingen. *Sie ist ausschließlich Gottes Sache,* seine unverdiente Gabe (vgl. Mk 10,15). Daher lässt sich sein Kommen auch nicht im Voraus bestimmen. Jesus wendet sich gegen alle Versuche, den Anbruch der Gottesherrschaft aufgrund von außergewöhnlichen Zeichen zu berechnen: *„Das Gottesreich kommt nicht so, dass man es an äußeren Zeichen erkennen könnte“* (Lk 17,20). Der Zeitpunkt und die konkrete Verwirklichung bleiben bei Jesus der absoluten Freiheit und Initiative Gottes überlassen.

▷ Für Jesu Auffassung ist ferner typisch, dass er jedes Elitedenken, jedes Parteiwesen ablehnt. Seine Botschaft zielt nicht auf die Sammlung eines „heiligen Restes“ von Gerechten in Israel, eines Stammes von Getreuen, denen die Masse der Verlorenen und Abtrünnigen gegenübersteht. Er will *ganz Israel* sammeln und zur Umkehr führen. Durch seine offene, umfassende, „parteilose“ Sammelbewegung, die keine Abgrenzungen kennt – auch nicht gegenüber „Zöllnern und Sündern“ –, gerät er mit allen anderen „exklusiven Parteien“ wie Pharisäern, Sadduzäern, Zeloten und Essenern, denen es ja auch um die Aufrichtung der Gottesherrschaft ging, in Widerspruch. Er lässt sich von keiner dieser Gruppen vereinnahmen und gründet auch selber keine neue „Partei“ mit besonderen äußeren Kennzeichen. Aufschlussreich für seine offene Haltung ist schon die Zusammensetzung seines engsten Jüngerkreises, in dem sich neben dem früheren Zeloten Simon auch der ehemalige Zöllner Levi, neben der Gruppe der Galiläer auch der Judäer Judas befand (vgl. Mk 2,14; 3,16-19).

2.2 Unterschiede zur Verkündigung des Täufers

Die größte Nähe weist die Gottes-Reich-Verkündigung Jesu zweifellos zur Verkündigung des Täufers auf. Umso aufschlussreicher und gewichtiger sind die Unterschiede. Gerade durch den Vergleich zur Verkündigung des Täufers wird das Besondere und Einzigartige der Botschaft Jesu deutlich.

Auch für die Verkündigung des Täufers ist kennzeichnend, dass er das Heil ausschließlich von einem neuen Handeln Gottes und zwar in nächster Zukunft erwartet. Heilsgeschichtliche Privilegien zählen nicht (vgl. Mt 3,8f).

▷ Die Zukunft ist für Johannes eindeutig vom nahe bevorstehenden Zorngericht Gottes bestimmt. Die Heilsansage, auf die seine Umkehrpredigt letztlich zielt, ist bei ihm der Gerichtsdrohung untergeordnet. „Der Täufer formuliert keine positive Aussage über die Zukunft" (H. Merklein, Gottesherrschaft 144).
▷ Bei Jesus ist es genau umgekehrt. Bei ihm ist die Zukunft vor allem und eindeutig vom Heilswillen Gottes bestimmt. Das Gericht tritt nur bedingt ein, d. h. falls der Mensch das angebotene Heil ablehnt; beispielhaft dafür ist Lk 13,6-9. Jesus droht nicht mit der Zukunft, er wirbt mit ihr. Der Mensch soll nicht durch Gerichtsandrohung zur Umkehr bewogen werden, sondern durch das verheißene, jetzt schon wirksame Heilshandeln Gottes zur Neuorientierung gleichsam verlockt, verführt werden. Bezeichnend für dieses Verständnis Jesu ist schon die Tatsache, dass er die Gottesherrschaft vornehmlich mit Begriffen und Bildern wie Freude, Friede, Vertrauen, Freudenmahl, Hochzeit, Vaterhaus u. Ä. beschreibt. Die Gottesherrschaft hat bei Jesus etwas Ver-lockendes, An-ziehendes. Für sie lohnt sich jeder Einsatz, und man tut es mit Freude (vgl. das Gleichnis vom Schatz und der Perle, Mt 13,44-46). Sie ist nicht Herrschaft eines Despoten oder Tyrannen, wie der Ausdruck „Königsherrschaft" vielleicht nahe legen könnte. Sie ist vielmehr eine den Menschen freimachende, ihn aus Entfremdung. Schuld und vor allem Angst erlösende Herrschaft Gottes, der als Vater das Heil seiner Kinder will und der gerade das Verlorene sucht. Sie ist in der Sicht Jesu eine (positiv verstandene) „Vaterherrschaft", der man sich bedingungslos anvertrauen kann. Daher haben die ersten Christen Jesu Botschaft auch als „Evangelium", als eine „Frohe Botschaft" und „Gute Nachricht" für alle verkündet.
▷ Zusammenfassend lässt sich der wesentliche Unterschied zwischen der Verkündigung des Täufers und der Jesu mit H. Merklein wie folgt kennzeichnen: „Johannes argumentiert von der Zukunft bzw. von Gott her: Das Gericht ist bei Gott eine beschlossene Sache (unbedingte Aussage), ergreift also die letzte Chance! Jesus argumentiert von der Gegenwart bzw. vom Menschen her: So wie ihr jetzt lebt, muss das unweigerlich zum Gericht führen; ändert euch also, sonst verfallt ihr dem Gericht (bedingte Aussage). Für Johannes ist das Gericht das kommende (aktiv auf den Menschen zu-

kommende), für Jesus das Folgende (aus der tatsächlichen menschlichen Schuld folgende)." (Merklein, Gottesherrschaft 148). Bei Jesus tritt also an die Stelle der Drohung die verlockende Werbung. Das hier in einem Überblick gezeichnete Bild von der Gottesherrschaft soll jetzt noch hinsichtlich seiner wesentlichen Aspekte weiter konkretisiert werden, und zwar durch einen Blick auf die Verkündigung und die entsprechende Praxis Jesu. Denn Jesus ist – auch das ist ein Unterschied zum Täufer und allen anderen Propheten – selbst das (bleibende) *„Begegnungszeichen" der Gottesherrschaft* (A. Polag). In seiner Person begegnet man konkret der Wirklichkeit der Gottesherrschaft, und nur im Blick auf ihn, auf seine Botschaft und Praxis kann man letztlich verstehen, was die Gottesherrschaft bei ihm beinhaltet. (In der folgenden knappen Darstellung ist nicht beabsichtigt, immer genau zwischen „echten" Jesusworten und späteren christologischen Deutungen zu unterscheiden. Es geht eher um die noch erkennbare Intention Jesu).

2.3 Die Eigenart der Gottesherrschaft in den Gleichnissen Jesu

Das Wesen der Gottesherrschaft hat Jesus seinen Hörern besonders in Gleichnissen, einer für ihn typischen Verkündigungsform, zu erschließen versucht. In einfachen, sehr anschaulichen und einprägsamen Geschichten, deren „Stoff" er Vorgängen und Bildern aus der Lebenswelt der Hörer entnimmt, erzählt er von der Gottesherrschaft. Solche Gleichnisse hat man schon sehr früh thematisch zusammengestellt. Sie beginnen meist mit der Wendung: „Wem soll ich das Reich Gottes vergleichen? Es verhält sich mit ihm wie mit ..." oder kürzer: „Es verhält sich mit dem Reich Gottes wie mit einem Menschen, der. ... " Sie können auch mit einer Frage beginnen: „Welche Frau, die zehn Silberstücke besitzt ... ?" (vgl. dazu Kirchschläger 52-56).

▷ Die Eigenart der Gottesherrschaft, wie Jesus sie sieht, kommt besonders deutlich in den so genannten *„Kontrastgleichnissen"* zum Ausdruck, in denen ein unscheinbarer Anfang dem wunderbaren, die Erwartungen weit übertreffenden Ende gegenübergestellt wird. So z. B. in dem bekannten *Gleichnis von der selbstwachsenden Saat*

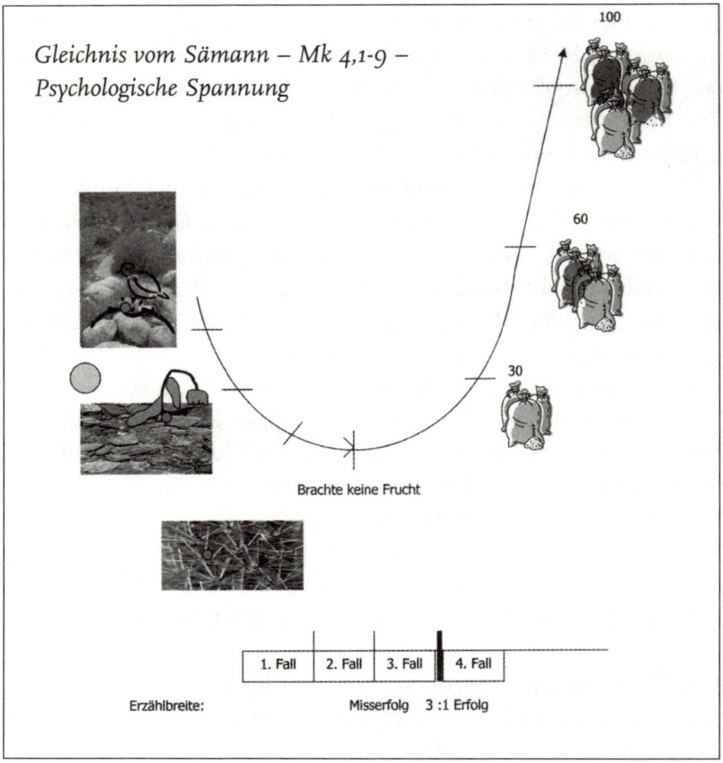

(Mk 4.26-29). Die entscheidende Aussage dieses Gleichnisses ist, dass „die Saat groß wird" und „das Land Frucht trägt", ohne dass der Bauer etwas dazu tut und tun kann (er schläft!). Die Frucht reift ohne sein Zutun. Es ist allein Gottes wunderbare Schöpfermacht, die Wachsen und Reifen wirkt. So ist es auch mit der Gottesherrschaft: Aus dem unscheinbaren Anfang erwächst ohne menschliche Leistung reiche Frucht.

Die gleiche Aussageabsicht verfolgt auch das *Doppelgleichnis vom Senfkorn und vom Sauerteig* (Lk 13,18-21 par.; vgl. Mk 4,30ff). Dem winzigen Senfkorn, „dem kleinsten von allen Samenkörnern", wird der daraus gewachsene Baum bzw. die Staude gegenübergestellt, die „größer ist als alle Kräuter" (zum Baum als Bild der Machtentfaltung vgl. Ez 31,3-9). So wird es auch mit der Gottesherrschaft sein, die in Jesu Wirken so unscheinbar und anders als erwartet beginnt. Das gleiche Verhältnis von Anfang und Ende verdeutlicht auch das *Gleichnis vom Sauerteig*, das sich in der Redenquelle anschließt (Lk 13,20f/Mt 13,33). Auch das *Gleichnis vom vielerlei Acker* hatte ursprünglich den Sinn, den Kontrast zwischen bescheidenem Beginn und unerwartetem Ende aufzuzeigen (Mk 4,3-9). Es stellt der dreimaligen vergeblichen, ertraglosen Aussaat die letztlich doch überreiche Ernte mit einem 30-, 60- und 100fachen Ertrag gegenüber (als ein guter Ertrag galt das 7-12fache!).

▷ Aber nicht nur in den Gleichnissen, die direkt von der Gottesherrschaft handeln, kommt dessen Wesen zum Ausdruck. In vielen anderen Gleichnissen, Parabeln und Beispielerzählungen zeigt Jesus, dass im Reich Gottes andere Gesetze gelten als bei Menschen und dass der Gott, den Jesus verkündet, der im Begriff ist, seine Herrschaft aufzurichten, nach anderen Maßstäben urteilt und handelt als die Menschen.

In diesen Gleichnissen geht es letztlich um die Gegenüberstellung des Gottes Jesu mit anderen weit verbreiteten Gottesvorstellungen und damit um das rechte Verständnis der Gottesherrschaft. Diese wiederum fordert ein neues Verhalten der Menschen in Bezug auf Gott und den anderen.

Am eindringlichsten und überzeugendsten kommt dieses Neue in der Gottesverkündigung Jesu vielleicht in dem Gleichnis „vom verlorenen Sohn“ zur Sprache, das man besser das Gleichnis (genauer: die Parabel) „vom *barmherzigen Vater und seinen beiden Söhnen*“ nennen müsste (Lk 15,11-32).

In dieser dramatischen Geschichte zeigt Jesus, dass es Gott jetzt wirklich um die Suche und Rettung des Verlorenen geht (vgl. die beiden vorhergehenden Gleichnisse vom *„verlorenen Schaf“* und der *„verlorenen Drachme“*, Lk 15,3-10) und dass „bei Gott mehr Freude herrschen wird über einen einzigen Sünder, der umkehrt, als über 99 Gerechte, die es nicht nötig haben, umzukehren“ (15,7). Gott geht dem Menschen mit zuvorkommender Güte entgegen und vergibt ihm vorbehaltlos und bedingungslos. Es ist die Hoffnung auf die Vergebungsbereitschaft des Vaters – eine Erwartung, die dann vom Vater noch weit übertroffen wird –, die den jüngeren, „verlorenen“ Sohn letztlich zur Heimkehr (Umkehr) bewegt. Der Vater

empfängt ihn dann auch, ohne ihm Vorwürfe zu machen, ohne Bedingungen zu stellen, ohne ihm seine verfehlte Vergangenheit vorzurechnen.
Diesem Vertrauen des jüngeren Sohns auf die grenzenlose Güte des Vaters steht die verhärtete, „gesetzliche" Haltung des zu Hause gebliebenen Sohns gegenüber. Er rechnet dem Vater seine Verdienste vor, macht ihm Vorwürfe und weigert sich, sein Einverständnis zu dieser maß-losen Handlungsweise des Vaters zu geben. – Hinter diesem älteren Sohn scheint das Bild der Gegner Jesu durch, die aus einem solchen Leistungsdenken sein Verhalten gegenüber „Zöllnern und Sündern" kritisieren, was Lukas in der Einleitung zu den drei Gleichnissen ausdrücklich feststellt (15,1f; vgl. auch Lk 7,36-50 und 7,34).
Nicht weniger provozierend für jedes Leistungsdenken ist die ebenfalls nur bei Lukas überlieferte Beispielerzählung vom *Pharisäer und vom Zöllner* (Lk 18,9-14). Dass Gott einen bei allen Rechtgläubigen verachteten Zöllner, der keinerlei gute Werke vorzuweisen hat, gerecht spricht, den Pharisäer – in den Augen der Frommen mit all seinen Werken der Übergebühr wahrhaft „ein Mann nach dem Herzen Gottes" – dagegen nicht, musste im höchsten Maße ärgerniserregend gewesen sein.
▷ Aber hier wird wiederum der Kern der Gottesreichbotschaft Jesu sichtbar: nicht menschliche Leistungen machen vor Gott gerecht, sondern die Anerkennung der eigenen Unwürdigkeit und das *unbegrenzte Vertrauen in die bedingungslose und grenzenlose Vergebungsbereitschaft Gottes*. Der Gott Jesu ist in diesem Sinn wahrhaft ein „Gott der Gottlosen", ein „Gott der unbegrenzten Möglichkeiten", was die Verlorenheit des Menschen und dessen Rettung betrifft.
In die gleiche Richtung, wie die beiden vorher genannten Gleichnisse, zielt das auch noch für heutige Hörer Anstoß erregende Gleichnis von den *„Arbeitern im Weinberg"* (Mt 20,1-16). Auch dieses will zeigen, dass menschliches Leistungs- und Gerechtigkeitsdenken den Gott Jesu nicht begreifen kann. Dieser Gott handelt nach Motiven und Maßstäben, die das Schema „Verdienst – Lohn" aufsprengen. Sein Beweggrund ist unverdiente, grenzenlose Güte. Darum antwortet der Besitzer des Weinbergs den protestierenden

Wichtige Gleichnisreden Jesu

A. *Gleichnisse vom Reiche Gottes*

1. Das Gleichnis vom Sämann
   (Mk 4,1–9; Mt 13,1–9; Lk 8,4–8)
2. Die „Deutung" des Sämannsgleichnisses
   (Mk 4,13–20; Mt 13,18–23; Lk 8,11–15)
3. Das Gleichnis von der selbstwachsenden Saat
   (Mk 4,26–29)
4. Das Gleichnis vom Senfkorn
   (Mk 4,30–32; Mt 13,31f; vgl. Lk 13,18f)
5. Das Gleichnis vom Sauerteig
   (Mt 13,33; Lk 13,20f)
6. Die Parabel vom Unkraut unter dem Weizen
   (Mt 13,24–30)
7. Die „Deutung" der Parabel vom Unkraut unter dem Weizen
   (Mt 13,36–43)
8. Das Gleichnis vom Fischnetz
   (Mt 13,47–50)
9. Das Doppelgleichnis vom Schatz und der Perle
   (Mt 13,44–46)

B. *Entscheidungs- und Gerichtsgleichnisse*

a) Der Ruf der Stunde

10. Das Gleichnis von den spielenden Kindern
    (Mt 11,16f; Lk 7,31f)
11. Das Doppelgleichnis vom Turmbau und vom Kriegführen
    (Lk 14,28–33)
12. Die Parabel vom unfruchtbaren Feigenbaum
    (Lk 13,6–9)
13. Die Parabel vom großen Gastmahl
    (Lk 14,15–24; vgl. Mt 22,1–10)
14. Die Parabel vom königlichen Hochzeitsmahl
    (Mt 22,1–10; vgl. Lk 14,16–24)
15. Die Parabel vom Gast ohne Hochzeitsgewand
    (Mt 22,11–14)
16. Die Parabel von den bösen Weinbergpächtern
    (Mk 12,1–12; Lk 20,9–19; Mt 21,33–46)

b) Das drohende Gericht

17. Die Beispielerzählung vom törichten Reichen
    (Lk 12,16–21)
18. Die Beispielerzählung vom reichen Mann und vom armen Lazarus
    (Lk 16,19–31)
19. Die Parabel vom klugen Verwalter
    (Lk 16,1–13)
20. Die Parabel vom Gang zum Richter
    (Lk 12,58–59; Mt 5,25–26)
21. Die Parabel vom anvertrauten Geld
    (Lk 19,12–27; vgl. Mt 25,14–30)
22. Das Gleichnis von dem mit der Aufsicht betrauten Knecht
    (Mt 24,45–51; Lk 12,42–46)
23. Die Parabel von den zehn Brautjungfern
    (Mt 25,1–13)
24. Die Parabel von der Entlohnung der Weinbergarbeiter
    (Mt 20,1–16)

C. *Die Gleichnisreden vom Verlorenen*

25. Das Doppelgleichnis vom verlorenen Schaf und der verlorenen Drachme
    (Lk 15,1–10; vgl. Mt 18,12–13)
26. Die Parabel vom unbegreiflich gütigen Vater
    (Lk 15,11–31)
27. Die Parabel von den zwei Schuldnern
    (Lk 7,36–50)
28. Die Parabel von den zwei Söhnen
    (Mt 21,28–32)

D. *Vom rechten Verhalten gegen Gott*

29. Das Gleichnis vom Sklaven
    (Lk 17,7–10)
30. Die Beispielerzählung vom Pharisäer und vom Zöllner
    (Lk 18,9–14)
31. Das Gleichnis vom bittenden (erhörenden) Freund
    (Lk 11,5–8)
32. Die Parabel vom gottlosen Richter und der Witwe
    (Lk 18,1–8)

E. *Vom rechten Verhalten gegen den Mitmenschen*

33. Die Parabel vom unbarmherzigen Knecht
    (Mt 18,23–35)
34. Die Beispielerzählung vom barmherzigen Samariter
    (Lk 10,25–37)

Arbeitern: „Darf ich mit dem, was mir gehört, nicht tun, was ich will? Oder bist du neidisch, *weil ich (zu anderen) gütig bin?*“ (V. 15).

2.4 Zukunft und Gegenwart der Gottesherrschaft

Die Gottesherrschaft ist auch in der Sicht Jesu eine noch ausstehende, zukünftige Größe, die erst in der Zukunft zu ihrer letzten Entfaltung und Vollendung kommen wird. Darauf verweisen eindeutig die oben erwähnten Gleichnisse (Mk 4,26-29.30-32 u. a.) wie auch jene Sprüche, die vom „Eingehen“ oder vom „Erben“ der Gottesherrschaft handeln (vgl. Mk 9,47; 10,15.23-25 par.; Mt 7,21; 25,34). Auch die Seligpreisungen Lk 6,20f rechnen mit ihrer Zukünftigkeit (vgl. noch Mt 8,11 f). Mit dem Täufer und den stark apokalyptisch gestimmten Gruppen dürfte Jesus die Anschauung von der zeitlichen Nähe der Gottesherrschaft geteilt haben (vgl. Mk 1,15; Lk 10,9). Doch stellt man bei ihm im Gegensatz zu diesen eine *große Zurückhaltung hinsichtlich der Terminbestimmung* fest. In den echten Jesusworten, die von der Nähe der kommenden Gottesherrschaft sprechen, finden sich keine Terminangaben (Mt 10,23; Mk 9,1; 13,30 dürften erst als „Trostworte“ für die missionierenden Jünger in der nachösterlichen Gemeinde entstanden sein). Auch in dem Wort Mk 1,15 geht es primär nicht um die Ankündigung der zeitlichen Nähe, sondern um die Verkündigung des bedingungslosen Heilswillens Gottes, der sich jetzt zu verwirklichen beginnt: „Einer Generation, die einer Heilszukunft für ganz Israel eher skeptisch, wenn nicht negativ, gegenübersteht, wird verkündet, dass dieses ‚entfernte‘ Heil jetzt endgültig nahe-gekommen ist“ (H. Merklein).

▷ Das Besondere der Reich-Gottes-Botschaft Jesu ist aber die Behauptung, dass die erst in Zukunft sich endgültig vollendende Gottesherrschaft, *bereits jetzt, in der Gegenwart wirksam ist*: Zum Beweis für diese Behauptung verweist Jesus auf sein exorzistisches Wirken:

> „Wenn ich aber die Dämonen durch den Finger Gottes (Mt: „durch den Geist Gottes") austreibe, dann ist doch das Reich Gottes schon zu euch gekommen" (Lk 11,20/ Mt 12,28).

Dieses zweifellos echte Jesuswort verbindet überdies das gegenwärtige Wirksamwerden der Gottesherrschaft in charakteristischer Weise mit der Person Jesu. In Jesu Wirken wird bereits die Macht Satans überwunden (Lk 10,18). Weil er der Stärkere ist, kann er in das „Haus des Starken" eindringen, ihn binden und ihm „den Hausrat rauben", d.h. die von ihm Beherrschten befreien (Mk 3,27; Lk 11,21f). Auf die Zeit Jesu als Erfüllungs- und Heilszeit verweisen auch die Antwort auf die Täuferfrage Mt 11,2-6 (Lk 7,18-23) und die Seligpreisung der Augen- und Ohrenzeugen des Wirkens Jesu: *„Selig sind die, deren Augen sehen, was ihr seht ..."* (Lk 10,23f/ Mt 13,16f; vgl. Lk 11,31/Mt 12,42f).
In Jesu Wirken sind also die Kräfte der zukünftigen Gottesherrschaft bereits erfahrbar, sie reichen gleichsam schon in die Gegenwart hinein. Sie ist, wie das Wort bei Lk 17,21 zutreffend deutet, bereits *„mitten unter euch"* (vgl. Mt 12,28), d.h. die Menschen können bereits in den Machtbereich, in das Kraftfeld der Gottesherrschaft eintreten.

3 Die ethischen Weisungen Jesu

Weil Gott sich gemäß der Verkündigung Jesu jetzt dem Menschen in bedingungsloser, heilschaffender Güte zuwendet, ist auch der Mensch aufgerufen und eingeladen, dieser Zuwendung Gottes entsprechend zu handeln, indem er sich in gleicher Weise dem Menschen zuwendet. Daher genügt es nicht, sein Handeln nur nach einem vorgegebenen gesetzlichen Rahmen auszurichten. Gefordert ist eine – wie Matthäus es später ausdrückt – „bessere (wörtlich: „überfließende") Gerechtigkeit", die die der Schriftgelehrten und Pharisäer übertrifft (vgl. Mt 5,20 und unten, S. 56f) Weil Gott barmherzig ist, müssen auch die Jünger Jesu barmherzig sein (vgl. Lk 6,36; Mt 5,48).

3.1 Jesu Stellung zum Gesetz

Das Neue in der Verkündigung Jesu liegt darin, dass dem Menschen jeder Rückzug auf das Gesetz und jede Absicherung durch eine gesetzlich garantierte Grenze verwehrt wird. Der grenzenlosen Zuwendung Gottes muss die entgrenzte Zuwendung zum Menschen entsprechen. Was für das Verhalten Jesu typisch war, nämlich „das Fehlen jeglicher Grenze" (H. Braun), das soll auch sein Jünger praktizieren. Wenn es um das Wohl und Heil des Menschen geht, darf es keine (gesetzliche) Begrenzung geben.

Damit soll nicht gesagt sein, dass Jesus grundsätzlich antigesetzlich war. Jesus stimmt vielmehr der Auffassung zu, dass sich Gottes Wille im Gesetz (in der Tora) offenbart. Er betreibt daher keine prinzipielle Gesetzeskritik. Doch ist das Gesetz und seine traditionelle schriftgelehrte Auslegung für ihn nicht mehr die unbestrittene Autorität, nicht mehr die letzte Motivation seines Handelns. Das ist vielmehr der *jetzt aus grenzenloser Güte handelnde Gott* bzw. die Anerkennung seiner sich jetzt durchsetzenden Herrschaft. Dieses neue Heilshandeln Gottes ist Beweggrund des Handelns und zugleich die es ermöglichende Kraft. Die Gottesherrschaft ist jene Wirklichkeit, die den Menschen erst zu einem neuen Handeln befähigt, sie ist letzter Wurzelgrund, „Handlungsprinzip" (H. Merklein). Mag es zu den einzelnen Forderungen Jesu inhaltlich gesehen auch fast in allen Fällen Parallelen im Judentum und außerhalb des Judentums geben, so ist doch die *Begründung und Motivation* bei Jesus eine andere. Im Judentum geht es immer um die (aktualisierende oder radikalisierende) Auslegung der Tora, die als oberste Norm unbestritten bleibt.

Bei Jesus ist dagegen das *Fehlen jeder nur formal-gesetzlichen Argumentation* kennzeichnend. Er will nicht ein neues, reineres, radikaleres oder liberaleres Verständnis des Gesetzes an die Stelle eines formalistischen gesetzlichen Verständnisses setzen. Sein Gesetzesverständnis wird vom bedingungslosen Heilswillen Gottes bestimmt bzw. er greift über das Gesetz hinaus auf den jenseits der Grenze des Gesetzes zum Heil des Menschen entschlossenen Gott. Daher zeigt er eine bis dahin unbekannte Freiheit und „souveräne Distanz" dem Gesetz gegenüber.

Dieses Gesetzesverständnis Jesu steht wohl hinter dem schwierigen Wort Mt 11,12 par. (vgl. Lk 16,16): „Die Gottesherrschaft bricht sich mit Gewalt Bahn, und gewalttätige Menschen (d.h. die zu allem entschlossen sind) reißen sie an sich." Es steht auch hinter dem Nachfolgewort Mt 8,21 (vgl. Lk 9,59f), das sich über alle vom Gesetz geforderten Pietätspflichten den Eltern gegenüber hinwegsetzt (vgl. S. 38f).

3.2 Die „Antithesen" der Bergpredigt

Jesus hat kein geschlossenes ethisches Lehrsystem erstellt. Seine ethischen „Prinzipien" werden meistens in konkreten Fällen sichtbar, zu denen er Stellung nimmt. Seine sittlichen Forderungen und deren Begründung müssen daher aus dem Ganzen seiner Botschaft und vor allem auch aus seinem praktischen Verhalten erhoben werden, wie es die frühe Kirche auch getan hat. Schon in der Redenquelle hat man jedoch einen wesentlichen Teil der ethischen Weisungen Jesu zusammengestellt, und Mt hat später Jesu „neue Lehre" in der eindrucksvollen Rede, der so genannten „Bergpredigt", zusammengefasst (Mt 5-7; vgl. Lk 6,20-49).
Diese Sammlung wurde eröffnet mit den *„Seligpreisungen"* der Armen, der Hungernden und der Weinenden (vgl. Lk 6,20ff). Ihnen wird Mut und Hoffnung zugesprochen im Hinblick auf die schon gegenwärtige, aber in ihrer endgültigen Gestalt noch zukünftige Gottesherrschaft. Gott hat sich auf die Seite der Armen, der Hungernden und Trauernden gestellt, und er wird zu seinen Verheißungen stehen. Daran wird deutlich, dass das Handeln aus Hoffnung auf diese endgültige Vollendung zuallererst Gabe und nicht Leistung ist.
▷ Am schärfsten kommt dieses neue Verständnis Jesu in den sog. *„Antithesen"* der Bergpredigt zum Ausdruck, in denen einem atl. Gebot eine neue Forderung Jesu antithetisch gegenübergestellt wird („Ich aber sage euch ...", Mt 5,21-48). Auch wenn ihre antithetische Form nicht auf Jesus zurückgehen sollte, bringen sie doch sein neues Verständnis sicher richtig zur Sprache.
Auch hier ist das entscheidend Neue nicht der Inhalt der Forderun-

gen, zu denen es in der Mehrheit Parallelen im Judentum gibt, sondern ihre *Begründung*. In ihnen wird das atl. Gebot genau genommen nicht radikalisiert oder verschärft, wie man oft sagt. Vielmehr wird der Rahmen des Gesetzlichen überhaupt gesprengt und überboten. Das Gesetz wird als untauglich zur Regelung des menschlichen Miteinanders erklärt. Maßgebend für das Handeln sind nicht mehr Gesetz und auslegende Tradition, sondern Jesu Weisungen, die wiederum die Konsequenz aus seiner Botschaft von der Gottesherrschaft sind. An die Stelle der Autorität des Gesetzes tritt die Autorität Jesu, der sich selbst nicht auf die Autorität von Schrift und Tradition beruft. Die Weisungen Jesu (z. B. jene in der Bergpredigt) wären daher *total missverstanden, wollte man sie als gesetzliche Forderungen nehmen* (ein Missverständnis, dem die christliche Ethik leider nicht immer entgangen ist).
Erst in diesem neuen Zusammenhang können die Forderungen der Antithesen wie das Verbot des Zürnens (Mt 5,21f), des begehrlichen Blickes (Mt 5,27f), der Ehescheidung (Mt 5,31f/Lk 16,18), des Schwörens (Mt 5,33-37), des Widerstandes (Mt 5,39f.42/Lk 6,29f) und das Gebot der Feindesliebe (Mt 5,43f/Lk 6,27f) in ihrer positiven Bedeutung richtig gewertet werden. Immer geht es um eine Überwindung des Bösen durch Überschreiten der gesetzlichen Grenzen, durch das Außerkraftsetzen des fatalen Mechanismus von Aktion und entsprechender, rechtlich abgesicherter Reaktion.
In diesem Zusammenhang ist auch auf die Forderung unbegrenzter Vergebungsbereitschaft in Mt 18,21f/Lk 17,3f zu verweisen, wo 77 keine Begrenzung, sondern gerade das Grenzenlose meint. Das Motiv solcher Bereitschaft ist wieder das zuvor von Gott empfangene Erbarmen, wie die Parabel vom unbarmherzigen Knecht eindrucksvoll zeigt (Mt 18,23-35; vgl. Lk 7,41f). Dass die Zuwendung zum Menschen auch nationale und religiöse Grenzen überschreiten muss, lehrt die Beispielerzählung vom barmherzigen Samariter (Lk 10,29-37; vgl. Mt 5,44f; Mk 12,28-34).
▷ Auch kultisch rituelle Gesetze verlieren ihre absolute Gültigkeit, wenn sie der Zuwendung zum Menschen im Wege stehen. Das hat Jesus in einem der radikalsten und folgenreichsten Worte deutlich zu verstehen gegeben: „Nichts kommt von außen in den Menschen hinein, das ihn verunreinigen kann, sondern was aus dem Men-

schen herauskommt, das ist es, was den Menschen verunreinigt" (Mk 7,15; vgl. Lk 11,39-41/Mt 23.25f). Dieses Wort hebt in letzter Konsequenz das Fundament des gesamten antiken Kultwesens aus den Angeln, für das die Unterscheidung von rein und unrein, sakral und profan grundlegend war. Wiederum:
Jesus geht es nicht um Kultkritik, es geht ihm um das Heil des Menschen. Die abschließende Feststellung in Mk 2,27: „Der Sabbat ist für den Menschen da, nicht der Mensch für den Sabbat", ist daher ein beispielhafter Satz. Das Gesetz ist von Gott zum Heil der Menschen gegeben worden, und man verkehrt seinen Sinn, wenn man es – um Gottes willen! – gegen den Menschen wendet (vgl. die Diskussion im Streitgespräch Mk 7,8-13).
▷ Den radikalsten und höchsten Ausdruck finden die ethischen Forderungen Jesu sicher in der Weisung, auch die Feinde ohne jede Einschränkung zu lieben (vgl. Mt 5,44f.48). Wenn auch dem Judentum eine positive Einstellung zum Feind nicht fremd war (vgl. Ex 23,4f), so ist die uneingeschränkte, allumfassende Forderung Jesu doch einzigartig und ohne wirkliche Parallelen. Entscheidend ist, dass sie letztlich mit Gottes barmherziger Zuwendung begründet wird (V. 48), ihre Motivation also in der jesuanisch verstandenen Gottesherrschaft hat.

4 Die Praxis Jesu

Was Jesus lehrte, hat er auch praktiziert. Daher ist auch sein Verhalten zur Richtschnur für die Gemeinden geworden. Man kann aber auch feststellen, dass Jesu Freiheit dem Gesetz und den Traditionen gegenüber nicht immer mit der gleichen Radikalität durchgehalten worden ist.

4.1 Jesu Gemeinschaft mit Sündern

Neben der Nichtbeachtung der *Reinheitsvorschriften* (vgl. Mk 7,1-13; Mt 15,1-20) und des *Fastengebotes* (vgl. Mk 2,18f par.) ist es vor allem seine Haltung gegenüber dem *Sabbatgebot* und seine *Gemeinschaft*

mit Sündern, die sein neues Verständnis und seine ungewöhnliche Freiheit zeigen (vgl. z. B. Mk 2,23-28; 3,1-6 parr.; Lk 13,1-17). Wohl kannte das Judentum Fälle, in denen das Sabbatgebot außer Kraft gesetzt war. Aber in einem solchen Fall war das Verhalten eben „legal" und blieb innerhalb der vom Gesetz vorgeschriebenen Grenzen. Jesus begründet seine Sabbatübertretung aber niemals mit einem „Ausnahmegesetz".
Indem Jesus sich jenen Menschen zuwendet, die allgemein als öffentliche Sünder galten und deren Gemeinschaft jeder Fromme mied, wie Zöllner, Dirnen, Heiden, Aussätzige, zeigt er, dass Gottes Liebe und Heil allen Menschen ohne Ausnahme gilt und man sich von niemandem mit Berufung auf das Gesetz (= Gottes Wille) abgrenzen darf. Ein Wort, wie das bei Mt 21,31: „Zöllner und Dirnen gelangen eher in das Reich Gottes als ihr", musste daher ungeheuer provokativ wirken, genauso wie die Tatsache, dass er sich mit Zöllnern an einen Tisch setzte (vgl. Mk 2,15 parr.; Lk 15,1f; 19,1-10). Kein Wunder, dass man ihn selbst *„einen Freund der Zöllner und Sünder"* schimpfte (Lk 7,34 par.). Jesus begegnet der Kritik mit dem Hinweis darauf, dass nicht die Gesunden den Arzt brauchen, sondern die Kranken (vgl. Mk 2,17; Lk 19,10) und vor allem auch mit den schon genannten Gleichnissen vom Verlorenen (Lk 15). Auch in seiner Zuwendung zu den Kranken drückt sich Jesu Verständnis von der Gottesherrschaft als Verwirklichung des unbegrenzten und bedingungslosen Heilswillen Gottes aus.

4.2 Die Machttaten Jesu

Es ist eine vernünftigerweise nicht zu bestreitende historische Tatsache, dass Jesus außergewöhnliche Taten vollbracht hat. Die ungewöhnlich breite Bezeugung dieser Taten in der Überlieferung lässt keinen Zweifel daran, dass sie unlösbar mit Jesu Wirken verbunden waren. – Das Johannesevangelium verweist in diesem Punkt übrigens ausdrücklich auf den Unterschied zu Johannes dem Täufer, der keine Wunder gewirkt hat (vgl. Joh 10,41).
Zwar hat die *Redenquelle* entsprechend ihrer Zielsetzung, vor allem Spruchgut zu sammeln, nur *eine* Wundergeschichte überliefert (Lk

7,1-10/Mt 8,5-13), doch zeigen einige Sprüche, dass auch Q um eine bedeutende Wundertätigkeit Jesu wusste. Mit dem Hinweis auf die Heilungen, die in ihnen geschehen sind, wird den drei galiläischen Orten Chorazin, Betsaida und Kafarnaum ihre Unbußfertigkeit vorgehalten (Lk 10,13-15/Mt 11,21-23). In Lk 11,14/Mt 12,22 wird kurz von einer Dämonenaustreibung berichtet, an die sich ein Streitgespräch über den Ursprung der Wundermacht Jesu anschließt (VV. 15-20).

Es ist aufschlussreich, dass die Gegner nicht die Echtheit der Machttaten Jesu bestreiten. Was sie leugnen, ist Jesu Behauptung, sie „mit Hilfe des Geistes Gottes" („durch den Finger Gottes" – die Kraft Gottes) zu vollbringen, weil dies eine Anerkennung seines Anspruchs als Gottes Gesandter überhaupt einschließen würde. Daher versuchen sie, die Dämonenaustreibung Jesu auf Beelzebul, den „Anführer der Dämonen", zurückzuführen. In seiner (vierteiligen) Antwort argumentiert Jesus u. a. damit, dass auch andere mit Hilfe Gottes Dämonen austreiben (V. 19).

Die Macht, Wunder zu wirken, ist also nicht etwas, was nur für Jesus typisch wäre, und Wunder sind als solche ganz sicher kein Beweis für eine „göttliche" Vollmacht. Im AT werden z. B. Elija und seinem Schüler Elischa eine ganze Reihe Wunder zugeschrieben (vgl. 1 Kön 17,8-24; 2 Kön 4 – 8). Auch im hellenistischen Bereich gab es berühmte Heiligtümer, an denen wunderbare Heilungen geschahen (wie z. B. Epidauros und Kos) und mit besonderer Wundermacht begabte „göttliche Menschen", wie Apollonius von Tyana, ein Zeitgenosse des Paulus.

▷ Nicht die Tatsache, dass Jesus Wunder gewirkt hat, ist also das Besondere, sondern wie er sie verstanden hat, in welcher Beziehung sie zu seiner Botschaft standen.

Zunächst ist negativ festzustellen, dass Jesus keine *Profit-, Belohnungs-, Straf- oder Schauwunder* wirkt (vgl. Lk 9,54f). Er weigert sich auch, besonders auffällige „messianische" *Legitimationswunder* zu wirken. Jesus lässt sich nicht in die Rolle eines „Wundermanns" drängen. Als man von ihm solch ein außergewöhnliches, legitimierendes „Zeichen vom Himmel" forderte, lehnte er dies scharf ab (vgl. Mk 8,11f; Lk 23,8-12).

In eindrucksvoller Weise zeigt die in Q überlieferte *Versuchungsge-*

schichte, dass solche Forderungen nach einem Legitimationswunder, wie sie sicher an Jesus herangetragen worden sind, eine „satanische Versuchung" waren, der Jesus mit aller Kraft widerstanden hat (vgl. Mt 4,1-11/Lk 4,1-13; auch Mk 15,27-32).

▷ Wie das Wort bei *Lk 11.20/Mt 12.28* zeigt, sieht Jesus seine Machttaten aufs engste mit seiner Botschaft von der Gottesherrschaft verbunden. Sie sind *Zeichen der Gegenwart der heilschaffenden Macht Gottes* und als solche beredte Tatsachen, die die Botschaft in die sicht- und wahrnehmbare Geschehensebene übersetzen. Umgekehrt werden diese Taten durch die Botschaft erst in der rechten Weise gedeutet und vor Missverständnissen geschützt. Als Zeichen der schon wirksamen Gottesherrschaft sind sie daher nur dem Glaubenden zugänglich und werden denen geschenkt, die für die Botschaft offen sind (vgl. Mk 6,5; 10,52; 9,24; Lk 17,19; Joh 4,46-53). Bei seinen ungläubigen Landsleuten in Nazaret kann Jesus daher keine Wunder wirken, wie bei Mk 6,5 ausdrücklich festgestellt wird.

Die ntl. Wundergeschichten folgen weitgehend einem vorgegebenen Erzählschema, in dem bestimmte „Motive" wiederkehren. Sie dienen durchweg auch einem christologischen, missionarischen oder katechetischen Anliegen und sind dementsprechend ausgestaltet worden. Es ist daher im Einzelnen schwierig oder überhaupt unmöglich, zwischen historischem Ereignis und theologischer Deutung zu unterscheiden. Manche Wundergeschichten sind offensichtlich gar nicht als historische Erzählungen gemeint, sondern als eine (damals legitime und verständliche) Weise der Christusverkündigung. Dies gilt vor allem für jene Wundererzählungen, in denen atl. Motive eine wesentliche Rolle spielen, z. B. die Stillung des Seesturms (Mk 4,35-41 parr.). Besonders bei Mt ist die Tendenz spürbar, die Glaubensforderung zu betonen, so dass sie geradezu zu katechetischen Glaubens- und Nachfolgegeschichten umgeformt werden (vgl. die Verbindung von Mt 8,18-22 mit 8,23-27; auch 9,27-31 mit 20,29-34).

▷ Für die Hörer wollen die Wundergeschichten ein Aufruf sein, sich – im Glauben an die verändernde Macht des erhöhten Herrn – nicht mit dem derzeitigen Zustand der Welt abzufinden, sondern die engen Grenzen eines rein innerweltlichen Denkens zu überschreiten und so der Welt Hoffnung auf eine bessere Zukunft zu geben. Die Wundergeschichten sagen: die Welt muss nicht so bleiben wie sie ist, denn „dem, der glaubt, ist alles möglich" (vgl. Mk 9,23).

Wundergeschichten sind daher auch *Einladungen zur Grenzüberschreitung*. Die Berechtigung zu solcher Einladung gründet in den Wunderhandlungen des irdischen Jesus, der zu solchem grenzüberschreitenden Glauben herausforderte, und im Glauben an den erhöhten Herrn, in dessen Namen und Kraft auch jetzt noch Machttaten geschehen (vgl. Apg 3,6f; Gal 3,4f; 1 Kor 12,9f.)
Im Unterschied zur Redenquelle bilden die Wundergeschichten in der *vormarkinischen Überlieferung* die am stärksten vertretene Erzählgattung. Es finden sich nicht weniger als 16 Wundergeschichten, die z. T. bereits in einem „Wunderzyklus" zusammengefasst waren (zu katechetischen und missionarischen Zwecken? vgl. 4,35-39; 5,1-43; 6,32-44.45-51). Von den verschiedenen Gattungen der Wundergeschichten begegnen die *Heilungswundergeschichten* am häufigsten (7), gefolgt von den *Austreibungsgeschichten* (Exorzismen) (4).

4.3 Der Anspruch Jesu

Dieser gedrängte Überblick über die Grundzüge der Verkündigung und des Handelns Jesu dürfte mit genügender Deutlichkeit zeigen, dass hier ein Mensch mit einem einzigartigen, ungewöhnlichen Anspruch auftritt bzw. eine ungewöhnliche Vollmacht einfach und wie selbstverständlich ausübt. „Jesus wagt es, Gottes Willen so geltend zu machen, als stünde er an Gottes Stelle" (F. Fuchs). Es ist nun bemerkenswert, dass Jesus selbst, soweit sich das noch historisch feststellen lässt, *keinen der vorgegebenen (messianischen) Titel aufgegriffen* hat, um seinen Vollmachtsanspruch geltend zu machen. Der Grund liegt einmal darin, dass sie allzu sehr von bestimmten (nationalen) Vorstellungen belastet waren und Jesus daher auf ein einseitiges Schema festgelegt hätten; zum anderen darin, dass keiner dieser Würdetitel ausreichte, seinen Vollmachtsanspruch angemessen auszudrücken. Sie sagten alle weniger aus, als er zu sein beanspruchte. Daher erklärt sich auch die Vielzahl der ihm von den Gemeinden gegebenen Hoheitstitel.
Es wäre also verfehlt, schon bei Jesus selbst eine ausgeprägte Messianologie oder Christologie finden zu wollen. Was wir aber bei ihm

finden können, ist die reale Grundlage der späteren christologischen Bekenntnisse, eine *„implizite Christologie"*, die nachösterlich – und nicht ohne die Ostererfahrung! – in Bekenntnisformeln und Würdetiteln sprachlich zum Ausdruck gebracht und entfaltet werden konnte, wie eingangs gezeigt wurde.
Im Hinblick auf den einzigartigen Vollmachtsanspruch Jesu ist – über das oben zu seiner Botschaft und Praxis Gesagte hinaus – noch auf seinen Ruf in die Nachfolge und auf seine unvergleichliche Freiheit hinzuweisen.

Der Ruf in die Nachfolge

Jesu einzigartiger Vollmachtsanspruch wird nicht zuletzt in den *Jüngerberufungen* sichtbar (vgl. Mk 1,16-20; Lk 9,57f.59f.61f.; 14,26f/Mt 10,371). Auch wenn die Berufungsgeschichten und Nachfolgeworte später auf die Situation der Mission und der Gemeinden hin neu gestaltet worden sind, kann an ihrer jesuanischen Herkunft nicht gezweifelt werden, da es für sie keine wirklich vergleichbaren Parallelen gibt.
▷ Sie sind nicht vom Verhältnis Rabbiner (Lehrer) – Schüler ableitbar, denn dort bat der Schüler um Aufnahme in den Kreis der Schüler. In den Nachfolgesprüchen dagegen ergreift Jesus die Initiative. Außerdem ging es beim Rabbinerschüler um die Erlernung des Gesetzes, um später selber einmal „Meister" (Rabbi) zu werden, eine bei Jesus unmögliche Vorstellung. Für die neutestamentlichen Schriften ist es gerade typisch, dass sie nur einen Meister kennen, Jesus.
▷ Auch andere „Parallelen", wie die „Nachfolge" in Gruppen der Freiheitsbewegungen (Zeloten), versagen. Sie zielten auf die Bildung einer abgeschlossenen Sondergruppe. Jesu Berufungen aber sondern nicht ab, sondern sind Indienstnahme für seine offene Sammelbewegung.
▷ Sein Ruf in die Nachfolge ist daher am ehesten mit den *Prophetenberufungen* vergleichbar (vgl. Am 7,15; 1 Kön 19,19-21). Wie Jahwe Menschen ganz für seine Sache in Dienst nahm, so auch Jesus. Er fordert in unvergleichlicher Radikalität die Aufgabe alles Bisheri-

gen, die Lösung aller Bindungen. Ein Wort wie Lk 9,59f/Mt 8,21f („Lass die Toten ihre Toten begraben; du aber geh und verkünde das Reich Gottes") mit der souveränen Aufhebung der Pietätspflicht gemäß dem 4. Gebot ist im jüdischen Bereich einmalig, unverständlich und provokativ. Der Sinn und das Ziel des Nachfolgerufes Jesu ist die Teilhabe an seiner Sendung (vgl. Lk 10,9/Mt 10,7f). Der Gerufene tritt dadurch in eine Schicksalsgemeinschaft mit Jesus, dem Boten der Gottesherrschaft (vgl. Lk 9,57f). Im Übrigen zeigen die Nachfolgeworte wiederum Jesu unvergleichbare Autorität und Freiheit gegenüber dem Gesetz.

Jesu Freiheit

Was an Jesus besonders auffällt und imponiert, ist seine angstlose Freiheit. In einer nie da gewesenen Souveränität steht er dem Gesetz, den Traditionen, den verschiedenen Gruppen und Institutionen gegenüber, ohne auf die Folgen seines Handelns für seine eigene Person Rücksicht zu nehmen.

▷ Er durchbricht durch rituelle Reinheitsvorschriften sanktionierte Tabus und setzt sich über Gesetze und Väterüberlieferungen hinweg, ohne sich auf eine andere Autorität zu berufen. Er beansprucht einfach, damit Gottes Willen zu erfüllen, und behauptet, diesen besser zu kennen (vgl. Mk 2,27; 3,1-6; Lk 13,10-17; Mk 10,2-12 parr.; Lk 16,18).

▷ Auch den politischen, sozialen und religiösen Gruppierungen gegenüber zeigt Jesus eine ungewöhnliche Freiheit. Seine Vorliebe gilt zweifellos den Randgruppen, den Armen, Schwachen, Kranken. Aber er wird deshalb nicht zum politischen Revolutionär und Feind der Reichen. Vielmehr bemüht er sich, auch Letztere zu überzeugen, und nimmt deshalb auch Einladungen von wohlhabenden Pharisäern an (vgl. Lk 7,36). Für jeden ist er zugänglich und offen.

▷ Was Jesus will, ist eine *innere Umkehr und Erneuerung aller*, gleichsam eine gewaltlose, friedliche Revolution, die alle Israeliten in einer großen „Sammelbewegung" vereinigt. Veränderungen sollen nicht durch äußere Gleichmacherei herbeigeführt werden, sondern durch eine Sinnesänderung, durch ein Umdenken, das neue

Wertmaßstäbe anerkennt. An die Stelle der Herrschaftsausübung über andere soll der Dienst am anderen, den man als Bruder und Schwester akzeptiert, treten, so wie er selbst es vorgelebt hat: „Die Könige herrschen über ihre Völker, und die Mächtigen lassen sich Wohltäter nennen. *Bei euch aber soll es nicht so sein, sondern der Größte unter euch soll werden wie der Kleinste, und der Führende soll werden wie der Dienende ...*" (Lk 22,24-27; vgl. 20,45-47; Mt 20,24-27).

▷ Jesus erliegt nicht der Versuchung der Macht oder des politischen Ruhms (vgl. die Versuchungsgeschichte Mt 4,1-11 par.). Wie schwer es ist, dieser Versuchung zu widerstehen, zeigt nicht nur die Geschichte der Revolutionen, auch die Geschichte der Kirche ist ein beredtes Beispiel dafür, wie viel Versuchung in der Macht sein kann.

▷ Woher nimmt Jesus seine Freiheit und *worin gründet sein Vollmachtsanspruch*? Er kann sich auf keinen der sonst geltenden und allgemein akzeptierten Gründe bzw. Normen berufen: weder auf eine herrscherliche Herkunft (Jesus selbst beruft sich nie auf eine „Davidsohnschaft"), noch auf eine „akademische Ausbildung" an einer Philosophen- oder Theologenschule (wie etwa Paulus es tun kann, vgl. Phil 3,4-6; Gal 1,13f; Apg 22,3), noch auf die Zugehörigkeit zu einer religiösen „Kaste" (er war Laie, kein Priester oder „Levit") oder politischen Partei (er war ein „Unabhängiger"). Er ragte auch nicht durch einen auffälligen asketischen Lebensstil heraus, der ihm Ansehen verleihen konnte (wie es z. B. beim Täufer der Fall war, vgl. Mt 11,18f, oder bei manchen Gurus), und hat sich nie besonderer mystischer Erlebnisse gerühmt (vgl. dagegen Paulus 2 Kor 11,16-12,13.)

▷ Will man Jesus nicht als wirklichkeitsfremden Phantasten oder krankhaften Hochstapler einstufen, bleibt nichts anderes übrig, als den Grund seiner Freiheit und seines Vollmachtsanspruchs dort zu suchen, wo er selbst ihn sieht: in seinem *einzigartigen Gottesverhältnis*.

Neben seinem bevollmächtigten Reden und Handeln, wie es im Vorhergehenden kurz beschrieben wurde, kommt diese einmalige Beziehung Jesu zu Gott in der für ihn typischen Gebetsanrede „Abba" zum Ausdruck. Im Unterschied zur feierlichen, scheuen, distanzierte Ehrfurcht bekundenden Art im Judentum, Gott anzure-

den, spricht Jesus Gott mit dem vertraulich klingenden Namen „Abba“ an, der der Kindersprache entstammt und etwa dem deutschen Papa oder Vati entspricht. Diese vertrauensvolle Anrede war offensichtlich so charakteristisch für Jesus, dass sie in ihrer ursprünglichen aramäischen Sprache weiter überliefert wurde (vgl. Gal 4,6; Röm 8,15). Doch ist damit zu rechnen, dass auch das griechische „pater“ (= Vater) öfter ein ursprüngliches „Abba“ wiedergibt, was z. B. für das Gebet gilt, das Jesus seine Jünger lehrte (in seiner ursprünglichen Form bei Lk 11,2 überliefert). Sicher war die Bezeichnung Gottes als „Vater“ z. Zt. Jesu im Judentum aus dem AT bekannt und gebräuchlich, wenn auch die Häufigkeit, mit der Jesus von Gott als Vater spricht – und in seiner Nachfolge das NT – auffallend ist (im ganzen 170-mal). J. Jeremias hat jedoch nachweisen können, „dass sich in der gesamten umfangreichen Gebetsliteratur des antiken Judentums nirgendwo ein Beleg für die Gottesanrede ‚Abba‘ findet, weder in liturgischen noch in privaten Gebeten“.
Weil Jesus sich bei diesem Vater geborgen wusste und ihm rückhaltlos vertraute, konnte er mit jener angstlosen Freiheit und jener sonst nicht ableitbaren Vollmacht auftreten, die sein Umgang mit allen Menschen zeigt. Die Herrschaft dieses Vaters war, wie sich gezeigt hat, das Zentrum seiner Botschaft. Sie beinhaltete im Wesentlichen nichts anderes als die Einladung an alle, „seinem“ Vater-Gott ebenso absolut zu vertrauen wie er selbst. Es war aber auch gerade dieser Anspruch, Gott und seinen Willen besser zu kennen als alle Schriftgelehrten und Theologen, die sich gegen ihn auf „Gesetz und Propheten“ berufen konnten, der zu seiner Hinrichtung führte. Weil Jesus ein anderes Gottesbild hat als seine Gegner – obwohl es für beide der Gott der atl. Offenbarung ist –, redet und handelt er anders und muss sterben. In den Augen seiner Gegner stirbt er daher konsequenterweise als „Gotteslästerer“ (vgl. Mk 14,63f; Mt 26,65f).

4.4 Das Abschiedsmahl und Jesu eigenes Todesverständnis

Der Konflikt zwischen Jesus und den religiösen Autoritäten (repräsentiert vor allem durch die Gruppe der Sadduzäer) war unvermeidbar und musste notwendigerweise zur Beseitigung Jesu führen, wenn er seinem Auftrag und seiner Sendung treu blieb. Jesus ist seinen Weg ohne Abstriche und mit letzter Konsequenz bis zum Ende gegangen. Diese Treue zu seinem Auftrag hat er mit dem Leben bezahlt.

Schon sehr früh hat die christliche Gemeinde in einem zusammenhängenden Bericht von den letzten Tagen Jesu, von seinem Leiden und Sterben, erzählt. Neben historischen Informationen ging es in diesem kurzen *„Passionsbericht“*, der im Laufe der Zeit mehr und mehr aufgefüllt wurde, vor allem um das Bemühen, den gottgewollten Sinn dieses Todes, seine Schriftgemäßheit (vgl. 1 Kor 15,3f; Lk 24,25-27), zu verstehen und auf die Frage zu antworten, wie es dazu kommen konnte. Man würde die Texte daher missverstehen, wollte man sie nur als historischen Bericht lesen.

Dies betrifft besonders auch die Frage nach der Deutung, die Jesus selbst seinem Sterben gegeben hat. Wie hat Jesus seinen Tod verstanden? Die Frage ist wegen der Eigenart der Texte, die bereits eine nachösterliche Deutung bieten, schwierig zu beantworten. Außerdem muss zwischen der Voraussehbarkeit der Möglichkeit eines gewaltsamen Todes und einer Todesgewissheit unterschieden werden.

Die „Leidensansagen“

Man kann dafür nicht auf die sog. „Leidensansagen“ zurückgreifen, weil diese mit ihren detaillierten Angaben sicher auf nachösterliche Bildung zurückgehen (Mk 8,31; 9,31; 10,33f), wenn auch nicht ausgeschlossen werden kann, dass ihnen ein historischer Kern zugrunde liegt. Sie machen aber eher den Eindruck, nachösterliche Zusammenfassungen und Deutung zu sein. Auch der Spruch vom dienenden Menschensohn, der gekommen ist, „sein Leben hinzugeben als Lösegeld für viele“ (Mk 10,45), ist als Wort des irdischen Jesus nicht genügend gesichert (vielleicht gehört er ursprünglich in die Abendmahlsüberlieferung, vgl. Lk 22,27). Jesus ist gewiss nicht von Anfang an mit dem Bewusstsein aufgetreten, er müsse den Sühnetod sterben. Das würde seiner Umkehrpredigt den Ernst nehmen und seiner Gottesreichbotschaft ein unerträgliches, schauspielerisches „Als-ob“ unterschieben.

Sicher musste Jesus bei realistischer Einschätzung der Lage, mindestens gegen Ende seines Wirkens, damit rechnen, dass der Konflikt einen für ihn tödlichen Ausgang nehmen konnte. Die Erinnerung an das Schicksal des Täufers war noch lebendig. Einige Sprüche weisen auch auf die Gefährlichkeit der Lage hin. Allerdings ist ihre jesuanische Herkunft stark umstritten, und es muss mindestens mit späterer Überarbeitung und Einordnung im jetzigen Zusammenhang gerechnet werden. (Es handelt sich um die sog. „verdeckten Leidensweissagungen" wie Lk 12,50; 13,3-33; Mk 12,1-9.) Wenn Jesus kein Schwärmer war (und nichts gibt Anlass zu dieser Annahme), musste er sich auf jeden Fall innerlich mit der Möglichkeit eines Scheiterns und gewaltsamen Todes auseinander setzen und sich die Frage stellen, wie sein möglicher Tod mit dem Kommen der Gottesherrschaft, deren Bote er war, zusammengehen konnte. Es ist dann aber auch anzunehmen, dass er auch seine Jünger auf einen solchen Fall vorbereitet hat, wobei offen bleiben muss, wie viel sie wirklich verstanden haben.

Das Abschiedsmahl und seine Deutung

Nach historisch glaubwürdiger Überlieferung hat Jesus selbst eine Deutung seines Todes bei einem letzten Mahl mit seinen Jüngern kurz vor seiner Passion gegeben. Der ursprünglich selbständig überlieferte Bericht von diesem Abschiedsmahl beruht sicher auf historischer Erinnerung (vgl. 1 Kor 11,23-25). Doch ebenso sicher ist, dass er bereits Elemente theologischer Deutung enthält, wie ein Vergleich der verschiedenen Fassungen zeigt. Dies ist nicht verwunderlich, wenn man bedenkt, dass er vor allem beim „Herrenmahl" der Gemeinde Verwendung fand.

▷ Die vorliegenden *vier* Fassungen (Mk 14,22-25; Mt 26,26-29; Lk 22,19-20; 1 Kor 11,23-25) lassen sich auf *zwei Grundformen* zurückführen: auf den markinischen (bzw. vormarkinischen) Bericht, von dem Matthäus abhängt, und auf die paulinische (bzw. vorpaulinische) Form, mit der die lukanische verwandt ist. Welcher von diesen beiden der ältere ist, ist bis heute umstritten. Der vorpaulinische ist stärker liturgisch geprägt, während der vormarkinische

Synoptischer Überblick über die Abendmahlstexte

Mk 14,22f	Mt 26,26-28	Lk 22,19f	1 Kor 11,23b-25
Und da sie aßen, nahm er ein Brot, sprach den Segen, brach und gab (es) ihnen und sprach: „Nehmt! Dies ist mein Leib!"	Da sie aber aßen, nahm Jesus ein Brot und sprach den Segen, brach und gab (es) den Jüngern, sprach: „Nehmt! Esst! Dies ist mein Leib!"	Und er nahm ein Brot, sprach den Dank, brach und gab (es) ihnen, sagte: „Dies ist mein Leib, der für euch gegeben wird! Dies tut zu meinem Gedächtnis!"	Der Herr Jesus, in der Nacht, in der er ausgeliefert wurde, nahm er ein Brot und sprach den Dank, brach (es) und sprach: „Dies ist mein Leib, der für euch! Dies tut zu meinem Gedächtnis!"
Und er nahm einen Becher, sprach den Dank, gab (ihn) ihnen. Und sie tranken aus ihm alle. Und er sprach zu ihnen: „Dies ist mein Blut des Bundes, das ausgegossen wird für viele!"	Und er nahm einen Becher und sprach den Dank, gab (ihn) ihnen, sagte: „Trinkt aus ihm alle! Denn dies ist mein Blut des Bundes, das für viele ausgegossen wird zum Nachlass von Sünden!"	Und den Becher ebenso nach dem Mahl, sagte: „Dieser Becher (ist) der neue Bund in meinem Blut, das für euch ausgegossen wird!"	Ebenso auch den Becher nach dem Mahl, sagte: „Dieser Becher ist der neue Bund in meinem Blut! Dies tut, sooft ihr trinkt, zu meinem Gedächtnis!"

(Übersetzung nach R. Pesch, Synoptisches Arbeitsbuch zu den Evangelien, Bd. 2/Mattäus)

mehr erzählenden Charakter hat und den historischen Ereignissen wahrscheinlich näher steht, was jedoch noch nicht erlaubt, ihn als genaue Beschreibung jenes Mahles zu nehmen.

▷ Schon der *vormarkinische* Bericht setzt als historischen Rahmen ein Paschamahl voraus (vgl. Mk 14,12-16 parr.). Doch könnte diese Verbindung mit dem Paschafest erst nachträglich hergestellt worden sein (1 Kor 11 erwähnt es nicht). Jedenfalls nimmt der eigentliche „Mahlbericht“ keinen eindeutigen Bezug darauf (keine Erwähnung des Paschalammes), abgesehen davon, dass Jesus nach johanneischer Darstellung noch vor dem Paschafest stirbt (Joh 18,28).

▷ Dem eigentlichen Mahl geht bei Lukas eine „Todesprophetie“ voraus (Lk 22,1618), die bei Markus am Schluss steht (14,25). In dieser Prophetie eröffnet Jesus den Elf, dass dies das letzte Mahl mit ihnen ist. Zugleich geht sein Blick aber über die Abschiedsstunde hinaus:

> „Amen, ich sage euch:
> Ich werde nicht mehr von der Frucht des Weinstocks
> trinken bis zu dem Tag, an dem ich von neuem davon
> trinke im Reich Gottes.“ (Mk 14,25)

Jesus geht demnach mit dem Bewusstsein in den Tod, dass sein Sterben nicht einfach das Ende ist. Es wird für ihn eine Zukunft im Reich Gottes geben. Von diesem Wort her ist zu fragen, ob Gott diese, von Jesus erwartete Heilszukunft ohne Beteiligung der Person des Boten der Gottesherrschaft, gleichsam unter Absehung seines Geschicks, herbeiführen wird. Ist dies vom Gesamt des Lebens Jesu her schon kaum vorstellbar, so wird man auf diese Frage spätestens seit Ostern mit einem klaren Nein antworten müssen. Dann aber setzt diese Prophetie im Angesicht des Todes als das Mindeste eine Haltung Jesu voraus, die für eine *positive Sinndeutung seines Todes hinsichtlich des Kommens der Gottesherrschaft offen ist*. In einer Haltung absoluten Vertrauens legt Jesus sein Leben und Sterben ganz in die Verfügungsgewalt des Vaters (vgl. Mk 14,36).

▷ Beim Mahl selbst *deutet Jesus Brot und Wein als Zeichen seiner Lebenshingabe*. „Das (ist) mein Leib“, „das (ist) mein Blut“ meint: *„Das bin ich als der in den Tod Hingegebene“*. Das dem griechischen „sóma“ – Leib zugrunde liegende aramäische Wort „guph“ oder „bisra“ bedeutet einfach „Person“ oder „Ich“. Ebenso meint das Blut das Leben und steht hier für die ganze Person.

Dem Deutewort zum Kelch ist bei Markus noch hinzugefügt: *„das Blut des Bundes*, das für viele vergossen wird“. Ersteres verweist auf den Bundesschluss am Sinai (Ex 24,8), Letzteres wahrscheinlich auf *Jes 53,11f*, d. h. auf das stellvertretende Leiden des Gottesknechtes.

Dort heißt es:

> „Mein Knecht, der gerechte, macht die vielen gerecht; er lädt ihre Schuld auf sich ...
> Denn ertrug die Sünden von **vielen** und trat für die Schuldigen ein."

Diese im Judentum zur Deutung eines stellvertretenden Sühnetodes nicht verwendete Stelle wurde in der frühen Kirche zu einer „Spitzenaussage" bei der Deutung des Todes Jesu.
Jesus verheißt den Jüngern also mit den dargereichten und gedeuteten Gaben und mit dem „Trostwort" von Mk 14,25 eine dauernde Gemeinschaft mit ihm. Sie wird für die Zeit seiner Abwesenheit vermittelt durch das Zeichen des Mahls (vgl. die Deutung des Paulus 1 Kor 10,16f) und endgültig vollendet in der Königsherrschaft Gottes (vgl. Lk 22,30). Jesus bleibt somit das „Begegnungszeichen" dieser Gottesherrschaft. Die Gemeinschaft wird über seinen Tod hinaus dauern. Ja, *sein Sterben ermöglicht diese Gemeinschaft*, weil Gott die Verwerfung seines Boten nicht rächt, sondern – so die nachösterliche Deutung der Gemeinde – dessen freiwilligen Tod als *stellvertretende Sühne* annimmt und die Sünde seines Volkes vergibt (vgl. 2 Kor 5,18f und auch Jer 31,34: „Denn ich verzeihe ihnen die Schuld, an ihre Sünde denke ich nicht mehr.").
Damit bleibt der ganzen Menschheit eine Chance der Umkehr, insofern sie Jesu Botschaft annimmt. Diese Versöhnungstat Gottes durch seinen Sohn wird Paulus zum Zentrum seiner Verkündigung machen (vgl. 2 Kor 5,18f).
Jesu Abschiedsmahl ist somit gleichsam die Zusammenfassung und Verdichtung seines ganzen Lebens, seines „Daseins für andere". Als zeichenhafte Vorausdarstellung seiner Lebenshingabe vollendet es in letzter Konsequenz seine Sendung als Dienst an den Menschen (vgl. die Verbindung von Mahl und Dienen bei Lk 22,14-27).
▷ Die *vorpaulinische* Überlieferung in *1 Kor 11,24f* fügt zum Brotwort noch sinngemäß richtig *„für euch"* hinzu (vgl. Lk 22,19) und verweist beim Kelchwort auf den *„Neuen Bund"*, der in Jer 31,31f für eine kommende Heilszeit angekündigt wird. Dieser „Neue Bund", der ja der ohne Blutvergießen erneuerte Alte oder Erste Bund ist,

wird nach dem Verständnis der christlichen Gemeinde im Unterschied zum Alten durch das Blut Jesu, d. h. durch seine Lebenshingabe, gestiftet (vgl. Lk 22,20 und unten, S. 175f. Weist die eigenartige Formulierung „dieser Kelch ist der Neue Bund“ auf eine besondere Rücksichtnahme gegenüber Leuten hin, die meinten, es handle sich tatsächlich um Blutgenuss?). Außerdem wird ausdrücklich als Anweisung formuliert, was bei Mk als selbstverständlich vorausgesetzt ist: die Wiederholung dieses Mahles als Gedächtnisfeier (der sog. „Stiftungsbefehl“): „Tut dies zu meinem Gedächtnis“ (vgl. Lk 22,19). Im Zeichen des Mahls soll die Gemeinde des Todes Jesu gedenken und in der Gemeinschaft mit ihm verbleiben, „bis er wiederkommt“ (1 Kor 11,26). Dass die Urgemeinde dies nur im Glauben an die Gegenwart des Erhöhten im Geiste tun konnte und tat, beweist ihr Ruf „Marana tha“: „Unser Herr, komm!“). So ist ihr Gedächtnismahl zugleich immer auch Bekenntnis ihres Glaubens an den Auferstandenen, der in ihr gegenwärtig ist, und ihrer Hoffnung auf die endgültige Gemeinschaft mit dem Herrn im Reiche Gottes, wie sie auch heute verkündet: „Deinen Tod, o Herr, verkünden wir, und deine Auferstehung preisen wir, bis du kommst in Herrlichkeit.“

4.5 Deutungen des Todes Jesu

Der Tod Jesu musste nicht nur in den Augen der Gegner als Gottesgericht über einen Falschpropheten und Gotteslästerer erscheinen, auch für die Anhänger Jesu musste er das fast unüberwindliche, ärgerniserregende Ende ihrer Hoffnungen sein (vgl. Lk 24,19-21). Nach *Dtn 21,23* ist jeder, „der am Pfahl hängt“, von Gott verflucht (vgl. Gal 3,13), abgesehen davon, dass ein leidender und gekreuzigter Messias eine nicht nachvollziehbare Vorstellung war. Die Glaubenskrise betraf aber nicht nur den Anspruch Jesu, sondern auch seine Gottesverkündigung. Mit Jesus schien auch der Gott, den er verkündet hatte, gestorben zu sein. Jedenfalls hatte Gott nicht eingegriffen.

Aber es war gerade die Schrift, in der die Jünger Jesu eine Antwort auf die Frage nach dem Sinn dieses Todes fanden. Neben Dtn 21,23 gab es zur Zeit Jesu eine andere (in sich wieder mehrschichtige) Traditionslinie, in der man das Leiden unschuldig verfolgter Gerechter unter der Voraussetzung des Glaubens an den gerechten Gott zu bewältigen versuchte. Verfolgung und Leiden um der Gerechtigkeit willen sind in dieser Tradition nicht Zeichen der Verwerfung durch Gott, sondern gerade *Hinweis auf die Auserwählung und die Gottesnähe des Leidenden*. Der Gerechte muss leiden, aber Gott lässt ihn nicht im Stich. Nach seinem Leiden wird er von Gott gerechtfertigt und erhöht (vgl. Ps 34,20; 18,8-20; Weish 2,10-20; 5,1-12, wo Jes 52,13 – 53,12 aufgenommen ist; 4 Makk 18,66; 19).

▷ Eine besondere Ausformung dieser Traditionslinie ist die Deutung des gewaltsamen Geschicks der verfolgten Propheten in Israel. Sie enthält den Vorwurf des Prophetenmords und die Rechtfertigung des Verfolgten durch Gott (vgl. Neh 9,26; 2 Kön 17,7-20; Esra 9,10f; vgl. weiter unten). Für die Christen erhielten gerade diese Schriftstellen eine neue, entscheidende Bedeutung bei der Bewältigung des ärgerniserregenden Kreuzestodes Jesu.

▷ Die vormarkinische Passionsgeschichte ist in ihrer theologischen Deutung des Leidens und Sterbens Jesu ganz von dieser Tradition des unschuldig leidenden Gerechten bestimmt. Dies geschieht weniger in ausdrücklichen Zitaten als durch Anspielungen. Sie bilden gleichsam die theologische Tiefenstruktur des Berichts. Bedeutsam ist, dass einige dieser Texte auch „Erhöhungsvorstellungen" enthalten, mit denen auch die Auferstehung ausgesagt werden konnte (z. B. Ps 27; 40; 41; 69; 71; Jes 53; Weish 2,10-20; 5,1-12; vgl. die ausführliche Liste der atl. Texte bei H. Pesch, Markus II, 13 f).

▷ Jesus wurde aufgrund einer Anklage der jüdischen Obrigkeit (des Synhedriums) *von den Römern, wahrscheinlich aus politischen Erwägungen, am Kreuz hingerichtet*. Die eigentlichen Motive, die zum Todesurteil führten, waren aber, wie schon gezeigt wurde, andere: Es war Jesu einzigartiger Vollmachtsanspruch, der sich in seiner ungewöhnlichen Freiheit und neuen Gesetzesauslegung kundtat, die wiederum ein neues Gottesverständnis voraussetzte. In den Augen der Jerusalemer (vorwiegend sadduzäischen) Obrigkeit war Jesus ein Falschprophet, der das Volk zur Missachtung und zum Abfall vom Gesetz verführt hatte. Als Falschprophet musste er aber nach dem Gesetz sterben (vgl. Dtn 17,12, auch Joh 19,7).

▷ Der unmittelbare Anlass seiner Festnahme und Verurteilung dürfte sein „provozierendes" Auftreten in den letzten Tagen in Jerusalem gewesen sein, besonders seine Kritik am „Tempelbetrieb", wie das im Prozess gegen ihn verwendete Tempelwort Mk 14,58 noch erkennen lässt (vgl. Jer 7,1-15). Ob damit auch die sog. „Tempelreinigung" in Verbindung steht, ist nicht sicher festzustellen. Die Kritik am Tempelkult musste gerade die einflussreiche und mächtigste Gruppe der Sadduzäer, zu der die Priesterschaft und die Hohen Priester gehörten, auf den Plan rufen, war sie doch direkt davon betroffen.

Jesus starb, nach dem ältesten Bericht, von seinen Jüngern verlassen, in äußerster Einsamkeit (vgl. Mk 14.50). Nur einige Frauen waren „von weitem" Zeugen seines Sterbens (Mk 15,40). Für ihn selbst musste seine Hinrichtung die schwerste Glaubensprüfung sein. Schien doch Gott, den er in seinem Leben als Vater verkündet hatte und auf den er wie keiner vertraut hatte (vgl. Mt 27,43), ihn verlassen zu haben. Das letzte überlieferte Wort des Gekreuzigten: *„Mein Gott, mein Gott, warum hast du mich verlassen?"*, entspricht daher auch historisch der Situation. Jesus, der unschuldig leidende Gerechte, betet im Sterben den „Leidenspsalm" 22, der neben der furchtbaren Not auch dem ungebrochenen Vertrauen des Leidenden Ausdruck gibt (VV. 20f).

▷ Der alte, vormarkinische Passionsbericht, dem Mk von 14,1 folgt, erzählt somit im Rückgriff auf diese atl. Texte den Weg Jesu zum Leiden und seine Rechtfertigung durch Gott. Er versucht, dadurch eine Antwort auf die Frage nach den Ursachen und dem Sinn dieses Todes zu geben. Jesus ist der unschuldig leidende Gerechte, der von Gott erhöht worden ist (der Bericht enthielt auch das Auferstehungsbekenntnis in Mk 16,6!). Sein Würdetitel ist in diesem Bericht aber nicht „der Gerechte", sondern der messianische „Menschensohn" (vgl. die Leidensansagen Mk 8,31; 9,31; 10,33f und 14,61f).

Obwohl die Redenquelle, wie erwähnt, keine Leidensgeschichte enthält, gibt auch sie eine Deutung des Todes Jesu. Sie greift dafür auf die Vorstellung vom gewaltsamen Geschick der verfolgten Propheten zurück, entsprechend ihrem Verständnis Jesu als des letzten, endzeitlichen Propheten oder Gesandten der Weisheit.

▷ Jesu Geschick ist Prophetenschicksal, das zunächst in einer Reihe mit der Ablehnung und Ermordung anderer Propheten gesehen wird (vgl. Lk 11,47-52). In Lk 13 – 34 wird die feindliche Abweisung dann ausdrücklich auf Jesus selbst bezogen: „Jerusalem, Jerusalem, du tötest die Propheten und steinigst die Boten, die zu dir gesandt sind. Wie oft wollte ich deine Kinder um mich sammeln ...; aber ihr habt nicht gewollt." Mit der Formulierung „von nun an werdet ihr mich nicht mehr sehen" im folgenden V. 35 ist deutlich auf den Tod Jesu angespielt. Aber der Gottgesandte und Getötete wird als Richter der Mörder wiederkommen. Die Vorstellung von einem stellvertretenden Sühnetod Jesu fehlt allerdings in der Spruchquelle.

▷ Die Deutung des Todes Jesu in der vormarkinischen Passionsgeschichte und in Q setzt voraus, dass die Jünger Jesus zumindest für den endzeitlichen Propheten gehalten haben, wofür das Wirken des irdischen Jesus ausreichenden Anhalt gab. Insofern hat diese Deutung ihre Grundlage auch beim irdischen Jesus. Damit ist aber nicht behauptet, die Jünger wären nur durch Reflexion und Meditation der Schrift zum Glauben an den Erhöhten und Auferstandenen gekommen. Solche Einsichten konnten allein wohl kaum jene Gewissheit bewirken, die für ihren nachösterlichen Christusglauben kennzeichnend ist. Dazu bedurfte es *einer neuen, bestätigenden Tat Gottes,* auf die die ntl. Zeugnisse über „Erscheinungen" des Gekreuzigten nachdrücklich hinweisen.

Es bedurfte vor allem auch des *Wirkens des Geistes,* in dem die Gemeinde die Kraft des Auferstandenen erfuhr und durch den sie die Schrift neu verstehen lernte (vgl. Apg 2,14-36; Joh 16,13-15).

Das folgende Schaubild kann die verschiedenen Deutungen des Todes Jesu im Licht des Osterglaubens und der alttestamentlichen Traditionen in der urkirchlichen Überlieferung veranschaulichen (vgl. S. 74)

Lit.: *Gnilka* 87-193. 204-318; *W. Bösen*, Der letzte Tag des Jesus von Nazaret 99-127. 324-326.

WIEDERHOLUNGS- UND VERSTÄNDNISFRAGEN

- Welches sind die wichtigsten Kennzeichen der Gottesherrschaft in der Verkündigung Jesu?
- Wie unterscheidet sie sich von anderen zeitgenössischen Vorstellungen?
- Wie würden Sie Jesu Stellung zum ntl. „Gesetz" charakterisieren? War Jesus „antigesetzlich"?
- Wie hat Jesus seine Machttaten (Wunder) verstanden?
- Worin gründet der Anspruch und die Autorität Jesu und worin kommt sie zum Ausdruck?
- Wie hat Jesus seinen Tod verstanden?
- Wie ist Jesu Tod nachösterlich gedeutet worden?

Deutungen des Todes Jesu in der urkirchlichen Überlieferung

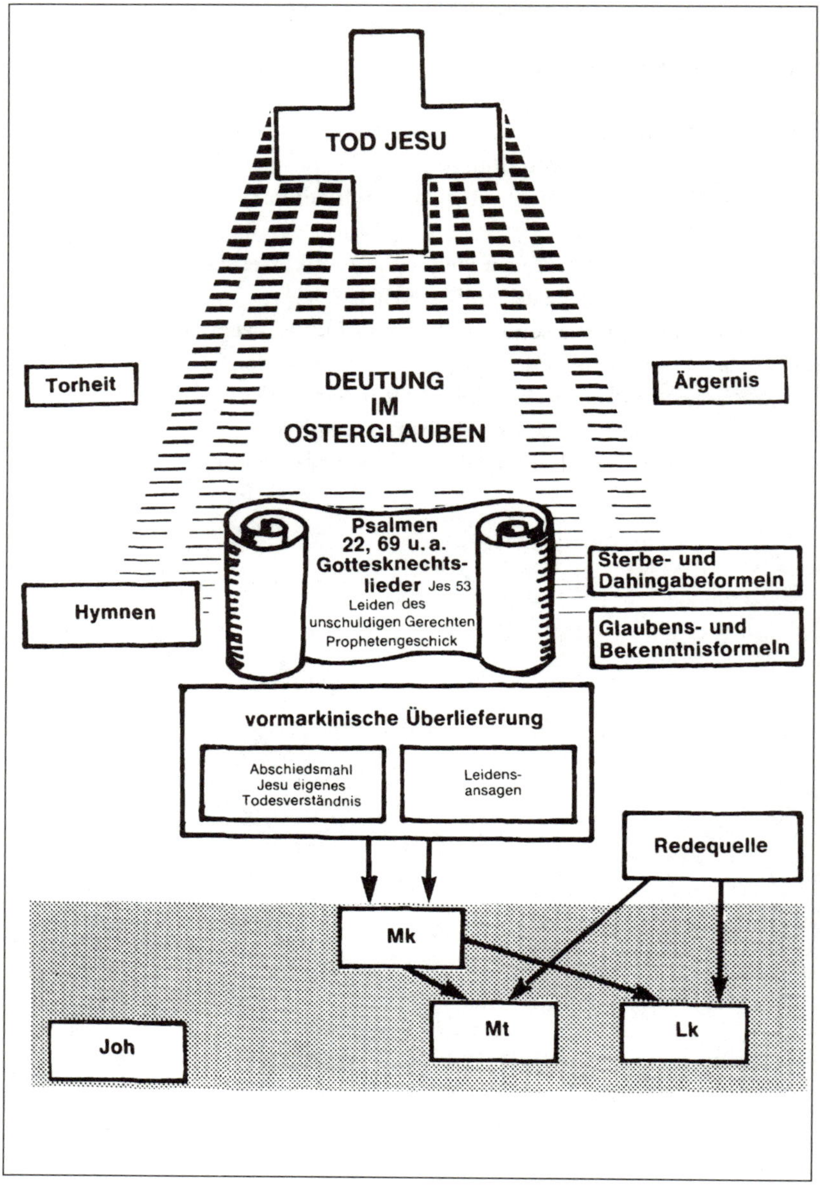

IV. Kapitel
Die Theologie der synoptischen Evangelien

1 „Evangelium" als literarische Gattung

Unter „Evangelien" versteht man heute gewöhnlich die vier Evangelienbücher, insofern sie den vierfachen Bericht vom Leben, Wirken und Leiden Jesu bis zu seiner Auferstehung enthalten. Ursprünglich bedeutet das griechische Wort „euangelion" aber die *„gute Nachricht"*, die *„Freudenbotschaft"*, auch den Lohn für die Überbringung solcher Botschaft. Im profanen Bereich wurde es z. B. für kaiserliche Erlasse, die eine frohe Nachricht beinhalteten, gebraucht. So wird der Geburtstag des Kaisers Augustus wie folgt verkündet: „Der Geburtstag des Gottes war für die Welt der Anfang der Freudenbotschaften, die um seinetwillen ergangen sind" (Kalenderinschrift aus dem Jahr 9. v. Chr. in Priene in Kleinasien).

Im griechischen AT wird die Tätigkeit des Gottesboten bei Jes 40,9 mit „euangelizesthai" = *„die Heilsbotschaft verkünden"* bezeichnet. Es ist die Botschaft von der Königsherrschaft Gottes (vgl. Jes 52,7; 61,1. Nach Mt 11,5 knüpft Jesus an diese Stelle an, um seine eigene Verkündigung damit zu kennzeichnen).

Evangelium ist also zunächst nicht eine literarische Größe, ein Buch, sondern die *Botschaft*, die lebendige Verkündigung. Im vorpaulinischen Bereich und bei Paulus ist „das Evangelium" die Botschaft vom Heil, das Jesus durch seinen Tod und seine Auferstehung gewirkt hat (vgl. bes. 1 Kor 15,1ff; Röm 1,1ff). Es gibt daher bei Paulus im Grunde nur ein Evangelium, das als „Evangelium Gottes" oder „Evangelium Jesu Christi" oder ähnlich bezeichnet werden kann.

Der Erste, der nach unserer Kenntnis den Begriff Evangelium für eine zusammenfassende erzählerische Darstellung des Lebens und Wirkens Jesu verwendet hat, war *Markus* (vgl. Mk 1,1: „Anfang des Evangeliums Jesu Christi"). Evangelium ist damit zur Bezeichnung dieser neuen Literaturgattung geworden, deren sich in der Nachfolge des Markus auch Matthäus, Lukas und auch Johannes bedienen, obwohl sie ihre Werke nicht ausdrücklich als Evangelium bezeichnen. Es ist bedeutsam, dass in der Überlieferung der Begriff Evangelium trotzdem lange Zeit weiterhin nur in der Einzahl gebraucht wird. Man wusste, dass es eigentlich nicht vier Evangelien, sondern nur ein Evangelium in vier Darstellungen nach Markus, nach Lukas ... gibt. Die drei ersten Evangelien Mt, Mk, Lk nennt man *„Synoptiker“* (vom griech. synopsis = Zusammenschau), weil sie aufgrund eines Abhängigkeitsverhältnisses eng miteinander verwandt sind. (Zu den Beziehungen dieser drei Evangelien zueinander, zur sog. „synoptischen Frage“, vgl. Kirchschläger 94-102).

▷ Obwohl die Evangelisten bei ihrer Darstellung, wie gleich noch zu zeigen sein wird, auch von historischem Interesse geleitet sind, sind die Evangelien doch *keine Lebensbeschreibungen* Jesu im Sinn von Biographien bedeutsamer Gestalten der Geschichte. Sie sind Glaubenszeugnisse in Form von Erzählungen, die der Weckung und Stärkung des Glaubens dienen sollen.

▷ Im Unterschied zur vorgegebenen Tradition, die als Einzelüberlieferung oder als kleinere Sammlungen unter inhaltlich-sachlichem Gesichtspunkt ohne Orts- und Zeitangaben weitergegeben wurden (mit Ausnahme vielleicht der Passionsgeschichte), bieten die Evangelien die Vielfalt der Überlieferung in einer *zusammenhängenden Darstellung*, die nach einem bewusst konzipierten, planmäßigen Entwurf zu einer neuen Einheit verbunden ist. Dabei hat sich jeder Evangelist von seinen eigenen theologischen Vorstellungen und Anliegen leiten lassen. Überdies war er selbst wiederum von der aktuellen Situation seiner Gemeinde, d. h. von dem „Sitz im Leben“, beeinflusst. Denn die Evangelisten waren sicher keine vom Leben der Gemeinde isolierten Einzelgänger und Schreibtischtheologen. Daher spiegeln die Evangelien auch immer die Theologie der Gemeinden wider, in denen der Evangelist lebte.

▷ Die Evangelien sind also nicht nur eine Zusammenfassung und Weitergabe der vorhandenen Überlieferungen, sondern bieten auch deren *Neuformung und Aktualisierung im Hinblick auf die Bedürfnisse der Gemeinden.* Sie sind im gewissen Sinn Predigten und Glaubensunterweisungen (Katechesen) für ihre Gemeinden. Das jeweilige theologische Anliegen, „die Theologie“ des Evangelisten und seiner Gemeinde zeigt sich in der Stoffauswahl, dem Aufbau, der Betonung bestimmter Züge, in kommentierenden Zusätzen, Erweiterungen und Umstellungen, im Gebrauch von bestimmten Vorzugswörtern und Begriffen. Sprache, Stil und Vorstellungen erlauben meist – wenn auch mit unterschiedlichem Gewissheitsgrad – eine Trennung zwischen vorgegebener Tradition und Bearbeitung (der Redaktion) durch den Evangelisten. Im Folgenden geht es darum, das Besondere eines jeden Evangelisten, seine spezifische theologische Sicht, in ihren Grundzügen darzustellen.

Lit.: *Kirchschläger* 87-97. 101-103

2 Die Theologie des Markusevangeliums

2.1 Das Neue des markinischen Entwurfs

Markus fasst als Erster die in seiner Gemeinde vorhandenen, zu katechetischen und missionarischen Zwecken verwendeten Jesusüberlieferungen zu einem fortlaufenden Bericht vom Leben und Sterben Jesu als „Evangelium von Jesus Christus" zusammen. Er ist damit zum Schöpfer dieser neuen Literaturgattung geworden. Obwohl man bei ihm ein geschichtliches Interesse vernünftigerweise nicht bestreiten kann, wäre es doch ein schwer wiegendes Missverständnis, sein Evangelium für eine historische Biographie oder ein „Leben Jesu" zu halten. Dazu war er wahrscheinlich auch gar nicht in der Lage, da er selbst nicht Augenzeuge der Ereignisse gewesen und infolgedessen auf Überlieferungen angewiesen war, die selbst keineswegs unter einem historischen Gesichtspunkt weitergegeben worden waren. Sein Evangelium bleibt daher wesentlich Verkündigung, Heilsbotschaft Jesu Christi, wobei *Jesus Christus zugleich Inhalt und Verkünder dieser Botschaft ist*. Es ist die Botschaft des einst durch Palästina wandernden und predigenden Jesus von Nazaret und zugleich die des jetzt in der Gemeinde als der auferstandene Gekreuzigte gegenwärtigen Gottessohnes, der als der Menschensohn-Richter wiederkommen wird.

▷ Sein Evangelium ist also Verkündigung Jesu Christi in der Gegenwart und für die Gegenwart, es ist Predigt, aber *Predigt als „Geschichtsbericht"*. Das ist das Neue im Vergleich zu früheren Formen der Verkündigung. Markus verankert also gleichsam das urchristliche Kerygma, die Heilsbotschaft von der Versöhnung durch Jesu Tod und Auferstehung, in der Geschichte des Irdischen, indem er Jesu gesamtes Wirken in einen von ihm künstlich geschaffenen historischen Rahmen einspannt.

Wie bereits mehrfach erwähnt, konnte Markus dafür auf eine Vielfalt von Einzelüberlieferungen und Sammlungen zurückgreifen. Neben der vormarkinischen Passionsgeschichte standen ihm u. a. eine Sammlung von *galiläischen Streitgesprächen* (2,1-3,6), von *Gleichnissen* (4,1-34) und *Wundergeschichten* (4,35 – 5,42), von Sprüchen und Perikopen, die *Gemeindefragen* betreffen (10,1-45) und eine kleine Apokalypse (13) zur Verfügung. Auch der Abschnitt 1,21-31, der einen Tag des Wirkens Jesu in Kafarnaum schildert, dürfte ihm schon vorgelegen haben.

Diese verschiedenartigen Überlieferungen hat er überarbeitet und sie als Bausteine seines neuen Evangelium-Entwurfs benutzt. Indem er sie durch kurze überleitende *Zeit- und Ortsangaben* verbindet, entsteht der Eindruck einer fortlaufenden Erzählung. Zu diesen Angaben gehören z. B. der Berg, der See, das Boot, die Synagoge, das Haus und Wendungen wie: „von dort", „und sofort", „an jenem Tag" und Ähnliches.

▷ Jesu Wirken stellt sich somit als Weg dar, der in *Galiläa* beginnt, in *Jerusalem* endet und zeitlich die Spanne *eines Jahres* umfasst. In Galiläa begann Jesus sein Wirken, von dort stammt der Hauptanteil der Überlieferung, dorthin beordert der Auferstandene auch seine Jünger (16,7). Ist Galiläa für Markus vielleicht überhaupt der „Ort", an dem man dem Auferstandenen begegnet, d. h. Symbol für die christliche Gemeinde? (vgl. zu Galiläa noch 1,9. 14.28.39; 3,7; 7,31; 9,30; 14,28).

▷ Der Entwurf des Markus stellt somit auch darin etwas Neues dar, dass er die Vielfalt der Überlieferungen als *Teil eines Ganzen* erfasst. Jesus *„der Lehrer"* und Jesus *„der Wundertäter"* werden zueinander in Beziehung gesetzt (vgl. den Abschnitt 4,1 – 8,26 oder die Reaktion der Menge auf das erste Wunder in 1,27) und beide immer wieder auf die Passion (und Auferstehung) ausgerichtet. Damit begegnet Markus der Gefahr einseitiger christologischer Auffassungen und korrigiert sie.

„Nach der Überzeugung des Mk liegt die Bedeutung Jesu also weder allein in seiner Lehre, noch allein in seinen Taten, noch allein in seiner Passion, sondern im Ganzen seines Lebens, Handelns, Sterbens, Auferstehens“ (J. Blinzler).

2.2 Die Bedeutung des Passionskerygmas

Im Aufriss des Markusevangeliums bildet das Messiasbekenntnis des Petrus mit der folgenden ersten Leidensansage einen eindeutigen Einschnitt (8,27ff). Von da an nehmen die Hinweise auf das Leiden an Zahl und Deutlichkeit zu (vgl. vor allem die drei Leidensansagen 8,31; 9,31; 10,33f, ferner: 9,9.12; 10,381.45; 12,1-12), und die Jüngerbelehrungen werden gleichsam zu Einweisungen in die Nachfolge des seinem Leiden entgegengehenden Herrn (vgl. 8.34-38; 10,46-52). Bezeichnend ist auch, dass sich das Jüngerunverständnis von 8,27 an nicht mehr auf die Messianität Jesu, sondern auf sein Leiden bezieht (vgl. besonders 8,32f; 9,32; 10,32).
▷ Das Evangelium beginnt mit einer kurzen Charakteristik der Tätigkeit des Täufers (1,2-8), der als Vorläufer des Messias Jesus verstanden ist und dessen Geschick darüber hinaus für Jesu eigenes Geschick Vorbildlichkeit besitzt (vgl.1,14; 7,17-29; 9,9-13). Auf die Taufe Jesu mit der ersten Erwähnung des Gottessohn-Titels und der für das folgende Wirken grundlegenden Geistbegabung (1,9-11) folgt *Jesu vollmächtiges Wirken in Galiläa* vor allem Volk (1,16 – 3,6). Der Abschnitt 3,13 – 6,6 (bzw. 6,29) zeigt Jesus als Lehrer und Wundertäter in Galiläa. Von 6,30 bis 8,26 befindet Jesus sich auf Wanderschaft, wobei die Begegnung mit Heiden für Mk bedeutsam ist (vgl. 5,1-20; 7,24-30). Der folgende Abschnitt – beginnend mit dem Messiasbekenntnis des Petrus, 8,27ff – ist *als Weg des Menschensohnes zum Leiden und als Einweisung der Jünger in die Kreuzesnachfolge* entworfen (bis 10,52). Die Kapitel 11-13 schildern Jesu Wirken *in Jerusalem* mit dem Tempel als Mittelpunkt seines Auftretens. An den Schluss dieses Abschnitts hat Mk die von ihm aktualisierte Endzeitrede gesetzt (Kap. 13). Das Evangelium schließt mit der Passionsgeschichte und der Verkündigung der Auferstehung am leeren Grab (14,1 – 16,8).

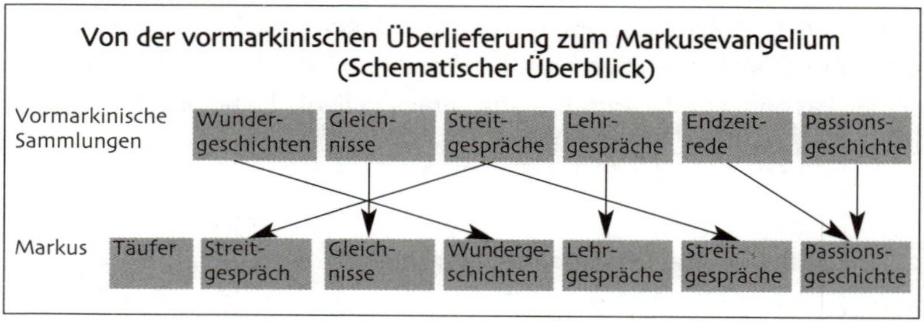

▷ Das Schwergewicht des Mk liegt eindeutig im Bericht vom Leiden und Sterben des Menschensohnes. Das Evangelium ist vom auferstandenen Gekreuzigten her entworfen, so dass auf es die Charakterisierung der Evangelien durch M. Kahler als *„Passionsgeschichte mit ausführlicher Einleitung“* am ehesten zutrifft. Schon zu Beginn hat Mk Hinweise auf den gewaltsamen Tod Jesu gegeben (vgl. 2,20; 3,6), die sich dann im zweiten Teil verstärken, besonders in den planvoll verteilten Leidensansagen.

Dieses Übergewicht der Passionsgeschichte hat seinen Grund nicht nur darin, dass sie Mk bereits als größtes zusammenhängendes und erzählendes Traditionsstück vorlag. Mk hat damit eher dem Passionskerygma die Bedeutung zuerkannt, die es in der urchristlichen Überlieferung hatte. Darüber hinaus kommt in dieser Gewichtsverteilung auch das besondere theologischchristologische Anliegen des Mk zum Ausdruck.

Nach Mk offenbart Jesus sein wahres Wesen als Menschensohn und Gottessohn gerade in seinem Leiden. Vorher ist es unerkannt und Missverständnissen ausgesetzt. Während seines irdischen Wirkens gibt es nur *„geheime Offenbarungen“*. Der Öffentlichkeit bleibt sein eigentliches Wesen verborgen.

2.3 Das markinische „Messiasgeheimnis“

Diese christologische Konzeption des Mk, die vielleicht schon in der vormarkinischen Überlieferung angelegt war, wird seit W. Wrede (1901) als das markinische *Messiasgeheimnis* bezeichnet (genauer wäre: Gottessohngeheimnis). In dieser Form ist es eine Eigenart

des Mk und hat seine Entsprechung in anderen charakteristischen Zügen dieses Evangeliums.
Man hat in dem „Messiasgeheimnis" den Versuch sehen wollen, die Spannung zwischen dem (angeblich) unmessianischen Wirken Jesu und der nachösterlichen messianischen Deutung auszugleichen. Doch solch ein unmessianisches Wirken Jesu kennt die Überlieferung nicht, wie gerade der Rückblick auf die Anfänge der Christologie zeigt. Vielmehr dürfte sich in der vorösterlichen Verborgenheit des messianischen Wesens Jesu die Tatsache widerspiegeln, dass *Jesu wahres Wesen erst im nachösterlichen Glauben voll erkannt wurde.*
Das Geheimnismotiv begegnet im Zusammenhang mit:
▷ den *Schweigegeboten*: Öfter verbietet Jesus den Dämonen, die Jesu Wesen aus übermenschlichem Wissen kennen, davon öffentlich Zeugnis zu geben (vgl. 1,25.34; 3,11f). Schweigegebote gibt Jesus auch den von ihm wunderbar Geheilten (vgl. 1,24f.44; 5,42; 7,34. Dazu gehört die Absonderung von der Menge: 5,40; 7,33; 8,23; 9,25). Wunder sind nach zeitgenössischem Verständnis ja die überzeugendste Offenbarung des Göttlichen im Menschen. Nach manchen Forschern bestand in der nachösterlichen Verkündigung die Gefahr, Jesus nach dem Vorbild antiker Wundermänner als einen „göttlichen Menschen" zu deuten. Mk wäre vor allem eine Reaktion auf dieses Missverständnis. Die Voraussetzungen dieser Deutung sind aber alles andere als gesichert. Mag sein, dass dieses Motiv eine gewisse Rolle gespielt hat, doch ist zu bedenken, dass Mk die Wunder, die immerhin die häufigste Gattung seines Evangeliums darstellen, durchaus positiv als „geheime Epiphanien" versteht. Die Schweigegebote, die im Übrigen öfter nicht befolgt werden (vgl. 1,44f; 7,36; 5,19f), steigern noch deren Wirkung, wie es ja auch Wundererzählungen ohne solche Geheimhaltegebote gibt (vgl. 2,1-10; 3,1-6; 10,46-52), abgesehen davon, dass Heilungen gar nicht verborgen bleiben konnten! D. h. Jesu göttliches Wesen kann gar nicht verborgen bleiben. Außerdem erzählt Mk Wundergeschichten, die offensichtlich eine Überbietung atl. Wundererzählungen sein sollen (vgl. 4,35-41; 6,30-44.45-52).
Wunder haben bei Mk auch einen werbenden Charakter im Dienst missionarischer Verkündigung. Sie zielen auf die Anerkennung der

Überlegenheit und Einzigartigkeit Jesu über alle sonst bekannten Wundertäter, gerade auch im heidnischen Milieu (vgl. 5,11-20). Allerdings sind sie nach Mk nur im Zusammenhang mit der sonstigen Verkündigung Jesu und vor allem nur auf dem Hintergrund seiner Passion zu verstehen. Der Wundertäter Jesus ist immer auch der leidende Messias und Menschensohn. Wollte man Jesus nur als Wundermann sehen, hätte man ihn missverstanden, wäre der Glaube, den er fordert, in Wirklichkeit Unglaube. Daher verweigert Jesus reine Schau- und Legitimationswunder (vgl. 8,11-13). Das ist in der oben erwähnten Deutung richtig gesehen. Auch den Jüngern erteilt Jesus ein ausdrückliches Schweigegebot, und zwar nach dem Messiasbekenntnis und der Offenbarung des bevorstehenden Leidens und der Auferstehung (9,9). Aber es ist bezeichnend, dass es bis zur Auferstehung begrenzt ist!

▷ dem *Jüngerunverständnis*: Nicht nur das Volk und die Gegner verstehen Jesus nicht, auch seine Jünger begreifen ihn und seine Sendung nicht (vgl. 4,13.40; 6,52; 7,18; 14,27.29-32.35-40.66-72). Eine Wende tritt, wie erwähnt, mit dem Bekenntnis des Petrus ein (8,27ff). Von da an bezieht sich das Jüngerunverständnis nicht mehr auf die Messianität Jesu, sondern auf das Leiden, Sterben und Auferstehen des Menschensohnes, wie besonders der Abschnitt 8,31-33 mit der harten Zurechtweisung durch Jesus zeigt. Die Frage der Jünger in 9,10 ist daher für sie typisch: „... und sie fragten einander, was das sei: von den Toten auferstehen". Erst der Auferstandene wird ihren Kleinglauben überwinden und ihnen die Erkenntnis schenken, dass auch ihr Weg in der Nachfolge des leidenden Messias besteht (vgl. 9,32ff). Mk ist selbst ein Beispiel dieser nachösterlichen Erkenntnis!

▷ dem *Reich Gottes und den Gleichnisreden*. Das Jüngerunverständnis betrifft nicht nur die Person Jesu und besonders sein Leiden und Auferstehen, es schließt auch das *Geheimnis der Gottesherrschaft* ein, was nicht verwundert, da beide unauflöslich zusammengehören. Es bedarf daher einer besonderen Deutung durch Jesus, damit die Jünger die Gleichnisse vom Gottesreich verstehen.

Von ihrer Eigenart und ihrer Absicht her wollen *Gleichnisse* ja keineswegs eine „dunkle Rätselrede" sein, die das Verständnis eines Sachverhaltes erschwert. Sie dienen im Gegenteil dem besseren

Verstehen und wollen vor allem zur Umkehr und zu einem neuen Handeln bewegen. Dadurch, dass sie den Menschen nicht nur beim bloßen Zuhören belassen, sondern ihn betroffen machen, wird er selbst als Beteiligter in die Gleichnis-Geschichte verwickelt und zur Entscheidung aufgerufen (vgl. das berühmte Beispiel in 2 Sam 12,1-7). Am Schluss des großen Gleichniskapitels (Kap. 4) heißt es daher: „Durch viele solche Gleichnisse verkündete er ihnen das Wort, *so wie sie es aufnehmen konnten*" (vgl. Mt 13,34). Überraschenderweise folgt darauf aber die Bemerkung: „Er redete nur in Gleichnissen zu ihnen, *seinen Jüngern aber erklärte er alles*, wenn er mit ihnen allein war" (V. 34). In 4,10 fragen die Jünger Jesus ausdrücklich nach dem Sinn der Gleichnisse, und er antwortet mit einer Unterscheidung zwischen ihnen und denen, „die draußen sind": *„Euch ist das Geheimnis des Reiches Gottes anvertraut*, denen aber, *die draußen sind*, wird alles in Gleichnissen gesagt; denn sehen sollen sie, sehen, aber nicht erkennen, hören sollen sie, hören, aber nicht verstehen, damit sie sich nicht bekehren und ihnen nicht vergeben wird" (4,11f mit einem Zitat aus Jes 6,9f).

Die Unterscheidung zwischen den aufgrund besonderer Belehrung verstehenden Jüngern und denen „draußen", die nicht verstehen, stammt sicher nicht von Jesus, sondern von Mk (oder der vormarkinischen Tradition). Diese *Parabeltheorie* (wie man dieses Verständnis der Gleichnisreden bei Mk nennt) hat wohl mehrere Gründe und verfolgt einen mehrfachen Zweck. Zum Teil wird sie damit zusammenhängen, dass die ursprüngliche Situation der Gleichnisse nicht mehr bekannt war und das Verständnis dadurch tatsächlich erschwert wurde. Sie ist aber auch ein Hinweis darauf, dass man die Gleichnisse auf die neue, veränderte Gemeindesituation anwenden, sie also aktualisieren wollte. Das erforderte eine neue Deutung, die vor allem durch Allegorisierung geschah (vgl. als typisches Beispiel die nachösterliche Deutung des Sämannsgleichnisses bei den drei Synoptikern, Mk 4,13-20 parr.). Die fragenden Jünger, denen die Gleichnisse gedeutet werden, sind in diesem Fall also Repräsentanten der auf Deutung angewiesenen Gemeinde.

Hinter der „Parabeltheorie" steht aber auch die schmerzhafte Erfahrung, dass das jüdische Volk in seiner Mehrheit „draußen" geblieben ist, d. h. sich der Umkehrforderung Jesu verweigert hat. Jesu

Botschaft – und damit auch seine Gleichnisse als bevorzugte Weise Jesu, das Geheimnis der Gottesherrschaft zu verkünden – ist aber nur jenen zugänglich, die sich seiner Verkündigung gläubig öffnen. Mk sieht daher in der Verweigerung Israels das Verstockungswort von Jes 6,9f verwirklicht.
Darüber hinaus verweist die Notwendigkeit einer Unterweisung Jesu auf den Geschenkcharakter der Offenbarung. Der Mensch ist aus sich nicht fähig, das Geheimnis der Gottesherrschaft zu erfassen. Auch die Jünger, d. h. die Glaubenden, bleiben immer auf eine durch Jesus geschenkte und durch seinen Geist bewirkte Erkenntnis angewiesen. Es ist ihnen damit auch verwehrt, ein für alle Mal zwischen denen drinnen und denen, die draußen sind, zu scheiden. Schließlich werden die Jünger durch den Empfang einer Sonderbelehrung auch zu qualifizierten Zeugen der Botschaft Jesu (vgl. 4,21-24!). Die Gemeinde ist der Raum, in dem man die wahre Erkenntnis des Wesens Jesu und seiner Botschaft empfangen kann.

2.4 Das neue Gesetzesverständnis

Was die Stellung Jesu zum Gesetz betrifft, so hat Mk die entsprechende Tradition mit ihrer kritischen Auseinandersetzung aufgenommen und noch verstärkt, wie besonders die Streitgespräche um die Frage der Sündenvergebung (2,1-12), des Fastens (2,18-22), der Sabbatheiligung (2.23-28; 3.1-6), der Unterscheidung zwischen rein und unrein (7,1-23) und der (Tisch-)Gemeinschaft mit Zöllnern und Sündern (2,13-17) zeigen. Für die Gemeinde des Markus sind die trennenden Unterschiede zwischen Juden und Heiden, die gerade in der alltäglichen Praxis der kultisch-rituellen Gesetzesvorschriften ständig sichtbar werden müssten, aufgehoben. Auch dafür erhalten die Jünger besondere Belehrungen (vgl. besonders 7,17-23). Oberste und alle Gesetze zusammenfassende Norm des Handelns und des Umgangs miteinander ist das Doppelgebot der Liebe (vgl. 12,28-34; auch 2,16f; 3,4f).

2.5 Die Verzögerung des Endgerichts

Markus hat auch das Problem der Parusieverzögerung, also das Ausbleiben des als nahe bevorstehend geglaubten Kommens Jesu und damit des Weltendes, berücksichtigt. Er hat in diesem Sinne die ihm vorgegebene Endzeitrede (Kap. 13) interpretiert. Entscheidend ist für ihn nicht die Frage nach dem Zeitpunkt und den Vorzeichen, sondern die Tatsache des Kommens überhaupt. Weil dieses gewiss, der Zeitpunkt aber ungewiss ist, gilt es, wachsam zu bleiben, wie das von ihm an die Endzeitrede angefügte Gleichnis vom Torhüter mit der entsprechenden Anwendung auf die Gemeinde deutlich macht (13,33f). *„Was ich aber euch sage, das sage ich allen: Seid wachsam!“* (13,37). – *„Doch jenen Tag und jene Stunde kennt niemand, auch nicht die Engel im Himmel, nicht einmal der Sohn, sondern nur der Vater“* (V. 32). Mk unterscheidet daher zwischen den Ereignissen bei der Zerstörung Jerusalems, die man fälschlich als Vorzeichen des nahen Endes verstehen könnte (vgl. 13,7), und den eigentlichen endzeitlichen Erscheinungen mit dem Kommen des Menschensohnes (13,24ff). Mk geht es vor allem um Trost und Ermutigung für die Zeit der Bewährung, in der zuerst das Evangelium allen Völkern verkündet werden muss (V. 10).

2.6 Das christologische Bekenntnis des Markus

Markus hat noch keine ausgebildete und ausgeformte Christologie (vgl. die „undogmatische“ Antwort 10,18; auch 1,41.43; 6,6.34; 8,12; 10,14; 13,32). Man kann bei ihm angemessen von einer *„narrativen (erzählenden) Theologie und Christologie“* sprechen, im Unterschied zu einer „Titelchristologie“. Wer Jesus ist, wird in seiner ganzen Darstellung des Lebens und Sterbens Jesu, mit der Passion als Höhepunkt, offenbar. Mit Recht kann man es daher als *„Buch der geheimen Epiphanien“* bezeichnen (so M. Dibelius).
Natürlich hat Mk in seinem Evangelium auch die in der Tradition vorgegebenen und in seiner Gemeinde gebrauchten Würdebezeichnungen für Jesus wie „Messias“ (7 x) und „Sohn Davids“ (2 x) aufgenommen. Der am häufigsten verwendete Titel ist *„Men-*

schensohn“ (14 x). Er begegnet vor allem im Zusammenhang mit der Passion und Auferstehung (vgl. außer in den Leidensansagen 8,31; 9,31f; 10,33 noch 9,9.12f; 10,45; 14,21), wird aber auch dem hier auf Erden handelnden Jesus zugesprochen (vgl. 2,10.28) und gemäß seiner eigentlichen Herkunft und Bedeutung auf den wiederkommenden Richter bezogen (8,38; 13,26; 14,62).

Eine besondere Stellung nimmt auch der Titel „*Sohn Gottes*“ (5 x) ein. Er erscheint außer am Anfang (1,1) und beim feierlichen Verhör in Jesu messianischem Selbstbekenntnis (14,6f) an drei hervorgehobenen Stellen des Evangeliums, die eine Art vorweggenommene, unverhüllte Offenbarung des wahren Wesens Jesu sind: bei der Taufe (in der Form: „mein [geliebter] Sohn“, 1,11), der Verklärung (9,7) und der Kreuzigung (15,39). Der letzteren Stelle kommt insofern besondere Bedeutung zu, als an ihr zum ersten und einzigen Mal ein Mensch das volle Bekenntnis zur Gottheit Jesu ablegt. Dass dies erst nach oder in der Passion geschehen kann, liegt in der Konsequenz der markinischen Konzeption, und dass es ein Heide ist, dürfte mit dem heidenchristliehen Charakter des Mk zusammenhängen.

Zusammenfassend lässt sich zum Vorgehen und zur Bedeutung des Mk sagen: Markus hat in einer Zeit des Umbruchs mit Sorgfalt und Behutsamkeit die ihm zur Verfügung stehenden Traditionen aufgenommen und sie für seine Gemeinde in einem Bericht vom Leben, Sterben und Auferstehen Jesu vereint und – wo nötig – aktualisiert. In diesem Bericht, den er als gegenwärtige Verkündigung der guten Nachricht, als Evangelium, versteht, legt er seiner vorwiegend heidenchristlichen Gemeinde (in Rom?) den *bleibenden Grund ihres Glaubens dar und ermuntert sie zur Nachfolge ihres Herrn, der selber den Weg des Leidens ging, der jetzt aber für die Glaubenden als Lebender unter ihnen gegenwärtig ist und einst als Weltenrichter kommen wird.*

Lit.: *Ernst,* Markus. Ein theologisches Portrait; *Weiser* 44-78; *Limbeck,* Markus-Evangelium

WIEDERHOLUNGS- UND VERSTÄNDNISFRAGEN

- Worin besteht das Neue des markinischen Entwurfs?
- Welche Bedeutung hat die Passion Jesu für diesen Entwurf?
- Was versteht man unter dem markinischen „Messiasgeheimnis“?
- Welche christologischen Titel verwendet Mk und was verbindet er mit ihnen?

3 Die Theologie des Matthäusevangeliums

3.1 Eine Neufassung und Erweiterung des Markusevangeliums

Es ist anzunehmen, dass das Evangelium des Markus längere Zeit hindurch und in weiten Teilen der Urkirche als das repräsentative „Standardwerk“ einer zusammenhängenden Darstellung des Lebens, Wirkens und Sterbens Jesu gegolten und allgemeine Anerkennung und Verbreitung gefunden hat. Umso erstaunlicher ist es, dass man etwa 10-20 Jahre später das Bedürfnis empfand, zwei neue Werke gleicher Art zu verfassen: das Evangelium nach Matthäus und nach Lukas. Dafür gab es vor allem *zwei Gründe*:

▷ In den entsprechenden Gemeinden waren noch zahlreiche Jesusüberlieferungen in Gebrauch, die Markus nicht in sein Evangelium aufgenommen hatte, weil er sie entweder nicht kannte oder weil sie nicht in sein Konzept passten (so fehlt z. B. die palästinische „Redenquelle“).

▷ Andererseits hatte sich die Situation der Gemeinden verändert bzw. war sie nicht in allen Gegenden gleich. Das erforderte eine Neuinterpretation und eine Aktualisierung im Hinblick auf die konkreten Gemeindefragen und die Gesamtlage der Kirche.

Dieser Aufgabe haben sich Matthäus und Lukas unterzogen. Sie haben dafür *Mk als Vorlage* benutzt und – unter grundsätzlicher Wahrung seines Aufbaus – das ihnen noch zusätzlich zur Verfügung stehende Überlieferungsgut in dieses eingearbeitet (vor allem die *„Redenquelle“* und das sog. *„Sondergut“*). Allerdings hat jeder von ihnen, gemäß seiner besonderen Sicht, an der „Markus-Vorlage" Veränderungen durch Zusätze oder Umstellungen, durch andere Wort- und Begriffswahl vorgenommen, die (abgesehen von stilistischen Verbesserungen) auch theologisch bedeutsam sind. Gerade an diesen Veränderungen, die man anhand eines Vergleichs feststellen kann, lassen sich die unterschiedlichen, neuen Konzeptionen, d. h. ihre besondere Theologie, ablesen.

▷ Obwohl Matthäus sein Werk nicht als Evangelium bezeichnet, gehört es zur gleichen Literaturgattung wie Mk. Im Vergleich zu Mk ist Mt nüchterner, systematischer, theoretisch-lehrhaft und auf das Wesentliche konzentriert. Mt liebt die großen zusammenhängenden Kompositionen, die er durch Rahmungen ausdrücklich kenntlich macht (vgl. 4,23f; 9,35; 7,28; 11,1; 13,53; 19,1; 24,1; 26,1). So fasst er die Worte Jesu und auch seine Wunder in großen Blöcken zusammen. Er bildet z. B. große Reden nach sachlichen Gesichtspunkten: Bergpredigt (Kap. 5 – 7), Aussendungsrede (9,35 – 10,42), Gleichnisrede (Kap. 13). „Gemeinderegel" (Kap. 18), Rede gegen die Schriftgelehrten und Pharisäer (Kap. 23), Endzeitrede (Kap. 24; 25), dazu die drei Wunderzyklen: Kap. 8 – 9; 14,13-36; 15,21-39.

3.2 Spannungsreiche Einheit: Tradition und Aktualisierung

Mt macht den Eindruck einer spannungsreichen Einheit. In dieser Spannung spiegelt sich der Weg wider, den die Entwicklung der Kirche genommen hat. Es ist *der Weg vom völkisch und geographisch umgrenzten Israel zur Universalität des neuen Gottesvolkes.* Die Botschaft, so zeigt Mt, ist von der werbenden Verkündigung Jesu an Israel ausgegangen, aber am Ende steht die Trennung beider und die an alle Völker gerichtete, weltweite Botschaft des irdischen und erhöhten Herrn (vgl. 28,19ff). Neben alten, auf den irdischen Jesus oder die Anfänge der nachösterlichen Verkündigung zurückgehenden Überlieferungen, stehen Neuformulierungen des Glaubens aus der Zeit des Evangelisten. Man wird daher vieles bei Mt nur dann verstehen, wenn man das Verhältnis von Tradition und Redaktion erkennt und berücksichtigt. Der Endredaktor dürfte ein gebildeter, in Syrien lebender Judenchrist gewesen sein, der sein Werk um 90 als eine Art *Gemeindekatechese* und *Verkündigungsbuch* verfasst hat. Für Mt ist die Frage nach dem *Verhältnis der Kirche zu Israel,* dem auserwählten Volk Gottes, von größter Bedeutung. Sie durchzieht seine ganze Darstellung wie ein roter Faden und bestimmt die Konzeption seiner Christologie und Ekklesiologie. In der *Christologie* geht es ihm darum, *Jesus als den im AT verheißenen Messias zu erweisen,* und in der *Ekklesiologie* um den Nachweis, dass *die Kirche als das neue Volk Gottes legitimerweise die Stelle Israels eingenommen hat.* Auch in seiner Darstellung der sittlichen Botschaft Jesu ist Mt von dieser Frage geleitet, insofern er sich eingehend mit dem Problem auseinander setzt, ob und in welchem Sinn das atl. Gesetz auch noch für die christliche Gemeinde Gültigkeit besitzt.

3.3 Die matthäische Christologie

Jesus als der im AT verheißene Messias

Was die Christologie betrifft, so kommt sein Anliegen in den für Mt typischen *Erfüllungs- oder Reflexionszitaten* zum Ausdruck. Immer wieder weist er mit einem atl. Zitat darauf hin, dass ein bestimmtes Ereignis im Leben Jesu oder ein bestimmtes Verhalten Jesu genau der Schrift entspricht. Besonders häufig finden sich diese Zitate, die mit der Formel: „*Dies geschah, damit erfüllt würde,* was ... gesagt wurde" oder einer ähnlich lautenden eingeleitet werden, in den Vorgeschichten. Doch begegnen sie bis in die Passionsgeschichte hinein (vgl. 1,23; 2,6f.15.17f.23; 4,14-16; 8,17; 12,17-21; 13,35; 21,4f; 27,9f).

▷ In der Auseinandersetzung mit dem Judentum ist für Mt die Schrift der Kronzeuge für die Messianität Jesu, weil sich in dessen Leben die Schrift erfüllt hat. Allerdings entspricht das Bild, das Mt mit Hilfe der Erfüllungszitate von Jesus zeichnet, nicht den messianischen Vorstellungen des zeitgenössischen Judentums. Denn die von ihm ausgewählten Schriftstellen zeigen mit Absicht einen *Messias in Niedrigkeit und voll Sanftmut* (vgl. 21,4f).

▷ Dass Jesus der verheißene *Sohn Davids* ist, wird gleich zu Beginn im Stammbaum herausgestellt (1,1. – Vielleicht verbirgt sich hinter den 3 x 14 Generationen [1,17] eine Zahlensymbolik, die ebenfalls auf die davidische Herkunft hindeutet. Im Hebräischen sind die Buchstaben des Namens „David" zugleich die Ziffern für die Zahl 14!). „Sohn Davids" ist bei Mt überhaupt ein bevorzugter Titel für Jesus (7 mal gegenüber 2 mal bei Mk und Lk), wobei wieder auffällt, dass er ihn (nach jüdischer Auffassung) „unmessianisch" gebraucht, z. B. gerade bei Heilungswundern (9,27; 12,23; 15,22; 20,30f).

▷ Aber Jesus ist nicht nur „Sohn Davids", er ist auch *Sohn Abrahams* (1,1) und damit nicht nur der Heilsbringer der Juden, sondern aller Menschen. Zwar weiß sich Jesus selbst *„nur zu den verlorenen Schafen des Hauses Israel"* gesandt (15,24) und erhält den Namen Jesus, weil er *„sein Volk von seinen Sünden erlösen wird"* (1,21). Aber schon die Magiererzählung weist vorwegnehmend darauf hin, dass es gerade die Heiden sein werden, die Jesus als „König der Juden" anbeten werden, während (und weil!) Israel, vor allem seine Führer, ihn ablehnen und verfolgen (vgl. 2,1-18; 27,20.27). Diesen Hinweisen am Anfang entspricht am Ende der universale Sendungsauftrag des Auferstandenen (28,19f). Zwischen diesen beiden Polen entwickelt sich bei Mt gleichsam das Drama der Verstockung und Verwerfung Israels, das werbende Ringen Jesu um Israel und die sich steigernde Ablehnung Jesu durch dieses, was schließlich zum Werden der Kirche führt. Insofern sind Christologie und Ekklesiologie bei Mt aufs engste miteinander verbunden.

▷ Auch den Titel *Herr* hat Matthäus im Vergleich zu seinen Vorlagen öfter eingeführt, besonders die Jünger, und d. h. die Gemeinde, reden Jesus so an. Bedeutsam ist wieder, dass er mehrfach mit dem anbetenden Niederfallen und dem Anruf um Hilfe verbunden wird („Herr, erbarme dich!", oder „Herr, rette!"; vgl. 8,25; 9,27; 14,30; 15,22; 17,15; 20,30f). Als der Herr in Hoheit und Macht, dem *„alle Gewalt im Himmel und auf Erden gegeben ist"*, erscheint der Auferstandene den Jüngern, die anbetend vor ihm niederfallen, am Ende des Evangeliums (28,18ff).

Dieser Betonung der hoheitlichen Würde entspricht, dass Matthäus *menschliche Züge Jesu*, die sich noch bei Markus finden, *getilgt* hat (vgl. z. B. Mk 3,5 mit Mt 12,12f; Mk 5.30 mit Mt 9,22; Mk 8,12 mit Mt 16,2) und dass er Wundergeschichten oft auf eine Begegnung des Kranken mit diesem Herrn konzentriert und den Glauben besonders herausstellt (vgl. z. B. 8,14; 9,18-26.27-34).

▷ An hervorragender Stelle hat Matthäus auch den *Gottessohn-Titel* über die markinischen Stellen hinaus eingetragen, nämlich in dem feierlichen Bekenntnis des Petrus, das bei Mt lautet: „Du bist der Messias, *der Sohn des lebendigen Gottes*" (16,16; vgl. noch 14,33). Auf Jesu Würde als Sohn Gottes verweisen auch die Stellen, in denen von seiner *besonderen Beziehung zum Vater* die Rede ist, die Matthäus wiederum wesentlich vermehrt hat (um 12; vgl. z.B, 7,21; 10,32f; 18,10.19.35). Schließlich hat Matthäus auch die Bezeichnung Menschensohn von Markus und Q übernommen, schränkt ihren Gebrauch aber ein oder ersetzt sie durch eine Selbstbezeichnung (so in 16,21/Mk 8,31; 5,11/Lk 6,22; 10,32/Lk 12,8). Dem entspricht das bei Mt öfter begegnende und betonte „Ich aber sage euch ..." (vgl. 5,31 f.38f.43f).

3.4 Die „bessere Gerechtigkeit"

Jesus ist bei Mt vor allem *der Lehrer der besseren* (wörtlich: „überfließenden") *Gerechtigkeit* (vgl. 23,10). Die Bedeutung der Lehre kommt schon unübersehbar in den großen Redekompositionen zum Ausdruck, und ihr Vorrang vor den Taten zeigt sich in der Einordnung der Bergpredigt (Kap. 5-7) vor dem Wunderzyklus (Kap. 8-9). Die Zuordnung beider, doch auch die Vorrangstellung der Lehre wird in der Einleitung zu den Kapiteln 5-9 in *4,23* deutlich: „Er zog in ganz Galiläa umher, *lehrte* in den Synagogen und verkündete das Evangelium vom Reich und *heilte* im Volk alle Krankheiten und Leiden" (wörtlich wiederholt am Schluss, 9,35; vgl. 5,2; 7,28f; 11,1; 13,53; 19,1; 26,1).

▷ Worin besteht nach Mt die „bessere Gerechtigkeit", von der in 5,20 die Rede ist? Nicht einfach in der Aufhebung des Gesetzes und Einführung einer gesetzeslosen Praxis. Für Mt ist gerade das Nebeneinander von gesetzesbejahenden und gesetzeskritischen Texten typisch. Das kommt besonders deutlich in dem Abschnitt *5,17-48* zum Ausdruck.

Nach 5,17 ist Jesus nicht gekommen, *„um das Gesetz oder die Prophe-*

ten aufzuheben", sondern um sie zu „erfüllen". Der Satz ist gleichsam die Überschrift zum folgenden Abschnitt 5,21-48. Einerseits besagt er, dass Jesus das Gesetz nicht „aufgelöst", „außer Kraft gesetzt" hat. („Wer daher" – mit Berufung auf Jesus – „nur eines von den kleinsten Geboten aufhebt und die Menschen entsprechend lehrt, der wird im Himmel der Kleinste sein", V. 19). Andererseits sagt der Satz positiv, dass Jesus das Gesetz „erfüllt" hat (vgl. 3,15) und dass die Jünger nicht „in das Himmelreich kommen" werden, wenn ihre „*Gerechtigkeit nicht weit größer ist als die der Schriftgelehrten und Pharisäer*" (V. 20). Das „Erfüllen" meint nicht nur ein Verwirklichen durch das Tun, sondern umfassender ein *Zur-Fülle-Bringen*. In Jesu Lehre und Taten kommt das Gesetz in allen seinen Teilen zu seiner von Gott intendierten Fülle oder Erfüllung.
Mt scheint sich in diesem Abschnitt *5,17-20* gegen christliche Bestreiter der Gültigkeit des Gesetzes zu wenden, aber gleichzeitig auch gegen jene, die das Leben der Christen auf das Gesetz im bisherigen jüdischen Verständnis festlegen wollen. Für Mt ist das Gesetz nicht einfach außer Kraft gesetzt, aber es hat für die Christen nur Gültigkeit gemäß der von Jesus in seiner Lehre und Praxis gegebenen Interpretation. *Letzte Autorität ist also eigentlich nicht das Gesetz, sondern Jesus.* Daher sendet der Auferstandene die Jünger auch mit dem Auftrag aus: „Darum geht zu allen Völkern, und macht alle Menschen zu meinen Jüngern; ... *und lehrt sie, alles zu befolgen, was ich euch geboten habe*" (28,19f). Es ist für Mt wichtig, dass der Auferstandene auf die Lehre des Irdischen verweist. In der Verwirklichung dieser Lehre des irdischen Jesus besteht die neue Gerechtigkeit.
▷ Was sie konkret bedeutet, entfaltet Mt vor allem in der *Bergpredigt* (Kap. 5 – 7), in der er Überlieferungen verschiedener Herkunft zusammenfasst, in denen Jesu sittliche Botschaft weitergegeben worden war (vgl. die lukanischen Parallelen 6,20-48 = Q). Aber auch in den anderen Redekompositionen und Streitgesprächen zeigt er, welche Konsequenzen für das praktische Verhalten sich aus ihr ergeben (vgl. z. B. 15,1-20; Kap. 18 und 23). Das Neue der sittlichen Botschaft Jesu kommt vor allem in den sechs sog. „*Antithesen*" (Gegenüberstellungen) zum Ausdruck (5,21-48), deren antithetische Form wahrscheinlich von Matthäus selbst stammt. In ihnen stellt Jesus sein Verständnis des Willens Gottes den Forderungen

des atl. Gesetzes gegenüber. Die Antithesen sind nach dem Schema „nicht erst – sondern schon" aufgebaut. Sie verlegen den Beurteilungsmaßstab des sittlichen Handelns in die letzten und innersten Beweggründe des Menschen. Nicht erst die äußere Tat, z. B. das Töten oder der Ehebruch, ist gegen Gottes Willen, sondern schon der Zorn oder der begehrliche Blick (vgl. 5,21f.27f). Alle Forderungen der neuen Gerechtigkeit lassen sich zusammenfassen in dem Gebot der Liebe, besonders der Feindesliebe (vgl. 5,43f; 22,40).

▷ Wie schon erwähnt, erhalten die sittlichen Forderungen Jesu ihre Begründung letztlich in der zuvorkommenden, gütigen Zuwendung Gottes an die Menschen. Ihre Erfüllung ist daher nur als *Antwort* auf das erbarmende Handeln Gottes richtig verstanden – und sie ist auch nur so möglich. Daher stehen am Eingang der Bergpredigt auch die Seligpreisungen der „Armen im Geiste", d. h. derer, die nichts von sich selbst, aber alles von Gott erwarten (5,3-11). Dem entspricht der Abschluss der Antithesen mit dem Hinweis auf die Vollkommenheit Gottes: „*Ihr sollt also vollkommen* (= ganz) sein, wie (oder besser: weil) *es auch euer himmlischer Vater ist*" (5,48; vgl. 18,23-35; Lk 6,36).

Die grenzenlose Liebe und Zuwendung Gottes verpflichtet nun auch den Jünger dazu, alle menschlichen Grenzen zu überschreiten (vgl. 5,23f; 5,38-48 und 13,24-30; 18,21f). Eine nur äußere Beobachtung des Gesetzes genügt dem Anspruch der Liebe nicht. Das *Liebesgebot* mit seiner Doppelforderung der Gottes- und Nächstenliebe, an dem „das ganze Gesetz samt den Propheten hängt" wie eine Tür in der Angel (22,37-40, kann und muss im gegebenen Fall alle anderen außer Kraft setzen. Jesu Lehre und Verhalten rufen den Menschen zu einer neuen Freiheit auf (vgl. Mt 15,1-20). Richtschnur seines Handelns soll ihm die *goldene Regel* – eine andere Formulierung des Liebesgebotes – sein:

> „Alles, was ihr also von anderen erwartet, das tut auch ihnen! Darin besteht das Gesetz und die Propheten" (7,12).

Was der Liebe in ihrer konkreten Verwirklichung widerspricht, hat kein Recht (vgl. z. B. die Ablehnung der Ehescheidung 5,32; 19,9). Die neue, größere Gerechtigkeit zeigt sich vor allem auch in der Gestalt der Vergebungsbereitschaft (6.14f; 18,35), des Gewaltverzichts

Synoptischer Vergleich der Bergpredigt des Matthäus mit der Feldrede des Lukas

	Mt 5-7	Lk 6	Lk
Einleitung	5,1-2	20a	
Seligpreisungen	3-12	20b-23	
Salz und Licht	13.14-16		14,34-35; 11,33
Gesetz	17-20		
Kein einziges Häkchen	18		16,17
Mord	21-26		
Unterwegs zum Richter	25-26		12,57-59
Ehebruch	27-30		
Ehescheidung	31-32		16,18
Schwur	33-37		
Vergeltung	38-42	29-30	
Feidesliebe	43-45. 46-48	27-28 32-36	
Almosen	6,1-4		
Beten	5-15		
Vater unser	9-13		11,2-4
Fasten	16-18		
Schätze und Sorgen	19-34		12,22-34
Das Auge	22-23		11,33-36
Zwei Herren	24		16,13
Nicht richten	7,1-2	37-38	
Splitter und Balken	3-5	41-42	
Das Heilige	6		
Erhörung des Gebets	7-11		11,9-13
Goldene Regel	12	31	
Das enge Tor	13-14		13,23-24
Der Baum und seine Früchte	15-20	43-45	
Herr, Herr	21-23	46	
Nie gekannt!	22-23		13,26-27
Das Haus und der Sturm	24-27	47-49	
Schluss	28-29		vgl. 7,1

Aus: J. Lambrecht, Ich aber sage euch. Die Bergpredigt als programmatische Rede Jesu, (Verlag Katholisches Bibelwerk) Stuttgart 1984, S. 34f.

(5,5.39-42; 11,29; 26,52), der Güte (17,27; 20,15), der Barmherzigkeit (9,13; 12,7; 18,15-20; 23,23). Der Jünger Jesu soll lernen, was es heißt: *„Barmherzigkeit will ich, nicht Opfer“* (9,13; 12,7).
▷ Obwohl Jesus bei Mt vor allem der Lehrer ist, betont er doch wie kein anderer das *Tun*, so dass man ihn oft in die Nähe des Jakobus gerückt hat (vgl. Jak 5,17). Darin sollen sich die Jünger Jesu von den Schriftgelehrten und Pharisäern unterscheiden, die zwar die Gesetze und Väterüberlieferungen kennen – wenn auch nach matthäischem Verständnis nicht in der rechten Weise –, aber sie nicht tun (vgl. besonders 23,3; ferner 12,50; 16,27; 21,34.43). Es genügt nicht, Jesus als den „Herrn“ zu bekennen (vgl. 7,21). *Entscheidend ist nicht die rechte (orthodoxe) Lehre, sondern das rechte Tun, das Frucht bringen (die Orthopraxis).* Im Endgericht wird der Menschensohn nicht nach der rechten Lehre fragen, sondern jeden nach seinen Werken richten (25,14-30). Dabei sollen die Jünger darauf achten, dass sie ihre Werke nicht „vor den Menschen“ tun, um von ihnen gesehen zu werden (6,1-18; 23,5). Wie die Forderung Jesu *in der Gemeinde* verwirklicht werden soll, hat Mt in Kapitel 18 (und 23) beschrieben, das eine Art „Gemeinderegel“ darstellt.

3.5 Die Kirche und Israel

Wie eingangs erwähnt, ist auch das matthäische Kirchenbild, seine Ekklesiologie, von der Auseinandersetzung mit dem Judentum seiner Zeit bestimmt, das sich nach der Katastrophe von 70 n. Chr. vor allem im neuerstarkten Pharisäismus als dem eigentlichen Gegenüber der Kirche darstellt. Vor allem in seiner eigenen Gemeinde setzt sich Matthäus mit Lehrmeinungen auseinander, in denen es um das Verständnis von Israel geht. In seinem Evangelium geht es unter dieser Rücksicht auch um den *Versuch einer Verhältnisbestimmung zwischen der Kirche und dem damals existierenden Israel verstehen.*
▷ Einerseits scheint die Gemeinde des Matthäus noch jüdische Gesetze zu beachten (vgl. die Tempelsteuer 17,22; die Geltung des Sabbatgebotes 22,40; auch eine Weisung wie 23,3a.23c).
▷ Andererseits ist die Trennung vom jüdischen Synagogenverband

nicht zu übersehen. Nicht erst Johannes, auch Matthäus spricht bereits von *„ihren* Synagogen", in denen die Jünger Jesu „ausgepeitscht" werden (10,17; 23,34). Die scharfe Kritik an den Schriftgelehrten und Pharisäern in Kap. 23 lässt keinen Zweifel an dem Standort des Evangelisten (vgl. noch 15,12f).
Israels religiöse Führer haben in der Sicht des Mt seinen Messias verworfen und ihn zur Kreuzigung an die Heiden ausgeliefert (vgl. 27,11-26). Sie haben die Einladung zum messianischen Hochzeitsmahl abgelehnt (22,7f), weshalb Gott bereits einmal an ihnen das Gericht – zur Warnung – vollzogen hat (vgl. 21,38f; 22,7ff). Vergeblich hat Gott auf die Früchte seines Weinbergs Israel gewartet. Daher wird der Weinberg (= die Gottesherrschaft bzw. matthäisch: „das Himmelreich") von ihnen genommen werden und „einem Volk gegeben werden, das die erwarteten *Früchte bringt*" (21,41.44). Dieses Volk ist nach matthäischem Verständnis die Kirche. Allerdings bleibt auch für sie das Früchtebringen entscheidend. Sie hat keinen Grund zur Überheblichkeit und falschen Sicherheit. Das endgültige Heil entscheidet sich für alle Menschen erst im Endgericht, und da wird allein nach den Werken entschieden (vgl. 25,31-46; auch 5,25f; 12,36f; 13,36-43).

3.6 Kirche als Bruderschaft

Für Matthäus ist das Leben und die Gestalt der Gemeinde offensichtlich ein Herzensanliegen, was einen konkreten Anlass haben dürfte. Er kann nicht genug vor Fehlentwicklungen, vor Abfall von der Lehre und – vor allem – vom Geist Jesu warnen. Und immer wieder ist das Kriterium das Tun, die Frucht. *„Jeder Baum, der keine guten Früchte hervorbringt, wird umgehauen* ... (7,19f). Christen, bei denen Lehre (Glaube) und Tun auseinanderklaffen, sind „falsche Propheten". (Vgl. die Kritik an den „falschen Propheten", wahrscheinlich christlichen Charismatikern, in 7,15-23!)
▷ Die Kritik an Israel, besonders an seinen Autoritäten, ist daher bei Mt *„doppeldeutig"*. Sie ist – für den, der Ohren hat zu hören – *an die Kirche* und besonders an ihre Leiter gerichtet. Nach Mt soll die christliche Kirche eine Bruderschaft sein, die Gemeinschaft der

„Kleinen" (vgl. 10,42), in der der Größte der Diener aller ist (vgl. 18,1-5; 23,11), in der es keine Sucht nach Titeln und Ehrenplätzen geben soll (23,5-10). – Wie weit sind wir vom matthäischen Kirchenbild entfernt, in dem man auf die „Kleinen" (d. h. auf die, die leicht verunsichert werden) Rücksicht nimmt, in dem sich jeder auch für die „verirrten" Gemeindemitglieder verantwortlich fühlt (18,6-20) und in dem vor allem Vergebung ohne Grenzen geübt wird (18,21f).
▷ Es fällt auf, dass Matthäus die *Jünger* im Vergleich zu Markus *positiver* darstellt, ohne sie jedoch zu idealisieren. Matthäus übernimmt nicht das „markinische Jüngerunverständnis". Bei ihm sind die Jünger jene, die Gottes Willen und Jesu Lehre und Wesen erkannt haben, allerdings nur aufgrund der besonderen Belehrung Jesu. Die Jünger sind stets anwesend, wenn Jesus lehrt, und öfter wird ausdrücklich erwähnt, dass sie erst nach Jesu Belehrung verstehen (vgl. 13,51; 15,16; 16,9.12; 17,13). Oft sind sie vom Kleinglauben (nicht wie bei Mk vom Unglauben!) bedroht, aber sie werden gestärkt durch die Gegenwart des Herrn (vgl. 8,25; 14,26f; vor allem 28,16-20).
Es ist deutlich, dass die Jünger bei Mt vorbildhaft (typologisch) für die Gläubigen überhaupt gesehen werden. Was ihnen gesagt wird, gilt daher auch der Gemeinde. In diesem Verständnis der Jünger als Bild („Typus") der Christen drückt sich wiederum das Anliegen aus, die Kontinuität zur Jesuszeit aufzuzeigen.
Der Herr hat im Übrigen für die Zukunft der Kirche vorgesorgt, denn er hat ihr ein festes Fundament gegeben und sie mit autoritativer Lehrvollmacht ausgestattet, so dass „die Mächte der Unterwelt" sie nicht überwältigen werden (16,18ff). Gleichsam als Garant und Bürge der rechten Auslegung der Lehre Jesu erscheint bei Mt Petrus (16,19). Doch wird die gleiche Vollmacht auch der ganzen Gemeinde zugesprochen (18,18).
▷ Matthäus erweist sich im Rückblick als ein urchristlicher Theologe, der in einer Zeit des Umbruchs Jesu Botschaft neu deutet und zeigt, wie sie *auch unter veränderten Bedingungen gültig bleibt* und vor allem auch *praktiziert* werden kann. Er ist ein Mann des Ausgleichs, der einseitigen, extremen Lösungen kritisch gegenübersteht. Hinter seinem Evangelium wird er als ein „Schriftgelehrter" erkennbar, der – entsprechend dem Gleichnisschluss 13,52 – einem

Hausherrn gleicht, „der aus seinem reichen Vorrat Neues und Altes hervorholt“ (wobei es vielleicht nicht unbedeutend ist, dass das Neue an erster Stelle steht!). Sein „Weg der Mitte“ könnte auch für die heutige Situation der Kirche Modellcharakter haben. Jedenfalls ist sein Evangelium ein Aufruf zur Versöhnung und Integration. Schließlich wäre sein Hauptkriterium für die Unterscheidung der Geister und die Zugehörigkeit zum Reich Gottes, nämlich das Tun dessen, was Jesus gelehrt hat, immer wieder zu beherzigen.

Lit.: *Ernst,* Matthäus. Ein theologisches Portrait; *Weiser* 79-116; *Limbeck,* Matthäus-Evangelium

WIEDERHOLUNGS- UND VERSTÄNDNISFRAGEN

- Welche besonderen Anliegen verfolgt Mt in seiner Christologie?
- Was ist das Besondere der sittlichen Unterweisungen in der rot Bergpredigt?
- Wie sieht Mt das Verhältnis Israel – Kirche?
- Was kennzeichnet nach Mt die Kirche?

4 Die Theologie des lukanischen Doppelwerkes: Evangelium und Apostelgeschichte

4.1 Der Aufbau des Lukasevangeliums

Ungefähr zur gleichen Zeit, als Matthäus sein Evangelium verfasste, entschloss sich ein gebildeter Grieche, den die Tradition Lukas nennt, auf ähnliche Weise das Markusevangelium, die Redenquelle und die ihm darüber hinaus noch bekannten Überlieferungen (das umfangreiche lukanische „*Sondergut*“) in einem einzigen Werk zu vereinen. Im Großen und Ganzen übernimmt auch Lukas den Aufriss des Mk, schiebt aber – anders als der „Systematiker“ Matthäus – den größten Teil der Redenquelle in zwei großen Blöcken ein (die sog. „kleine Einschaltung“ 6,20 – 8,3 und die „große Einschaltung“ 9,51 – 18,14, wobei er die ursprüngliche Reihenfolge der Quelle weit gehend beibehält; Q-Stoff enthält auch der Abschnitt 3,7 – 4,13). Wie Matthäus hat auch Lukas seinem Evangelium als Vorgeschichten die sog. „Kindheitsgeschichten“ (Kap. 1 – 2) vorgeschaltet und lässt sein Evangelium mit Erscheinungen des Auferstandenen enden (Kap. 24). Der erste Teil schildert wie bei Mk die galiläische Tätigkeit Jesu (4,14 – 9,50), der zweite den Weg Jesu nach Jerusalem (der sog. „Reisebericht“ 9,51 – 19,27) und der dritte das Wirken Jesu in Jerusalem mit der Passion und Auferstehung (19,28 – 24,53).

4.2 Die Absicht des Lukas

Im Unterschied zu den drei anderen Evangelisten (vgl. aber Joh 20,30f) hat Lukas seine Absichten und auch sein Vorgehen in einem Vorwort (1,1-4) selbst deutlich beschrieben. Demzufolge geht es Lukas vor allem um *die Zuverlässigkeit der Lehre, um die Sicherung und Gewissheit des Glaubens.* Zu diesem Zweck macht er sich an die Abfassung seines „Berichts“ (Lukas nennt sein neues Werk bezeichnenderweise nicht „Evangelium“). Offensichtlich hält er die entsprechenden, schon bestehenden „Versuche“ seiner Vorgänger – er spricht formelhaft und übertreibend von „vielen“ – für nicht ausreichend und den gegenwärtigen Erfordernissen nicht für angemessen. In seinen Augen waren sie keine zusammenhängende, kritische Darstellung der Ereignisse im Sinne zeitgenössischer Geschichtsschreibungen (was sie ja auch nicht sein wollten!). Lukas will nun ein Werk verfassen, das diese Bedingungen erfüllt und das man außer den Christen auch gebildeten und für das Christentum aufgeschlossenen Heiden in die Hand geben konnte. So macht er sich als kritischer Historiker, Schriftsteller und Theologe selber daran, *„von Anfang an allem genau nachzugehen“*, also „Recherchen“ bei informierten Zeugen durchzuführen und das Material „der Reihe nach“, geordnet und lückenlos aufzuschreiben. Die Häufigkeit der Begriffe, die die Genauigkeit, Vollständigkeit und Zuverlässigkeit der Berichterstattung zum Ausdruck bringen, ist für die Absicht des Verfassers aufschlussreich.

▷ *Erst dieses Vorgehen verbürgt nach Lukas jene historische Gewissheit, die der Glaube braucht.* Dabei ist er sich durchaus bewusst, dass Heilsgewissheit letztlich nicht auf einem historischen Nachweis beruht, sondern auf der Erkenntnis, dass in der berichteten Geschichte Gott selbst am Werk war und sich sein Heilswille in ihr verwirklichte. Gerade die im Leben Jesu bereits erfüllten Verheißungen begründen für Lukas die Gewissheit, dass sich in Zukunft auch die noch ausstehenden Verheißungen Gottes und Jesu erfüllen werden. Daher spricht Lukas auch nicht nur von *„Augenzeugen"*, sondern zugleich auch von *„Dienern des Wortes"*, also von Verkündern, die das Geschehene aus ihrem geistgewirkten Glauben deuten und es als solches weitergeben.

4.3 Das Hauptproblem: Der zeitliche Abstand

Da Lukas mit seinem Werk auf die besonderen Bedürfnisse seiner Zeit antworten will, kann man aus der Zweckbestimmung in seinem Vorwort Aufschluss über die Fragen gewinnen, die seine Gemeinde bewegten. Um *historische Grundlegung* und den *Nachweis geschichtlicher Kontinuität*, wie Lukas sie zu führen versucht, bemüht man sich, wenn diese in Gefahr sind. Tatsächlich ist die Zeit der dritten christlichen Generation, zu der Lukas gehört, also um 90, einerseits gekennzeichnet
▷ durch die Erfahrung des *wachsenden Abstands von den Anfängen*, zum anderen
▷ durch das *Ausbleiben der angekündigten und als nahe bevorstehend geglaubten Endereignisse*, kurz: durch das Fortschreiten der Zeit ohne erkennbaren festen Endpunkt. Diese grundlegende Erfahrung der „sich dehnenden Zeit" hat Lukas bei der Abfassung seines Werkes vor allem berücksichtigt, und durch sie ist es daher in besonderer Weise geprägt. Vorwegnehmend und zusammenfassend kann man sagen: *„Das leitende Anliegen des Autors ist die Glaubenssicherung in der sich dehnenden Zeit"* (J. Ernst). Lukas versucht, den Standort der Kirche auf einem heilsgeschichtlichen Weg zu erkennen und dadurch zugleich ihre gegenwärtigen und zukünftigen Aufgaben zu bestimmen. Hatte die erste und zweite Generation die

Zeit Jesu als die „Fülle der Zeit“ verstanden, in der sich alle Verheißungen des Alten Bundes erfüllten, und nach der Auferstehung Jesu mit dem baldigen Ende dieser Weltzeit gerechnet (vgl. z. B. Apg 1,6f; 1 Thess 4,15f; 1 Kor 7,29), so erfährt die Generation des Lukas, dass die Zeit weitergeht. Es wird ihr bewusst, dass auch das im Wirken Jesu erfahrene Heilswirken Gottes eine *Geschichte* hat und dass dies erst jetzt „unter ihnen“, in der Geschichte der Kirche, zur Entfaltung und Vollendung kommt. Die Kirche, so erkennt Lukas, *steht am Anfang eines Weges*, der in Gottes Plan vorgezeichnet ist, dessen Ziel zwar nicht zweifelhaft, dessen Dauer aber verborgen ist.

▷ Daher lässt Lukas seinem Bericht von der *Jesuszeit* auch einen zweiten Band mit der Darstellung der „Zeit der Kirche“ bzw. ihrer Anfänge, folgen, die sog. „Apostelgeschichte“. Beide Zeiten versteht er – und er war wohl der Erste, der dies so klar erfasst hat – als *Teil eines kontinuierlichen Prozesses von Verheißung und Erfüllung*, in dem das mit Jesus begonnene neue Handeln Gottes sich weiter durchsetzt und der Vollendung entgegengeht: *„Bis zu Johannes* hatte man nur das Gesetz und die Propheten. *Seitdem wird das Reich Gottes verkündet*, und alle drängen sich danach, hineinzukommen“ (16,16; vgl. Lk 19,11; 21,8; Apg 28,31).

▷ Lukas versucht daher, den „garstigen Graben“ (Lessing) zwischen Vergangenheit und seiner Gegenwart durch eine *ununterbrochene Traditionskette* zu überbrücken. Am Anfang steht das Zeugnis der Apostel, derjenigen, die dabei gewesen sind, *„angefangen von der Taufe des Johannes bis zu dem Tag, als er (= Jesus) von uns weg aufgenommen wurde“* (Apg 1,22). Obwohl die Apostel als solche keine Nachfolger haben, wird die Überlieferung doch durch die vom Heiligen Geist bestellten Vorsteher getreu weitergegeben und unverfälscht bewahrt (vgl. Apg 20,28-32). So ist die Kontinuität der rechten Lehre gesichert (vgl. weiter unten zur Apg).

Dieser Sicherung und Wahrung der Kontinuität will Lukas mit seinem Werk dienen, wenn er sich bemüht, die Zeitspanne von Jesus bis zu seiner Gegenwart als „historischen Bericht“ (im damaligen, nicht im modernen Sinn) zu verfassen. Im Unterschied zu Markus verbindet er die Einzelüberlieferungen daher viel stärker, betont er die räumlichen und zeitlichen Erstreckungen und erweckt dadurch den Eindruck eines kontinuierlichen Ablaufs, eines Weges durch Raum und Zeit.

▷ Diesem Anliegen dienen bei ihm auch die *Verklammerungen der Jesuszeit mit der großen Weltgeschichte* (vgl. Lk 3,1f, Apg 11,28; 18,2; 26,26). Das Heilsgeschehen hat eben einen bestimmten geschichtlichen Ort. Es ist kein zeitloser Mythos und keine verborgene „Winkelangelegenheit", sondern ist allen als historisches Ereignis zugänglich und für alle nachprüfbar. Was sich im Leben Jesu und nach seiner Auferstehung ereignet hat, *„hat sich ja nicht in irgendeinem Winkel zugetragen"*, kann Paulus daher in der Darstellung des Lukas vor König Agrippa feststellen (Apg 26,26).

4.4 Der Weg Jesu und der Weg der Kirche

Nach Lukas hat der Weg der Kirche im Weg Jesu begonnen und ist in ihm gleichsam vorgebildet. Jesus ist in der Sicht des Lukas der „messianische Anführer", der die Seinen in das Verheißungsland des Lebens führt (vgl. Apg 3,15; 5,31). Gleich zu Beginn des öffentlichen Wirkens Jesu in Galiläa hat Lukas den Weg Jesu (im sog. *„Nazaret-Manifest"*, 4,16-30) programmatisch und gleichsam verdichtet dargestellt. Jesu Sendung wird dort in deutlicher Anspielung auf die Sendung des messianischen Gottesknechtes gekennzeichnet (vgl. Jes 61,1f). Als der mit dem Geist des Herrn „Gesalbte" (eine Anspielung auf die Taufe) bringt er „den Armen eine gute Nachricht" (4,18).

▷ Den entscheidenden Teil des Weges Jesu hat Lukas als Reise von Galiläa nach Jerusalem in dem sog. *„Reisebericht"* beschrieben (9,51 – 19,27). Er leitet ihn mit dem bedeutungsvollen Satz ein: „Es geschah aber, als sich die Tage seiner Aufnahme erfüllten, da richtete er sein Angesicht fest darauf, nach Jerusalem zu wandern, ..." (vgl. auch 13,22f; 17,11; 18,31.35). Bereits hier verweist Lukas darauf, dass sich der Weg Jesu über den Tod hinaus erst in der Aufnahme in den Himmel (die übrigens nur bei Lukas eigens berichtet wird !) vollendet.

▷ Dass Lukas diesen Weg Jesu zugleich als *vorbildhaft für die Jesus Nachfolgenden*, d. h. für die Kirche, zeichnen wollte, zeigen die in diesem Teil gegebenen Belehrungen und Weisungen für die Jünger.

Mit G. Kümmel kann man daher das Thema des „Reiseberichts" dahingehend bestimmen, dass „der nach Gottes Willen zum Leiden gehende Herr seine Jünger für den Auftrag der Verkündigung nach seinem Tode ausrüstet" (vgl. 9,60; 16,3.16; 17,22-25). Lukas bringt in diesem „Reisebericht" übrigens den größten Teil seines beträchtlichen *„Sonderguts"* unter, was erklärt, dass Jesus auf dieser Wanderung nicht so recht vorankommt und erst auf eigenartigen Umwegen nach Jerusalem gelangt.

4.5 Die Bedeutung Jerusalems

Der Stadt Jerusalem kommt in dieser Sicht des Lukas eine zentrale Bedeutung zu. Jerusalem ist der Ort, an dem sich das *Geschick Jesu erfüllt*, ja, nach Gottes Heilsplan erfüllen musste (vgl. 24,25-27). Lukas kennt bezeichnenderweise nur Erscheinungen des Auferstandenen in Jerusalem, und auch die Himmelfahrt wird auf den Ölberg lokalisiert (vgl. Kap. 24 und Apg 1,4-14). Die ihm vorgegebenen Galiläastellen streicht oder verändert er (vgl. z. B. 24,6 mit Mk 16,6). Darüber hinaus ist Jerusalem der *Ausgangspunkt des Weges der Kirche*, der nun in umgekehrter Richtung verläuft. Die Jünger, die bei Lukas auf Anweisung des Auferstandenen in Jerusalem bleiben sollen (24,49; Apg 1,4), werden in der „Kraft des Heiligen Geistes" Jesu Zeugen sein *„in Jerusalem und in ganz Judäa und Samarien und bis an die Grenzen der Erde"* (Apg 1,8). Mit dieser Konzentration auf Jerusalem will Lukas die *Kontinuität* der Heilsgeschichte zum Ausdruck bringen und zeigen, dass die Kirche die Erbin der Verheißungen Israels ist. Dem gleichen Anliegen dienen bei ihm übrigens auch der bewusste Rückgriff auf die Sprache der griechischen atl. Bibel und die Anspielungen auf die großen Themen der atl. Heilsgeschichte. Lukas hat diese Bedeutung Jerusalems in seiner Art, „narrative Theologie" zu betreiben, in der Erzählung von der Begegnung des Auferstandenen mit den Emmausjüngern deutlich herausgestellt (24,13-35). An dieser Stelle zeigt sich auch der unterschiedliche Gebrauch der Schrift bei Lukas im Vergleich zu Matthäus. Bei Lukas sind es nicht so sehr Einzelereignisse im Leben Jesu, die der Schrift entsprechen. Die Erfüllung der Schrift zeigt sich vielmehr im Gesamt des Lebens Jesu (vgl. 24,44-48). Mit der Konzeption des Weges bei Lukas hängt es vielleicht auch zusammen, dass er *Jesu Tod nicht ausdrücklich als Sühnetod deutet* (das Wort vom Lösegeld, Mk 10,45b, fehlt bei ihm; vgl. 19,10, auch 22,27). Erlösende Kraft hat bei ihm wiederum der *ganze Weg Jesu*, seine Grundhaltung des dienenden Daseins für andere (vgl. den Abschnitt über das Herrschen und Dienen, der bei ihm bezeichnenderweise mit dem letzten Mahl verbunden ist, 22,24-27; anders bei Mk 10,41-45; Mt 20,24-28). Darin können ihm die Glaubenden auch nachfolgen. Allerdings ist Jesus für Lukas nicht nur Vorbild. Er ist seinem Wesen und seiner Sendung nach einzigartig.

4.6 Antworten auf das Ausbleiben der Parusie

Nicht nur der zunehmende Abstand nach rückwärts zur Zeit Jesu, auch das Ausbleiben der Wiederkunft Christi und die stets, ohne absehbares Ende, voranschreitende Zeit war eine immer stärker bewusst werdende Erfahrung der Gemeinden zur Zeit des Lukas. Sie mussten daher nach Möglichkeiten suchen, wie sie unter den Bedingungen einer weiter bestehenden Welt ihre neue, durch Christus geschenkte Existenz leben konnten. Sie mussten ein neues Verhältnis zu den Strukturen dieser Welt, eine Art „Koexistenz" mit ihr finden.

▷ Aus dieser Einsicht gestaltet Lukas die Aussagen vom Endgeschehen neu. Das hatte zwar vor ihm auch Markus schon getan, aber Lukas ist darin noch konsequenter. Er „entschärft" einerseits die Naherwartungsaussagen, *betont und vermehrt andererseits die Mahnungen zur Wachsamkeit, Ausdauer und Stetsbereitschaft* und begegnet auf diese Weise der Gefahr der Ermüdung, der Gleichgültigkeit und des Abfalls, die sich aus der Verzögerung der Parusie (= der Erscheinung des Herrn bei seiner Wiederkunft) ergeben konnten (vgl. folgende lukanische Texte mit den markinischen: 9,27/Mk 9,1; 21,32/Mk 13,30; 22,69/Mk 14,62; vgl. noch 21,7ff.34-36 und die sog. „Parusiegleichnisse", Lk 12.35-38; 12,39-40; 12,41-46; 19,12-27).
Viermal wird von Lukas die Frage nach dem *Wann* des endgültigen Anbrechens der Gottesherrschaft zurückgewiesen (17,20; 19,11ff;

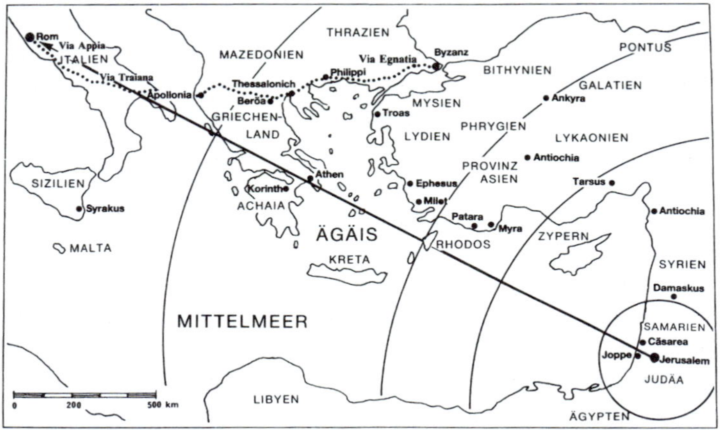

Überblick über die Ausbreitung des Wortes Gottes nach Apg 1,8

21,7-36; Apg 1,6ff.) In Kap. 21 trennt er bewusst die Schilderung der Zerstörung Jerusalems von den Endereignissen (21,1-24.25-28). Auch die Gestaltung der Himmelfahrtsszene in Apg 1,9-11 scheint von der Berichtigung einer falschen Naherwartung bestimmt zu sein. Andererseits ist die (Nah-) Erwartung nicht einfach aufgegeben (vgl. 13,1-9:18.7f-, 21,24.32). Für Lukas ist gerade die *Spannung* zwischen (Nah-) Erwartung der Endereignisse und der Aufgabe der Kirche in der Welt, besonders der Mission, kennzeichnend.

▷ Obwohl Lukas die Erwartung einer universalen Endvollendung nicht aufgibt, betont er doch viel stärker die Vollendung des Einzelnen im Sterben (sog. „Individualeschatologie"): „*Heute* noch wirst du mit mir im Paradies sein" kann daher der sterbende Jesus dem Schächer verheißen (23,43; vgl. noch 10,20; 12,16-21; 16,8f.25; 21,19 mit Mk 13,13 und Apg 7,55-59).

▷ Dem Ernstnehmen der Lebensbedingungen der Christen in der Welt entspricht bei Lukas die *Aufmerksamkeit für die Armen und Bedürftigen und die Warnung vor den Gefahren des Reichtums* (vgl. die „Wehe" gegen die Reichen im Anschluss an die Seligpreisungen der Armen, 6,24f). Der Christ soll sich nicht von den Gütern dieser Welt verführen lassen (vgl. 12,13-21; 16,9.11f.19ff), sondern zur Überwindung der Missstände durch Verzicht und Almosen, durch praktische Nächstenliebe und Mitleid mit den Bedürftigen beitragen (vgl.10,25-37;16,9-13). Darin verwirklicht er Nachfolge des Herrn, der gerade bei Lukas der „Freund der Zöllner und Sünder" (7,34), der Verachteten, Ausgestoßenen und Verlorenen ist (vgl. die „Gleichnisse vom Verlorenen". Kap. 15; ferner 7,36-50; 18,9-14; 10,30-37; 17,11-19; 7,11-17; 8,2). Das Wort, das Lukas am Schluss der Erzählung vom Zöllner Zachäus (19,1-10) angefügt hat, kennzeichnet treffend seine Sicht von Jesus und dessen Sendung: „Denn der Menschensohn ist gekommen, *um zu suchen und zu retten, was verloren ist*" (V. 10). Das ist die Weise, wie Lukas die „Entweltlichung" des Christen und die Spannung des „in-der-Welt-Seins" aber nicht „Von-der-Welt-Seins" sieht. Zur Bewältigung dieser Aufgabe in der Zeit der Kirche ist den Glaubenden der *Heilige Geist* gegeben, in dessen Wirken sie die Nähe des erhöhten Herrn erfahren (vgl. 12,1ff mit 21,14f). Er ist die Gabe, um die sie den Vater vor allem bitten sollen – und der Vater wird sie ihnen geben (11,13).

Der Verfasser des dritten Evangeliums hat seinem ersten „Bericht" eine Fortsetzung folgen lassen, die sog. „Apostelgeschichte". Dass beide Werke als zwei Teile eines einzigen Entwurfs gemeint sind und verstanden werden wollen, zeigt neben vielen Beobachtungen hinsichtlich des Stils, des Wortschatzes, des literarischen Vorgehens vor allem die Entsprechung der Einleitungen Lk 1,1-4; Apg 1,1. Auch die beiden Himmelfahrtsberichte am Schluss des Evangeliums (24,50f) und am Anfang der Apostelgeschichte (1,9-11; hier gemäß der besonderen theologischen Zielsetzung redigiert) verklammern beide Teile.

4.7 Theologische Leitlinien der Apostelgeschichte

Da es sich also um denselben Verfasser handelt, der sich zur gleichen Zeit an die gleiche Leserschaft richtet, dürften auch die theologischen Leitlinien in beiden Werken im Wesentlichen die gleichen sein. Diese Tatsache wurde bereits bei der Darstellung der theologischen Grundzüge des Evangeliums durch Verweise auf die Apostelgeschichte berücksichtigt. Es genügt daher, hier nur noch auf die mit der *besonderen Zielsetzung* der Apg verbundenen Fragen einzugehen. Es ist auch zu beachten, dass Lukas bei der Gestaltung der Apg viel größere Freiheiten hatte, da er hier nicht so stark an vorgegebene Überlieferungen gebunden war. Er konnte also seine eigene theologische Konzeption viel stärker einbringen. Das hat er vor allem in den stark idealisierenden *Sammelberichten* und in den von ihm verfassten 24 Reden des Petrus und Paulus vor Juden und Heiden getan, die er an wichtigen Stellen einbaut (vgl. 2,42-47; 4,32-35; 5.12-16).

▷ Hatte Lukas in seinem Evangelium über alles berichtet, „was Jesus getan und gelehrt" hatte (1,1), so will er in seinem zweiten Werk zeigen, wie die „Sache Jesu" nach Ostern weiterging. Anders als der (erst im 2. Jh. hinzugefügte) heutige Titel „Apostelgeschichte" (oder genauer: „Taten der Apostel") erwarten lässt, ist es also keineswegs die Absicht des Lukas, die Taten der Apostel zu schildern, sondern die *Ausbreitung des Wortes Gottes in der Kraft des Heiligen Geistes* und damit *den Weg der Kirche von den Juden zu den Heiden* darzustellen, wie es das als Programm gedachte Wort des Auferstandenen vorzeichnet:

> „Ihr werdet die Kraft des Heiligen Geistes empfangen,
> der auf euch herabkommen wird, und ihr werdet meine
> Zeugen sein in Jerusalem und in ganz Judäa und Samarien
> und bis an die Grenzen der Erde." (1,8).

Das in der Apg Berichtete ist nach der Absicht des Lukas der Nachweis der Erfüllung dieses Verheißungs- und Auftragswortes des Auferstandenen. Mit der ungehinderten Verkündigung des „Reiches Gottes" in Rom durch Paulus (28,31) ist das Wort Gottes „bis an die Grenzen der Erde" gelangt bzw. sind die Bedingungen dafür erfüllt. So ist auch die Apg von der theologischen Leitlinie des Lukas, dem heilsgeschichtlichen Schema „Verheißung – Erfüllung", gekennzeichnet.

Die Bedeutung der Zeugen für die Kontinuität

Dabei bemüht Lukas sich, die Kontinuität der Kirche seiner Zeit mit der Zeit Jesu und der Zeit der Urkirche, die für Lukas gleichsam das Modell der Kirche überhaupt ist, besonders herauszustellen. Die Apostel erhalten daher durch den Auferstandenen 40 Tage hindurch Anweisungen und Belehrungen über das „Reich Gottes". Dieses „Reich Gottes" ist aber auch Gegenstand der Verkündigung des Paulus (vgl. 28,31).

▷ Die Kontinuität wird gesichert durch die „Zwölf Apostel" und andere mit ihnen verbundene Zeugen. *Zeugnis* und *Zeuge* werden daher bei Lukas zu tragenden Begriffen. Vom Zeugenbegriff des Lukas ist auch seine Vorstellung vom *Apostel* geprägt. Apostel kann nur einer von den Männern sein, „die die ganze Zeit mit uns zusammen waren, als Jesus, der Herr, bei uns ein und aus ging, *angefangen von der Taufe durch Johannes bis zu dem Tag, an dem er von uns ging und aufgenommen wurde*". Bezeichnenderweise wird dann hinzugefügt: *„einer von diesen muss nun zusammen mit uns Zeuge seinerAuferstehung sein"* (1,21f).

▷ *Paulus* gehört nach dieser Konzeption des Lukas nicht zu den Aposteln (und wird außer 14,4.14, wo die Bedeutung unsicher ist, auch nie so genannt; vgl. dagegen 1 Kor 9,1; 15,9). Er ist jedoch ein *hervorragender Zeuge* für Christus und in der Sicht des Lukas geradezu „das Bindeglied zwischen der ‚apostolischen' Zeit und der Gegenwart des Lukas, d.h. der dritten christlichen Generation" (G. Schneider, S. 227). Von diesem Anliegen her erklärt sich wohl auch z.T. das besondere Paulusbild des Lukas, das sich bekanntlich von dem Bild, das Paulus von sich selbst in seinen Briefen zeichnet, erheblich unterscheidet. Lukas hat die Verkündigung und das Verhalten des Paulus stark dem der Apostel der Jerusalemer Urgemeinde, wie er sie sieht, angeglichen. In seiner Sicht erscheint Paulus zudem weithin als Delegat und ausführendes Organ der Jerusalemer Gemeinde.

▷ Kontinuität und Bewahrung der rechten Lehre wird auch durch die Einsetzung von „Ältesten" durch Paulus gesichert (vgl. 14,23), was für die paulinische Zeit sicher ein Anachronismus ist. Offensichtlich hat sich die Kirche des Lukas aber bereits gegen Irrlehrer aus den eigenen Reihen zu wehren (vgl. die in dieser Hinsicht aufschlussreiche Abschiedsrede des Paulus in Milet, 20,17-38).

▷ Wohl bedarf es für die Ausbreitung des Wortes Gottes menschlicher Zeugen, aber nicht die Menschen sind in der Apg die eigentlichen Akteure, sondern *Gott bzw. sein Wort*, das sich *in der Kraft des Geistes*, in dem der Erhöhte selbst gegenwärtig ist, gegen alle Widerstände durchsetzt (vgl. 4,8; 5,32; 13,9). In keiner anderen ntl. Schrift wird daher der Heilige Geist oder der Geist Gottes so oft genannt wie in der Apg (Heiliger Geist: 41-mal, Geist Gottes: 58 mal).

In der Kraft des Geistes

Wie nach den Evangelien dem öffentlichen Wirken Jesu die Taufe mit der Geistbegabung vorausgeht (vgl. Lk 3,21f), so dem öffentlichen Zeugnis der Apostel die *Herabkunft des Geistes an Pfingsten*. Nach Pfingsten wird gleichsam die Kraft, die in Jesus am Werk war, nun auch in der ganzen Kirche für alle erkennbar und erfahrbar wirksam.

▷ *Der Geist ist der eigentliche Initiator und Lenker aller Unternehmungen der Kirche*. Keine wichtigen Entscheidungen werden ohne ihn gefällt (vgl. besonders 8,29.39; 10,44-48;11,12; 15,28; 16,7f). Dabei ist es von größter Bedeutung, dass dieser Geist der Geist ist, den der Erhöhte über die Glaubenden „ausgegossen" hat (2,33). So garantiert auch der Geist die Kontinuität mit Jesus.

▷ Lukas hat die Apg sicher auch als ein *Buch des Trostes, der Stärkung, der unbesiegbaren Zuversicht, die der Geist schenkt*, verstanden wissen wollen. Sie entspricht damit der im Evangeliumsvorwort geäußerten Absicht, Gewissheit zu schenken. Indem Lukas in diesem zweiten Teil seines Werkes zeigen kann, dass ein Großteil der Verheißungen sich bereits erfüllt hat, legt er den Grund zu dem festen Glauben und der Hoffnung, dass sich auch die noch ausstehenden Verheißungen mit Gewissheit erfüllen werden, „wie geschrieben steht" (vgl. Lk 24,44-48).

Viele Fragen, die die Gemeinde des Lukas bewegten, sind auch die unsrigen. Die Antworten, die Lukas darauf gibt, könnten daher auch für die Lösung unserer Probleme fruchtbar sein. Sein Ernstnehmen der Geschichtlichkeit der Offenbarung, seine Öffnung zur Welt, sein Engagement für die Unterprivilegierten und Schwachen, seine Mahnung zur Ausdauer und Stetsbereitschaft, sein Universalismus und Missionsbewusstsein, seine Betonung des Geistwirkens, sein Verständnis von Erlösung, seine Individualeschatologie, seine Methode der „erzählenden Theologie" und nicht zuletzt sein

Bild von der Kirche als der Gemeinschaft derer, die den Weg des Herrn in der Kraft des Geistes in dieser Zeit gehen, könnten uns helfen, diesen Weg im gleichen Geist und im gleichen Glauben zu beschreiten.

Lit.: *Ernst*, Lukas. Ein theologisches Porträt; Weiser 117-152; – P.-G. *Müller*, Das Lukas-Evangelium – K. *Kliesch*, Apostelgeschichte.

WIEDERHOLUNGS- UND VERSTÄNDNISFRAGEN

- Was war das leitende Interesse des Lk bei der Abfassung seines Evangeliums?
- Welches Anliegen verfolgt Lk mit seinem „Reisebericht"?
- Welche Bedeutung hat für Lk Jerusalem?
- Wie reagiert Lk auf das Problem der Parusieverzögerung?
- Was ist das eigentliche Thema der Apg?
- Welche Bedeutung haben die Zeugen im Lk und in der Apg?
- Welche Rolle spielt der Geist in der Apg?

V. Kapitel
Die Theologie der Johanneischen Schriften

1 Das Johannesevangelium

1.1 Das „geistliche Evangelium“

Das Joh ist gleichsam der schriftliche Niederschlag der durch den Geist gewirkten Erinnerung an Jesus, das Ergebnis des Hineinführens in die ganze Wahrheit durch den Geist (vgl. 14,26; 16,12ff). Daher wird es seit Klemens von Alexandrien (um 200) mit Recht das „geistliche Evangelium“ genannt. Was damals – vor der Auferstehung und Geistsendung – der irdische Jesus noch nicht sagen konnte, das sagt er jetzt der Gemeinde als der Verherrlichte durch seinen Geist; er sagt es durch die Botschaft des Joh, und zwar nicht mehr verhüllt, sondern offen (vgl. 16,25). „Wir haben seine Herrlichkeit geschaut“, bekennt daher die johanneische Gemeinde, in der dieses Evangelium entstanden ist (1,14). Von dieser „Herrlichkeit des einzigen Sohnes des Vaters“ gibt sie Zeugnis. Wenn man Mk das „Buch der geheimen Epiphanien“ genannt hat, so kann man Joh das *„Buch der epiphanen Geheimnisse“* nennen. Hier scheint tatsächlich nicht mehr der irdische Jesus zu sprechen, sondern der Erhöhte.
Das ist der Eindruck, den der unbefangene Leser hat. Dass es in der Sicht des Evangelisten dennoch die Botschaft des irdischen Jesus ist – allerdings im Lichte der Auferstehung und durch den Geist gedeutet –, gibt er schon dadurch zu verstehen, dass er nicht etwa eine große Offenbarungsrede des Auferstandenen schreibt, sondern ein Evangelium, d. h., er stellt die Botschaft des Erhöhten als Verkündigung des Irdischen dar und verbindet sie unlöslich mit der Geschichte des Jesus von Nazaret.

1.2 Das Verhältnis zu den Synoptikern

Johannes hat also die literarische Form des Evangeliums, wie Markus sie geschaffen hat, übernommen. Ob er eines der synoptischen

Evangelien gekannt hat, ist bis heute umstritten. Ihre Jesusüberlieferungen dürften ihm jedoch – vielleicht auf einer anderen Überlieferungsstufe – bekannt gewesen sein, wie zahlreiche Anklänge, Berührungen und Parallelen zeigen (vgl. z. B. 2,19; 4,43-54; 6,1-21; 12,25f; 13,16.20; 15,20). Einiges wird als bekannt vorausgesetzt, so die Taufe Jesu (1,32f), die Gefangennahme des Täufers (3,24). Doch hat er wahrscheinlich keines der synoptischen Evangelien als literarische Vorlage benutzt. Was erstaunt, ist die große Freiheit, mit der er die Jesus-Überlieferung neu gestaltet. Obwohl der Rahmen des Wirkens Jesu dem der anderen Evangelien entspricht, sind die *Unterschiede* doch erheblich. Von der synoptischen Darstellung unterscheidet sich Joh u. a. durch folgende Besonderheiten:

▷ Während Jesus sich im *Aufriss* der Synoptiker nur einmal von Galiläa nach Jerusalem begibt, nämlich zum Paschafest seines Leidens und Sterbens, wechselt der Schauplatz seines Wirkens bei Joh öfter zwischen beiden, wobei dem Jerusalemaufenthalt eine viel größere Bedeutung zukommt und der letzte sich über Monate hinzieht (von Kap. 7 an). Jesus ist wenigstens an drei Osterfesten (2,13; 6,4; 11,55) und auch noch an anderen Festen (7,2; 10,22) in Jerusalem, so dass die Zeit seines öffentlichen Wirkens mindestens zwei Jahre umfasst, während sie bei den Synoptikern nur ein Jahr dauert.

▷ Der bei den Synoptikern zentrale Begriff der „Königsherrschaft Gottes" begegnet bei Joh nur zweimal (3,3.5). Seine Stelle nimmt bei Joh der Begriff *„Leben"*, ja letztlich Jesus selbst ein.

▷ Auch die Unterscheidung der *Gegner* Jesu nach jüdischen Gruppen (Pharisäer, Sadduzäer, Schriftgelehrte) ist bei Joh fast ganz aufgegeben. In ihm werden meist ganz allgemein „die Juden" als Gegner bezeichnet, was nichts mit Antijudaismus zu tun hat. Doch muss man zugeben, dass diese verallgemeinernde Ausdrucksweise leider eine schlimme antijüdische Wirkungsgeschichte gehabt hat. Statt „die Juden" kann fast gleichbedeutend auch „die Welt" stehen (vgl. 8,22f; 15,18 – 16,4). Der Evangelist meint damit jene, die sich der Botschaft Jesu verschlossen haben.

▷ Die für den synoptischen Jesus so typischen Jesusworte oder Spruchgruppen, vor allem aber die Gleichnisse, fehlen bei Johannes ebenfalls fast ganz (nur 10,1-5; 16,21). Bei ihm spricht Jesus vielmehr in theologisch inhaltsreichen *Offenbarungs- und „Bildreden"* (vgl. z. B. Kap. 3; 5; 8; ferner die Hirtenrede, Kap. 10; die Weinstockrede, Kap. 15).

▷ Im Vergleich zu den Synoptikern unterscheidet sich Joh überhaupt durch seine *einheitliche Konzeption*, die sich auch in der einheitlichen Sprache, Vorstellungs- und Begriffswelt ausprägt, so dass man von der „Monotonie" der johanneischen Sprache und Gedankenwelt gesprochen hat. Nicht nur Jesus, auch der Täufer, die Juden und alle anderen Personen mitsamt dem Evangelisten sprechen die johanneische „Einheitssprache" (vgl. 1,7 mit 1,34; 8,13; 5,31f). Sein Denken kreist gleichsam in spiralischer Bewegung um wenige entscheidende Heilsbegriffe wie Leben, Friede, Licht, Wort, Wahrheit, glauben, erkennen, lieben. Sie sind bei ihm so eng miteinander verwandt, dass sie fast austauschbar sind (zu Einzelheiten vgl. die Einleitungswerke und Kommentare). Jedenfalls spürt jeder Leser, dass er mit Joh in eine andere geistliche Welt eintritt und gleichsam eine andere Luft atmet.

1.3 Der Zweck: „Damit sie das Leben haben"

Am ursprünglichen Schluss seines Evangeliums – Kap. 21 ist ein späterer, von den Herausgebern angefügter Anhang – gibt der Evangelist den Zweck seiner Schrift an. Er hat dieses Evangelium geschrieben, *„damit ihr glaubt, dass Jesus der Messias, der Sohn Gottes ist, und damit ihr durch den Glauben das Leben habt in seinem Namen"* (20,31). Es geht ihm also zuerst darum, den Glauben an Jesus, den Messias und Sohn Gottes, zu wecken oder zu stärken. Doch dieser christologische Glaube ist nicht sozusagen Selbstzweck. Er schenkt den Glaubenden das Leben. Darum schreibt Johannes also sein Evangelium: *„Damit sie das Leben haben."* Es entspricht damit dem Ziel des Gekommenseins Jesu, der von sich sagt: „Ich bin gekommen, damit sie das Leben haben und es in Fülle haben" (10.10) und der Absicht Gottes, wie sie z. B. in 3,16f zum Ausdruck kommt (vgl. 6,40; 12,50; vgl. auch 1 Joh 1,11f; 5,1 f; 2,25). *Leben und Glauben* sind daher eng aufeinander bezogene Zentralbegriffe der johanneischen Schriften. Aber das ist das Entscheidende: Dieses Leben gibt es nach Johannes *nur im Glauben an Jesus Christus, den*

Sohn Gottes. Denn „in ihm war das Leben, und das Leben war das Licht der Menschen" (1,4). Das ganze Johannesevangelium kreist um diese Erkenntnis. Daher auch die auffallende Unbedingtheit seiner Sprache. Der Verfasser des vierten Evangeliums will die Menschen unbedingt davon überzeugen, dass sie das Leben nur in diesem Jesus finden können. Es geht wirklich um die Entscheidung zwischen Leben und Tod (vgl. 3,18-21; 5,24f; 12,37-50).

1.4 Jesus, der Gesandte und Offenbarer des Vaters

Johannes eröffnet sein Evangelium mit einem Hymnus, den er wahrscheinlich schon vorgefunden und teilweise überarbeitet hat. Der Hymnus setzt mit dem vorweltlichen Sein des Wortes (Logos) bei Gott und seiner Gottgleichheit ein (1,1-3). Dieses gottgleiche Wort, das für die Welt Leben und Licht ist, ist Mensch geworden und „hat unter uns gewohnt" (1,14; vgl. Phil 2,5-11).

Das Evangelium schildert nun von da ausgehend das Wirken dieses Mensch gewordenen Wortes in der Welt. Dieses Wirken besteht im Grunde darin, den *Vater zu offenbaren*: Denn „niemand hat Gott je gesehen. Der Einzige, der Gott ist und am Herzen des Vater ruht, er hat Kunde gebracht (1,18; vgl. 6,46). Doch kann sich diese Offenbarung des Vaters nur in der *Selbstoffenbarung* Jesu als des Sohnes bzw. (wie Joh sagt) als Offenbarung „seiner Herrlichkeit" vollziehen. Denn die Herrlichkeit des Sohnes ist seine Einheit mit dem Vater, die sich in der Einheit des Tuns und Redens kundtut (vgl. 5,19f; 8,38; 14,10f; zusammenfassend Kap. 17). Indem Jesus sich als „der Sohn" offenbart, offenbart er zugleich den Vater, „der ihn gesandt hat" (17,3ff.20-26; 12,44f; 14,9). Die Christologie des Joh ist vor allem eine Gesandten-Christologie. Sie ist besonders geeignet, die Einheit von Vater und Sohn zum Ausdruck zu bringen (vgl. dazu weiter unten). Am Ende seines Wirkens kann Jesus daher sagen: „Vater, die Stunde ist da. Verherrliche deinen Sohn, damit der Sohn dich verherrlicht ..." (17,1-5). Indem Jesus den Menschen den Namen des Vaters offenbarte, hat er ihn auf Erden verherrlicht.

▷ Im Aufbau des Evangeliums geschieht die Offenbarung zunächst *vor der Welt*, die ihn weithin ablehnt (Kap. 1-12), dann in besonderer

Weise nur noch *im Kreis der auserwählten Jünger* (Kap. 13-17). Man könnte die Thematik der beiden Teile mit den Worten aus dem Prolog überschreiben: „Er kam in sein Eigentum, aber die Seinen nahmen ihn nicht auf. Allen aber, die ihn aufnahmen, gab er Macht, Kinder Gottes zu werden, allen, die an seinen Namen glauben ..." (1,11f.)
▷ Der johanneische Jesus offenbart sein Wesen als der von Gott gesandte Sohn – und d. h. seine Herrlichkeit – durch *Wunder* (vgl. 2,11) und durch die für das vierte Evangelium typischen *Offenbarungsreden*. Beide sind bei Joh eng aufeinander bezogen. Auf eine Wundererzählung folgt daher öfter eine längere Rede oder auch eine „theologische Auseinandersetzung", die den tieferen Sinn des Wunders erschließt (vgl. Kap. 6; 9 und 11. Im letzteren Beispiel geht die Deutung voraus).

Offenbarung durch „Zeichen"

Johannes nennt die Wunder daher „Zeichen". Sie sind die Wegzeichen, die in die Richtung weisen, in die die Menschen gehen sollen. Wer sie zu deuten versteht und ihnen folgt, kommt zu Jesus. Denn für sich genommen sind die Wunder *nicht eindeutig*. Sie führen allein noch nicht zum echten Glauben, wie Johannes ihn versteht. Sie können aber ein Anstoß sein und die Frage wachrufen, wer denn dieser ist, der solche Zeichen vollbringt (vgl. 2,23 – 3,2).

Die Zeugen des Brotwunders z. B. haben das Wunder nicht als Zeichen verstanden, das auf den weist, der einen anderen Hunger stillen kann als den leiblichen. Der folgende Dialog zeigt dann ganz deutlich, worum es Jesus geht und wie groß das Missverständnis der Leute ist. Auf die Frage, was sie denn tun müssen, „um die Werke Gottes zu vollbringen" – als ob das Heil durch menschliche Leistung „verdient" werden könnte –, antwortet Jesus: „Das ist das Werk Gottes, dass ihr an den glaubt, den Gott gesandt hat." Worauf die Menge die für ihr Denken typische Frage stellt und ihre Bedingungen nennt: „Welches Zeichen tust du, damit wir es sehen und dir glauben?" (6,26-30).

▷ Dieser Wunderglaube ist für Jesus kein wahrer Glaube (vgl. Mk 8,11f). „Wenn ihr nicht Zeichen und Wunder seht, glaubt ihr nicht", hält Jesus daher dem um Heilung bittenden königlichen Beamten entgegen. Wahrer Glaube ist nach Joh *Glaube an das Wort Jesu, oh-*

ne dass man vorher Wunder gesehen hat. „Der Mann (wahrscheinlich ein Heide) glaubte dem Wort, das Jesus zu ihm gesagt hatte, und machte sich auf den Weg“ (4,48-50). Ihm wird auch das Wunder gewährt. Das Verhältnis von „Glauben“ und „Sehen“ ist auch das Thema der Thomasgeschichte (20,24-29). Hier wird die Forderung des Thomas nach einem sichtbaren Beweis als Bedingung des Glaubens kritisiert (20,25). „Weil du mich gesehen hast, glaubst du. Selig sind, die nicht sehen und (doch) glauben“ (20,29). Das ist das letzte Wort Jesu im Evangelium. Dass es im Sinne des Evangelisten an seine Gemeinde gerichtet ist, also an die Christen am Ausgang des 1. Jh., die sich ja in der gleichen Situation wie Thomas befinden, dürfte deutlich sein.

▷ Johannes hat also die Wunderberichte, die er wahrscheinlich einer vorliegenden Sammlung entnommen hat, die Jesus vor allem als Wundertäter schilderte (die sog. „Zeichenquelle“), ganz seiner Christologie dienstbar gemacht, indem er sie als *christologische Offenbarungszeichen* versteht. Von diesem Verständnis ist wohl auch seine Auswahl bestimmt, denn es ist schon immer aufgefallen, dass sich von den *sieben Wundern*, die er berichtet, vier nicht bei den Synoptikern finden (2,1-11; 5,1-9; 9,1-7; 11,33-44; die Austreibungsgeschichten fehlen ganz) und dass die Wunder gerade durch die *Steigerung des Wunderbaren* auffallen (besonders deutlich im letzten, dem Lazaruswunder). Er konnte dies tun, weil er sie als Zeichen, als Offenbarung der Herrlichkeit des menschgewordenen Gottessohnes verstand. Als solche sind sie aber nur für den Glaubenden erkennbar (vgl. 2,11).

Offenbarung durch das Wort

Den größten und auch theologisch bedeutsamsten Teil des Joh machen jedoch die Reden aus. Sie werden öfter durch einen Dialog eingeführt oder durch Fragen unterbrochen (vgl. Kap. 3; 4; 6; 8; ferner die Abschiedsreden in Kap. 14-16; und auch die „Bildreden“ in Kap. 10 und 15, sowie das „Gebet zum Vater“, Kap. 17). In ihnen erhebt Jesus immer wieder den Anspruch, der *von Gott gesandte Offenbarer und einzige Mittler des Heils* zu sein. Zugleich deckt er in ihnen das

Unerlöstsein des Menschen auf, aus dem der Mensch sich nicht selbst erlösen kann. Befreiung schenkt allein der Glaube an Jesus, den Gesandten Gottes.

▷ Für die johaimeischen Reden und Dialoge ist der Gebrauch von *gegensätzlichen Begriffen* typisch. Zwei Welten oder Macht- und Einflussbereiche stehen einander gegenüber: die „obere" Welt, der der Offenbarer angehört, aus der er „herabkommt" oder von der er „gesandt" wird, und die „untere", zu der die Menschen gehören, die das erlösende Wort des von Gott gesandten Offenbarers und Retters noch nicht erreicht hat oder die ihm den Glauben versagt haben. Das Wesen beider Bereiche wird durch eine Reihe gegensätzlicher Begriffe gekennzeichnet. Die *„untere"* Welt erscheint als Finsternis, Tod, Lüge, Fleisch oder einfach als „die Welt". Ihr steht die *„obere"* als der Bereich des Lichtes, des Lebens, der Wahrheit, des Geistes, als der Himmel gegenüber. Die Zugehörigkeit zu einem dieser Bereiche ist durch die Abstammung, durch das „Sein – aus ... " ihr bestimmt. Dieses *„Sein – aus ..."* kennzeichnet das Wesen eines jeden, das sich wiederum in einem entsprechenden Handeln äußert (vgl. 1,13; 3,3.5f.7f.31; 8,23.41. 44.47; 15,13; 17,14.16; 18,36; 1 Joh 2,16. 21.29; 3,8-10; 4,1-7; 5,1.4.18f; 3 Joh 11).

▷ Zwischen den Angehörigen der beiden Welten besteht eine grundsätzliche „Kommunikationsunfähigkeit" und ein in ihrem verschiedenen Wesen begründetes *Missverstehen,* das sich bis zu Feindschaft, Hass und Vernichtungswillen der unteren Welt gegenüber der oberen steigern kann (vgl. 8,37-59). Sie sprechen eine verschiedene Sprache. Johannes unterstreicht dieses Missverstehen noch durch den Gebrauch von *doppeldeutigen Ausdrücken* und einer Art Sondersprache (vgl. 2,19-21; 3,3-10.14; 4,7-15; 6,32-35; 6,60-65; 7,27f.33-36; 7,37-39; 8,12- 15; 8,19; 8,21-29; 12,32-34; 14,47; 16,16f). Der Übergang von einem Bereich in den anderen geschieht durch den Glauben, die Zeugung aus dem Geist (vgl. 1,12f; 3,3-8; 18,37; 1 Joh 5,1-5). Sehr deutlich kommt diese Anschauung in dem Nikodemusgespräch zum Ausdruck: *„Was aus Fleisch geboren ist, ist Fleisch, was aber aus dem Geist geboren ist, ist Geist"* (3,6). Den „Juden", die bei Johannes meist für die ungläubige Welt stehen, sagt Jesus: *„Ihr stammt von unten, ich stamme von oben, ihr seid aus dieser Welt, ich bin nicht aus dieser Welt"* (8,23; vgl. 1 Joh 2,16; 3,8-10; 4,1-7; 5,1.4).

Johannes hat bei der Verwendung dieser sog. *dualistischen* oder *antithetischen* Sprache und entsprechender Vorstellungen sicher an Anschauungen seiner Umwelt angeknüpft, um ihr die Christusbotschaft nahe zu bringen. Da sich nach dieser Vorstellung Erlösung durch Erkenntnis der eigenen Verfallenheit und des himmlischen Ursprungs vollzog, nennt man diese Heilslehre *„Gnosis"*, das heißt Erkenntnis.

▷ Nach Joh kann der Mensch sich aus seiner Verfallenheit an „diese Welt" aber nicht selbst befreien. Es genügt auch nicht, dass er sich seiner unerlösten Situation bewusst wird, d. h. er kann auch nicht durch Erkenntnis seiner Verlorenheit und durch das Wissen um den Weg der Erlösung gerettet werden, wie es die gnostische Erlösungslehre verkündete. Vielmehr muss der Mensch einen *neuen Ursprung* gewinnen und dadurch völlig umgewandelt werden. Die Macht, die ihn verwandelt und die ihm ein neues Sein schenkt, ist nach Johannes der Geist: *„Wenn jemand nicht aus Wasser und Geist geboren wird, kann er nicht in das Reich Gottes kommen"*, antwortet Jesus auf die Frage des Nikodemus, wie der Mensch denn „von oben", d. h. aus dem göttlichen Bereich, geboren werden kann (3,3-5). Gerade dieses Bild zeigt, dass der Mensch sein Heil nicht selber wirken kann. Er kann es sich nur schenken lassen (vgl. 6,43).

▷ Diese *Geburt aus dem Geist* bedeutet im Grunde nichts anderes als aus einem Ungläubigen *zu einem Glaubenden werden*. Das ist der Übergang vom Tod zum Leben, von der Finsternis zum Licht. *„Wer glaubt, hat das ewige Leben"*, heißt die kürzeste, aber auch entscheidende Formel (6,47; vgl. noch 5,24; 8,12; 11,25f; 12,46). Allerdings ist es ein Glaube an den Sohn, den der Vater gesandt hat und der sein Leben für die Welt hingegeben hat (3,16; 10,17-18; 1 Joh 4,9-16). Dieser Glaube kennt ein Wachsen und ein Fortschreiten. Er ist eine Bewegung und hat eine innere Dynamik (Johannes gebraucht daher nur das Verb „glauben", das diese Bewegung besser ausdrückt als das Substantiv „Glaube") und kann von Johannes daher auch in anderen Bildern und Begriffen ausgedrückt werden wie „kommen zu", „hören auf", „das Zeugnis annehmen" ... Sie beschreiben verschiedene Stationen auf diesem Weg des Glaubens. Mit dem Glauben verbindet sich bei Johannes das Erkennen. Glau-

be ist verstehender Glaube. Er führt zur immer tieferen Erkenntnis (vgl. 17,3).
Der Glaubende erkennt im Menschen Jesus den Gesandten Gottes. Der Glaube ist die Überwindung des Ärgernisses, das darin besteht, dass ein einfacher Mensch den Anspruch erhebt, Gottes Gesandter und Offenbarer zu sein (vgl. 6,42; 10,33). Solange der Mensch „Fleisch" ist, das heißt nur nach diesseitigen Maßstäben urteilt, „fleischlich" denkt, kann er nicht glauben und dies nicht erkennen. *„Das Fleisch nützt nichts* (für den Glauben und das Leben). *Der Geist ist es, der lebendig macht"* (6,63; vgl. 3,5-8). Wer aber aus dem Geist geboren ist, wird fähig, auf Jesu Worte zu hören, die „Geist und Leben" sind (6,64). Er wird offen für die Wahrheit Gottes, die ihm im Wort Jesu begegnet. „Jeder, der aus der Wahrheit ist, hört auf mei-

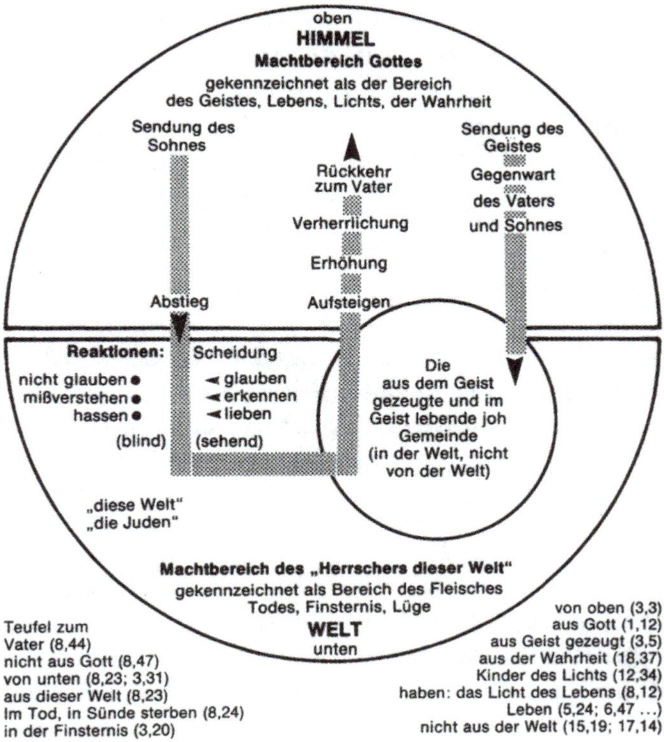

ne Stimme", kann Jesus daher sagen (18,37). Und diese Wahrheit, die keine theoretische, abstrakte „Verstandes-Wahrheit" ist, sondern eine verwandelnde Kraft, *„wird ihn frei machen"* (vgl. 8,32; und das ganze Kap. 8). Weil sie identisch ist mit Jesu Wort und Weisung (vgl. 17,1), kann sie nicht nur erkannt werden, sondern muss sie auch getan werden. Im „Tun der Wahrheit", verstanden als Vollzug und Äußerung des Glaubens, verwirklicht sich die Befreiung des Menschen. Er „kommt zum Licht" (3,21).

Die Selbstoffenbarung Jesu in den „Ich-bin Worten"

Gleichsam verdichteter und zusammenfassender Ausdruck der Selbstoffenbarung Jesu sind bei Joh die sieben sog. *„Ich-bin Worte"*. In ihnen erhebt Jesus einen einzigartigen Anspruch und bietet sich zugleich als Antwort auf die Sinnfrage des Menschen an. Sie sind Einladung und Verheißung für den nach Heil suchenden Menschen.

Diese „Ich-bin-Worte" nehmen einerseits Ursymbole menschlicher Lebens- und Sinnerfahrung auf, andererseits knüpfen sie an zeitgenössische religiöse Vorstellungen und vor allem an die lange atl. Offenbarungsgeschichte an. Darin drückt sich die Überzeugung aus, dass in diesem Jesus die Offenbarung Gottes ihre endgültige Erfüllung gefunden hat (vgl. Hebr 1,1-3). Will man daher diese „Ich-bin-Worte" in ihrer ganzen Fülle und Tiefe verstehen, muss man sie stets auch auf diesem Hintergrund sehen. Da sie zudem gleichsam die Zusammenfassung und der Höhepunkt des sie umgebenden Textes sind, ist auch dieser für ihre Deutung zu berücksichtigen.

▷ An manchen Stellen begegnet das *„Ich bin"* allein, ohne jeden Zusatz. Dieses absolut gebrauchte „Ich-bin" findet sich bereits im AT als göttliche „Offenbarungsformel". Mit ihr hatte sich Gott Mose geoffenbart als der nahe, schützende, befreiende Gott, Ex 3,14. Dieses „Ich bin, der ich bin" ist keine philosophische Aussage über Gottes „Sein an sich", sondern eine *Heilszusage*. Mit ihr offenbart Gott sich als der, der für die Menschen da sein will. Als solchen hat Israel ihn im Laufe seiner Geschichte erfahren. So wurde dieses „Ich-bin" (= ich werde da sein für euch) gleichsam zum Ausdruck der Zuverlässigkeit, der Unverfügbarkeit, der Ausschließlichkeit und Unbegrenztheit Gottes. Wenn nun in den Evangelien auch Jesus dieses göttliche „Ich-bin" spricht (vgl. Mk 6,50; 13,6; 14,62; Joh 8,24.28; 13,19; 18,51), dann kann das nur bedeuten: in diesem Jesus begegnet man jenem Gott, der sich im AT als der „Ich-bin-da" offenbarte. Es verkündet also den einzigartigen, unvergleichlichen Anspruch Jesu und zugleich sein Dasein für die Menschen.

▷ Johannes hat nun den Inhalt dieses „Ich bin" entfaltet, indem er ein *Bildwort* oder einen *Heilsbegriff* hinzufügt, die verdeutlichen, was Jesus für die Menschen ist bzw. wer er ist. in sieben „Ich-bin-Worten" soll Jesu einzigartiger Anspruch und seine Heilsbedeutung offenbar werden. So lauten sein Anspruch und seine Verheißung:

Ich bin das Brot des Lebens (6,35.48)
Ich bin das Licht der Welt (8,12)
Ich bin die Tür (10,7.9)
Ich bin der gute Hirt (10, 11.14)
Ich bin die Auferstehung und das Leben (11,25)
Ich bin der Weg, die Wahrheit und das Leben (14,6)
Ich bin der (wahre) Weinstock (15,15).

Meistens folgen diesem „Ich-bin-Wort" noch eine *Einladung* und eine *Heilszusicherung* bzw. eine Androhung, die zur Entscheidung aufrufen sollen. So heißt es z. B. in *6,35: „Ich bin das Brot des Lebens; wer zu mir kommt, wird nie mehr hungern, und wer an mich glaubt, wird nie mehr Durst haben."* Der Aufbau des (voll ausgeführten) „Ich-binWortes" stellt sich somit wie folgt dar:

1. Die Selbstvorstellung mit dem
   a) Ich-bin und dem
   b) Bildwort oder Heilsbegriff;
2. Der Ruf zur Entscheidung mit der
   a) Einladung und der
   b) Heilszusicherung bzw. Androhung.

Nicht immer ist der Ruf zur Entscheidung ausdrücklich im Anschluss an das Bildwort formuliert. Er findet sich dann aber im Umkreis des Bildwortes.

▷ Fragt man nach der *Herkunft* dieser johanneischen „Ich-bin-Worte“, so wird man auf *zwei Wurzeln* verwiesen. Die eine Quelle ist die atl. Tradition, aus der der Evangelist schöpft. In ihr haben jene Bilder und Heilsbegriffe, die der Evangelist auf Jesus anwendet, bereits eine lange Geschichte und einen reichen theologischen Gehalt. Mit ihrer Aufnahme will Johannes zum Ausdruck bringen, dass Jesus die atl. Heilserwartungen erfüllt und überbietet.
Daneben dürften auch aufkommende gnostische Vorstellungen einen Einfluss auf die Formulierung der Ich-bin-Worte ausgeübt haben. Allerdings besteht bis heute keine Sicherheit über die genaue Entstehungszeit dieser gnostischen Schriften, d. h. es ist nicht eindeutig geklärt, ob sie vorchristlich sind oder ob in ihnen bereits christlicher Einfluss vorliegt.

1.5 Das christologische Bekenntnis

Neben den für ihn eigentümlichen „Ich-binWorten“ hat Johannes auch die meisten der in der Überlieferung gebrauchten christologischen Würdetitel verwendet, um die Bedeutung Jesu zu kennzeichnen. Er hat sie jedoch weithin im Sinne seiner Theologie bzw. Christologie neu interpretiert. Daneben begegnen auch titelhafte Bezeichnungen, die sich nur bei ihm finden (z. B. Logos, Lamm Gottes, Paraklet, der Heilige Gottes und der Ausdruck „den Gott [der Vater] gesandt hat“).
Eine auffallende Häufung von christologischen Titeln und Bezeichnungen enthält – gleichsam als einführende Vorstellung – das erste Kapitel, das man auch das „Zeugenkapitel“ genannt hat. Es begegnen: der *Logos* (1,1.14), der *Einziggeborene* (1,14.18), der *Messias/Christus* (1,20.41), der *Prophet* (1,21), das *Lamm Gottes* (1,29.36), der *Sohn Gottes* (1,34.49), der *Erwählte Gottes* (nach manchen Textzeugen in V. 34), der *Lehrer* (Rabbi, 1,38), der *König Israels* (1,49), der *Menschensohn* (1,51), ferner die Wendungen: der, über den Mose und die Propheten geschrieben haben (1,45) und der dem Täufer voraus ist, weil er vor ihm war (1,30). Daran wird schon deutlich, dass Johannes diese Bezeichnungen nicht im ursprünglichen Sinn versteht und sie auch nicht streng unterscheidet.

▷ Der *Menschensohn* findet sich wie bei den Synoptikern nur im Munde Jesu. Einmal (5,27) erscheint der Titel im traditionellen Zusammenhang mit der Gerichtsaussage (vgl. 5,19-26. Zum Gericht ferner: 3,17; 12,31; 12,47f). Der besondere johanneische Gebrauch zeigt sich in der Verbindung des Menschensohn-Titels mit der Vorstellung von der *Erhöhung* (3,14; 8,28; 12,34), der *Verherrlichung* (12,33; 13,31f) und vom *Herabsteigen* und *Aufsteigen* (3,13; 6,62; vgl. 20,17). Diese Aussagen bilden einen einheitlichen Vorstellungskreis, da die Erhöhung und das Aufsteigen zum Verherrlichungsgeschehen „der Stunde" gehören (vgl. 12,23.32.34; 3,13f; 12,31; 13,31f. Siehe weiter unten). Mit ihnen ist 1,51 verwandt, insofern diese Stelle auf Jesu Herkunft von oben und auf sein Ziel dort verweist.
Im 6. Kapitel ist der Menschensohn das „vom Himmel herabgestiegene Brot", das der Welt das Leben gibt (vgl. 6,27.33.51.62). Dem entspricht, dass jeder, der an den erhöhten Menschensohn glaubt, „in ihm das ewige Leben hat" (3,15). Einige Stellen zeigen eine enge Verwandtschaft mit dem Messiastitel (12,34; auch 9,35). Auffallend ist, dass bei Johannes Aussagen über das gegenwärtige Wirken des Menschensohnes, wie sie bei den Synoptikern beschrieben werden (Sündenvergebung, Mk 2,16; Herr des Sabbats, Mk 2,28 und ähnliche), ganz fehlen.
▷ Nicht so häufig, aber doch in bedeutsamen Zusammenhängen begegnet der Titel *Messias/Christus*. Auf den Schlusssatz 20,31, wo er zusammen mit „Sohn Gottes" steht, wurde bereits verwiesen. Die gleiche Verbindung findet sich auch im Bekenntnis der Marta: „Ja, Herr, ich glaube, dass du der Messias bist, der Sohn Gottes, der in die Welt kommen soll" (11,27). Das Gespräch mit der Samariterin hat seinen Höhepunkt in Jesu Selbstoffenbarung, der erwartete Messias zu sein (4,25f; vgl. 1,41.45). Der Messiastitel bringt offensichtlich in besonderer Weise den *Erfüllungsgedanken* im Rahmen der – neu interpretierten – jüdischen Heilserwartung zum Ausdruck (vgl. die Diskussion in 7,26f.41f).
▷ Der theologisch bedeutsamste und häufigste Titel ist in den johanneischen Schriften jedoch *„der Sohn"* oder *„Sohn Gottes"* (bei den Synoptikern nur 3-mal: Mt 11,27 par.; Mk 13,32 par.; Mt 28,19, bei Joh 18-mal). Er begegnet vor allem zusammen mit der Vorstellung vom *Gesandtsein des Sohnes durch den Vater*. Mit Recht stellt H.

Schnackenburg fest: *„Das Vater-Sohn-Verhältnis ist der Schlüssel zum Verständnis des johanneischen Jesus, wie ihn der Evangelist zeichnet, und seines Redens und Verhaltens, wie er es beurteilt“* (Das Johannesevangelium II, 151). Zum Verständnis wären also auch alle Stellen heranzuziehen, in denen Jesus von dem bzw. seinem „Vater“ redet (etwa 50 mal). Der Ausdruck *„der (Vater), der mich gesandt hat“* ist geradezu Bezeichnung für Gott bzw. den Vater (vgl. z. B. 3,17.34; 5,23.36f; 6,44; 8,16.18; 10,36; 12,49; 14,24.26; 17,3.8.18. 21.23.25; 1 Joh 4,9f.14). Die joh Christologie ist – wie bereits erwähnt – vor allem eine Gesandten-Christologie, da sie besonders geeignet ist, die Einheit von Vater und Sohn zum Ausdruck zu bringen. Denn der Gesandte tut nichts aus sich selbst. Er handelt vielmehr im Auftrag des Sendenden und repräsentiert ihn vor den anderen.
Vieles, was das Vater-Sohn-Verhältnis betrifft, kam bereits zur Sprache. Der Sohn tut nichts von sich aus, sondern redet und tut, was er vom Vater gehört, gesehen, gelernt hat und was der Vater dem Sohn zeigt (vgl. 5,19f.30; 8,28.38.40; 12,50; 15,15). Der Vater hat „alles in seine Hände gelegt“ und ihm „Macht über alle Menschen gegeben“ (13,3; 17,2). Für ihn gibt er Zeugnis (5,32.36f; 8,18; 10,25; 1 Joh 5,91), und ihn hat er „besiegelt“ (6,27.29). Der Sohn sucht nur die Ehre des Vaters (8,50; vgl. 7,18). Umgekehrt ehrt und verherrlicht der Vater den Sohn (8,54; 13,31f; 17,1-5). Zwischen Vater und Sohn besteht völliges Eins-Sein (10,30; 14,10f.20; 17,11.21ff) und ein vollkommenes gegenseitiges Sichkennen (8,19; 10,15). Daher kann man im Sohn den Vater sehen (12,45; 14,7.9). Wer daher den Sohn nicht kennt, d. h. Jesus als Sohn nicht anerkennt, kennt auch den Vater nicht (vgl. 5,37f; 7,28f; 8,18f.26f.42.54f; 15,23f). Obwohl der Sohn in allem dem Vater gleich ist (14,11), handelt er doch als sein Gesandter in Unterordnung von ihm, denn „der Vater ist – als der Sendende – größer als ich“ (14,28; vgl. 5,18; 8,53.59; 10,31.33; 19,7).
▷ Eine Sonderstellung nimmt der christologische Titel *„das Wort“* (griechisch = Logos) im Johannesevangelium ein (1,1.14). Es bezeichnet Christus in seinem vorweltlichen Sein bei Gott und im Hinblick auf seine Rolle bei der Erschaffung des Alls (1,2f). Von diesem Wort bekennt die Gemeinde, dass es Leben und Licht für die Menschen ist und dass es selbst in Jesus von Nazaret Mensch geworden ist. Da der Evangelist den Titel später nicht mehr auf-

nimmt, dürfte er ihm auch keine zentrale Bedeutung beigemessen haben, obwohl der Begriff gut zu seiner Offenbarungstheologie passt (vgl. noch 1 Joh 1,1, wo der Menschgewordene „das Wort des Lebens“ genannt wird).

Auffallend ist, dass Johannes, im Unterschied zu den Synoptikern, den Titel Herr (Kyrios) nicht für den irdischen Jesus verwendet (einzige Ausnahme 11,2), sondern ihn für den Auferstandenen reserviert (vgl. 20,2.13.18.25). So vor allem im Bekenntnis des Thomas, „mein Herr und mein Gott“, das zweifellos den abschließenden Höhepunkt im Evangelium bildet (20,28).

▷ Johannes geht es bei allen diesen Aussagen in erster Linie nicht um dogmatische Spekulationen über das Wesen Jesu, sondern um seine einzigartige *Heilsbedeutung* für die Menschen, um seine Stellung als Vermittler des Lebens (vgl. die „Ich-bin“-Worte). Aber Heilsmittler kann er im Letzten nur deshalb wirklich sein, weil er in exklusiver, einmaliger Weise „der Sohn (Gottes)“ ist. Daher schließt das Evangelium auch mit dem Bekenntnis: „Mein Herr und mein Gott“ (20,28) und der Feststellung, dass man Leben nur haben kann im Glauben an Jesus als den Messias, den Sohn Gottes (20,31).

1.6 Der Geist als die Gegenwart des Verherrlichten

Dem Passionsbericht (Kap. 18 – 19) hat Joh *„Abschiedsreden“* Jesu vorgeschaltet (vgl. Lk 22,24-38). Ihre erste Absicht ist es, vorab den Sinn des gewaltsamen Todes Jesu zu deuten. Darüber hinaus wollen sie auch eine Sinndeutung der Situation der Gemeinde während der leiblichen Abwesenheit Jesu geben. Sie zielen darauf, der Gemeinde Mut und Trost zuzusprechen und sie im Glauben und in der Liebe zu stärken (vgl. 14,1.27f). Wie der Beginn des 13. Kapitels deutlich sagt, ist Jesu Tod als Heimgang zum Vater verstanden: „Jesus wusste, dass seine Stunde gekommen war, um aus dieser Welt zum Vater hinüberzugehen“ (13,1; vgl. 17,1). Auf diese *Stunde* ist das ganze Evangelium angelegt. War vorher vom Noch-nicht-gekommen-Sein der Stunde die Rede (2,4; 7,30; 8,20; vgl. auch 7,39), so ist sie jetzt, mit dem Beginn des Leidens, gekommen. Sie umfasst

Aufriss und theologische Struktur des Johannesevangeliums

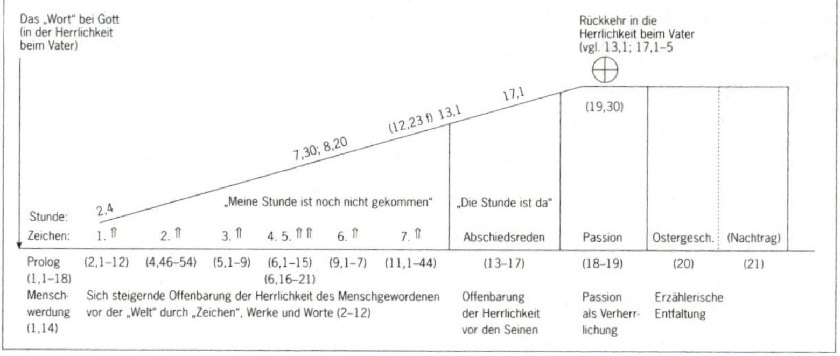

nach 12,23-33 das Leiden, das Gericht über den Fürsten der Welt und die Erhöhung Jesu, mit der Johannes die Kreuzigung bezeichnet, und vor allem die Verherrlichung Jesu (vgl. 17.1.5). Die beiden Abschiedsreden (Kap. 14 und 15 – 16) wollen zeigen, dass der Tod Jesus nicht wie ein dunkles Geschick überfallen hat, sondern dass Jesus freiwillig in sein Leiden ging (vgl. 10,17f). Er weiß, dass er zum Vater geht (14,2f.28; 16,5.18). Von diesem Wissen und der freiwilligen Übernahme des Leidens ist ja auch die johanneische Darstellung der Passion geprägt. Man hat von den „vertauschten Rollen" beim Prozess Jesu gesprochen (J. Blank), weil der Eindruck entsteht, dass nicht Jesus der Angeklagte und Gerichtete ist, sondern seine Ankläger und Richter. Hinter den wiederholten Fragen der Jünger nach dem Wohin des Weges Jesu spiegeln sich deutlich die Fragen der johanneischen Gemeinde nach dem Sinn des Todes Jesu und seiner leiblichen Abwesenheit. Warum musste Jesus sterben und warum ist er nicht wiedergekommen? Wo ist er jetzt? (vgl. 14,4.8f.22; 16,5.17).

Die Sendung des „Geistes der Wahrheit" als Lehrer und Beistand

Auf diese Fragen antwortet der Evangelist vor allem mit den fünf *Geistsprüchen* (oder „Parakletsprüchen"), die einen Hauptanteil der Abschiedsreden ausmachen (14,16f; 14,26; 15,26; 16,7-11; 16,13-15). Die Gemeinde mag sich von Jesus verlassen vorkommen wie Waisen (vgl. 14.18). Außerdem wird sie von einer ihr feindlich gesinnten Welt bedrängt. Sie wird verfolgt und gehasst um Jesu willen (15,18-25) und ist aus dem jüdischen Synagogenverband ausgeschlossen (16,2; vgl. 9,22). Doch sie ist nicht allein. Jesus hat ihr einen *„anderen Beistand“* gesandt, den *„Geist der Wahrheit“*, der für immer bei ihr bleibt (14,16). In ihm ist auch Jesus schon wiedergekommen und lebt bei ihr (14,18f; vgl. 16,16-24). Der Geist ist also die neue Gegenwart Jesu bei den Seinen nach seinem „Fortgang“ im Sterben. Er verwandelt gleichsam die leibliche Abwesenheit Jesu in eine neue Anwesenheit. Daher konnte der Geist auch erst nach Jesu Tod – d.h. bei Johannes nach seiner Verherrlichung – kommen (vgl. 7,39; 16,7). Der Geist trägt bei Johannes zwei Bezeichnungen, die sich sonst nirgendwo im NT finden. Er ist der *„Geist der Wahrheit“* und der *„Paraklet“* (d.h. der Beistand, der Anwalt, der Advokat). Entsprechend sind seine Funktionen.

▷ Er ist für die Gemeinde *Lehrer* und *Offenbarer*: „Der Beistand, der Heilige Geist, den der Vater in meinem Namen senden wird, *der wird euch alles lehren und euch an alles erinnern*, was ich euch gesagt habe“ (14,26; vgl. 16,12-15). Das *Lehren und Erinnern* des Geistes ist nicht als eine Gedächtnisstütze oder -auffrischung zu verstehen. Der Geist ist kein Repetitor. Es meint vielmehr eine *Aktualisierung* der Botschaft Jesu und bedeutet im Grunde das Gleiche wie das *„Führen in die ganze Wahrheit“* (16,13). Ebenso ist mit dem „Verkünden des Kommenden“ nicht an irgendwelche endzeitlichen „geheimen Offenbarungen“ gedacht. Es erläutert nur das Führen in die Wahrheit als ein Wirken, das auf die Zukunft, auf das stets neu auf die Gemeinde Zukommende ausgerichtet ist. Bemerkenswert ist der Nachdruck, mit dem der Evangelist betont, dass der Geist *„nicht von sich aus reden wird“*, sondern verkünden wird, *„was er hört“* (16,13-15; vgl. 14,26). Damit richtet er sich gegen Leute, die sich auf eine Sonderlehre und -offenbarung des Geistes berufen und die nicht im Einklang mit der Botschaft des irdischen Jesus steht. Für den Evangelisten ist es dagegen wichtig, dass der Geist keine neue, von Jesu Verkündigung abweichende Botschaft bringt. Es gibt keine von Jesus unabhängige Geistlehre, die den Anspruch erheben kann, christliche Botschaft zu sein. Denn: *„Er wird von dem nehmen, was mein ist, und es euch verkünden“* (16,14). Andererseits ist der Hinweis auf den „Geist der Wahrheit", der die Jünger erst „in die ganze Wahrheit führen" und sagen wird, was der irdische Jesus noch nicht sagen konnte (16,12), auch eine Rechtfertigung des Evangelisten für „sein" so ganz anderes Evangelium. Er rechtfertigt damit auch grundsätzlich den Versuch, ja, die Notwendigkeit einer Neuinterpretation der Botschaft Jesu.

▷ Wenn der Geist in den Abschiedsreden noch der *Beistand* (Paraklet) genannt wird, dann hängt auch das mit der Situation der Gemeinde zusammen. Ein „Paraklet" ist ein Beistand, vor allem bei Gericht, ein Anwalt. Im 1 Joh 2,1 heißt Jesus Christus „Paraklet". Hier hat der Begriff aber die Bedeutung von „Fürsprecher". Während seines irdischen Wirkens war Jesus selbst ein Beistand für die Jünger. Nun, da die Gemeinde sich mit der ungläubigen Welt auseinander setzen muss, wird der Geist diese Rolle übernehmen. Er tut dies, indem er *Zeugnis für Jesus* gibt (15,26) und *„die Welt überführt"* (16,8). Er wird ans Licht bringen, dass nicht Jesus der Unterlegene und Gerichtete ist, sondern die Welt. Er wird aufdecken, dass ihr Unglaube Sünde war und Jesu Tod in Wirklichkeit seine Verherrlichung (16,811). Der Geist führt also gleichsam als Anwalt der Jünger einen Revisionsprozess durch.

Auf diese Weise befreit der Geist die Jünger Jesu von der Angst vor der Welt und stärkt zugleich ihren Glauben. Das ist sein eigentliches Werk. Daher steht am Anfang der Abschiedsrede auch Jesu Aufforderung: „Euer Herz lasse sich nicht verwirren. Glaubt an Gott, und glaubt an mich!" (14,1; vgl. 14,27ff).

1.7 Die johanneische Gemeinde

In den Abschiedsreden wird auch das Bild der johanneischen Gemeinde sichtbar. Johannes spricht nie von der Kirche als Institution und erwähnt auch keine Ämter. Wohl setzt er Taufe (3,5; 3,22) und Eucharistie voraus (6,51-58). Sein Bild der Kirche ist – wie alles in seinem Evangelium – *ganz christologisch* bestimmt. Es ist das Bild vom Weinstock und vom Hirten und seinen Schafen (15,1-17; 10, 11-18). Kirche ist gekennzeichnet durch die bleibende lebendige Verbindung mit ihrem Herrn. Aus dieser Beziehung lebt sie und

bringt sie die Frucht der Liebe (15,9-17). Der Herr hat ihr sein *neues Gebot* gegeben, an dem man seine Jünger erkennen soll: Einander zu lieben, wie er sie geliebt hat (13,34f).
Diese Liebe hat ihr Maß also in der Liebe des Herrn für die Seinen, der sein Leben hingab für seine Freunde (vgl. 15,13). Der Jünger muss daher bereit sein, dem Bruder nach dem Beispiel Jesu zu dienen, der an seinen Jüngern den Dienst eines Sklaven vollzog (13, 1-20). Wenn der Auferstandene die Jünger mit dem Wort in die Welt sendet: *„Wie mich der Vater gesandt hat, so sende ich euch"* (20,21), dann ist damit gesagt, dass die Verwirklichung dieses Auftrags in der gleichen Weise geschehen muss, wie Jesus seine Sendung verwirklichte. Weil sie dazu aus sich selbst nicht fähig sind, erhalten sie die Kraft des Geistes (20,22).

1.8 Die Gegenwärtigkeit des Heils und des Gerichts

Ein auffallender Zug des Joh ist auch das Fehlen einer eigentlichen Endzeitrede, in der die Wiederkunft Christi und das Ende der Welt in den üblichen, traditionellen Bildern beschrieben werden. Für Joh fällt die eigentliche Entscheidung in der Gegenwart, in der Begegnung mit Jesus bzw. mit seinem Wort. Man spricht daher von einer *„realisierten"* oder *„präsentischen" Eschatologie* (vgl. 4,23; 5,24f;11,25f; auch 3,18-21). Stellen, die vom „Letzten Tag" sprechen (5,28f; 6,39f.44.54), dürften erst durch eine spätere Redaktion hinzugefügt worden sein, um einen Ausgleich mit der allgemeinen Anschauung zu erreichen bzw. Missverständnissen entgegenzutreten. In jedem Fall spielen sie keine entscheidende Rolle.
„Jener Tag" ist bei Johannes nicht Gerichtstag, sondern Tag heilschaffender Begegnung mit dem Herrn (vgl. 14,19f; 16,23). Ganz deutlich ist die Neuinterpretation in 11,23-25 greifbar. Auf das jüdische Bekenntnis der Marta zur Auferstehung „am Letzten Tag" antwortet Jesus: *„Ich bin die Auferstehung und das Leben. Wer an mich glaubt, wird leben, auch wenn er stirbt, und jeder, der lebt und an mich glaubt, wird auf ewig nicht sterben"* (11,25f).
Das Gericht ist im Grunde ein selbstverschuldetes, das der Mensch sich selbst spricht, wenn er sich im Unglauben verschließt (vgl. 3, 18-21; 12,47). So wird das Wort, das Leben vermitteln soll, für ihn zum

Richter (vgl. 12,48; auch 3,36; 5,24; 6,60-71). Von daher wird verständlich, dass die johanneische Eschatologie einen stark personalen, individuellen Zug hat (vgl. 14,2f; 14,19f.22f). Diese Sicht hängt mit der Konzentration des Evangeliums auf die Person Jesu und die Begegnung mit ihm, d. h. auf den Glauben, zusammen. Da der Evangelist das (Wieder-) Kommen Jesu als ein *Kommen im Geist* neu interpretiert, konnte er auch auf eine Beschreibung der Wiederkunft des Menschensohnes am Ende der Tage verzichten (vgl. 14,18-20).
Das Johannesevangelium hat durch die Jahrhunderte hindurch und bis auf den heutigen Tag eine große Anziehungskraft auf Menschen ausgeübt. Für viele ist die Sprache Jesu geradezu die Sprache des johanneischen Christus. Mit seinen zentralen Begriffen und Bildern spricht es existentielle menschliche Erwartungen und Sehnsüchte an, so dass Jesus wirklich als der Weg, die Wahrheit und das Leben erfahren wird. Auch die Radikalität und Einseitigkeit des Johannesevangeliums, die zugleich seine Stärke und seine Schwäche sind, spricht den Menschen in seinem Besten und Tiefsten an. Das vierte Evangelium ist zweifellos der kühnste Versuch einer Neuinterpretation der Evangelientradition und sollte uns Mut zu ähnlichen Versuchen machen, die Botschaft Jesu in die Sprache und Vorstellungswelt unserer Zeit zu übersetzen.

2 Die Auseinandersetzung mit den Irrlehrern in den Johannesbriefen

Sprache, Begrifflichkeit und Vorstellungswelt der drei Johannesbriefe, besonders des ersten, zeigen eine enge Verwandtschaft mit dem Johannesevangelium, wie jeder Leser sofort feststellen kann. Die charakteristischen johanneischen Vorzugswörter finden sich hier ebenso wie die „dualistische" johanneische Sprache. Auch in den theologischen, christologischen Anschauungen stimmen sie weitgehend überein.
▷ Dennoch zeigt sich eine Verschiebung der Perspektive und werden einige bedeutende Unterschiede sichtbar. Den Verfasser beschäftigt offensichtlich das Problem der Irrlehre innerhalb der christlichen Gemeinden (vgl. 1 Joh 2,18f; 2,26; 3,7; 4,1-7). Sein gan-

zes Schreiben ist von dem Bemühen gekennzeichnet, *Kriterien für die Unterscheidung der rechten Christen von den Falschlehrern aufzustellen* und dadurch seine Leser vor dem Abfall zu warnen und sie im Glauben zu stärken. Immer wieder begegnen Formulierungen, die auf die Unterscheidung der Geister zielen. Daher die häufigen Satzanfänge mit: „Daran erkennen wir ..." oder mit: „wenn wir sagen ... behaupten ...", „wer sagt ...", „wir wissen ..." Die Gegner berufen sich offensichtlich auf das Johannesevangelium, verstehen es aber anders, nämlich gnostisch. Für die Gnosis ist aber die Verachtung alles Stofflichen, Leiblichen charakteristisch. Christologisch zeigt sich das in der *Leugnung der wahren Menschheit Jesu und damit der Einheit des Irdischen, Mensch gewordenen mit dem Erhöhten.* Das ist der Kern der vom Verfasser bekämpften Irrlehre (vgl. 2,22f; 4,2f; 5,1.5f; 2 Joh 7). Die Irrlehrer erkennen nur einen himmlischen, pneumatischen Christus an, nicht aber den leibhaften Jesus. Christus ist für sie nur „im Wasser gekommen", d. h., bei der Taufe ist der geistliche Christus (= der Geist) in ihn eingegangen. Er ist aber nicht „im Blut gekommen", d. h. nicht wirklich gestorben (5,6).

▷ Weil der Gnostiker im Innersten vom Leiblichen nicht berührt werden kann und mit dem Göttlichen wesensgleich ist, *leugnet er auch die Wirklichkeit der Sünde* (vgl. 1,8ff; 3,9) und konsequenterweise die *sühnende Wirkung des Todes Jesu* (2,1; 5,6). Gegen diese Irrlehren argumentiert der Verfasser sowohl *„dogmatisch"* (von der rechten Glaubenslehre) aus als auch *praktisch-ethisch* (von der Liebe) her. Beide Argumentationsweisen wechseln ständig, werden aber am Schluss miteinander verbunden (vgl. 5,1f; auch schon 3,23).

▷ Auf der mehr lehrhaften, dogmatischen Ebene verweist der Verfasser immer wieder auf die traditionellen christologischen Bekenntnisformeln, auf das, was die Leser *„von Anfang an gehört"*, „empfangen" haben, d. h. auf die Tradition, und er fordert sie auf, darin zu *„bleiben"* (vgl. 2,7; 2,24; 3,11). Gemeint ist das Bekenntnis zur wahren Menschheit und Gottheit Jesu. Auch die Gegenwart des Geistes (3,24; 4,13; 5,60 und das Hören auf die Verkünder (4,50 sind für ihn Zeichen der wahren Christen. Sie sind es, die „aus Gott (geboren) sind", „von Gott stammen" (vgl. 3,9; 4,1-6; 5,1 u. ö).

▷ Doch genügt die Berufung auf das rechte Glaubensbekenntnis offensichtlich nicht, um eine klare Scheidung zu ermöglichen. Es unterliegt zu vielen Deutungsmöglichkeiten. Das entscheidende Argument und eigentliche Kriterium wahren Christseins ist für den Verfasser daher das praktische Verhalten, das „Halten der Gebote" (2,3; 3,24; 5,3f), vor allem das der *Bruderliebe*. „Denn die Liebe ist aus Gott, und jeder, der liebt, stammt von Gott und erkennt Gott. Wer nicht liebt, hat Gott nicht erkannt; denn Gott ist die Liebe" (1 Joh 4,7f; vgl. 2,7-11; 3,11-15; 4,7-16 und Joh 13,35). Die wahren Christen unterscheiden sich also von den Irrlehrern darin, dass bei ihnen *Lehre und Tun, Glaube und Liebe übereinstimmen*, dass sie „die Gerechtigkeit tun" (vgl. 1 Joh 3,10.23). Nur wer auch durch sein Tun bestätigt, dass er an den Gott glaubt, der Licht und Liebe ist (vgl. 1,5; 4,8), und der seinen Sohn als Retter der Welt gesandt hat, ist ein wahrer Christ: *„Wer sagt, dass er in ihm bleibt, muss auch leben, wie er gelebt hat"* (2,6).

▷ Besonderheiten und Unterschiede zum Johannesevangelium zeigen sich noch in der Betonung der noch ausstehenden Wiederkunft Christi (2,28; 3,2; 4,17) und der sühnenden Wirkung des Todes Jesu (vgl. 1,7.9; 2,2; 4,10; 5,7f). Ein besonderes Problem bilden die gegensätzlichen Aussagen über das Sündigen bzw. Nichtsündigen der Christen. Einerseits betont der Verfasser, dass auch der Christ sündigt und deshalb auf Versöhnung angewiesen ist (1,8 – 2,2; 2,12; 5,16f), andererseits behauptet er, dass „jeder, der von Gott stammt, keine Sünde tut" (3,9; vgl. 5,18).

Die erste Aussage ist eindeutig polemisch gegen die gnostischen Ketzer gerichtet, die sich selbst für sündlos halten (vgl. oben). Im 3. Kapitel spricht der Autor dagegen positiv vom neuen Sein der Christen, das von einer neuen Wirklichkeit der Wahrheit, dem Wort, dem Geist (= dem „Samen") bestimmt ist (vgl. 1,8.10). Der Christ ist eine Neuschöpfung. Er hat schon am Zustand der endzeitlichen Vollendung teil (vgl. Ez 36,26f; Jer 31,33f) und ist der Macht der Sünde nicht einfach wehrlos ausgeliefert. Weil der Sohn Gottes „die Werke des Teufels zerstört" hat, gilt: „Wer in ihm bleibt, sündigt nicht" (3,6). Dass der Verfasser dennoch nicht einen Zustand beschreiben will, sondern eher die grundsätzliche, von Gott geschenkte Möglichkeit des Sieges in einer „Kampfsituation", zeigt der abschließende Hinweis auf das Tun der Gerechtigkeit (3,10; vgl. 2,1; Joh 8,39). Es zeigt sich somit, dass der 1 Joh im Vergleich zum Joh ein fortge-

schrittenes Stadium widerspiegelt, in dem die Gemeinden sich bereits mit verschiedenen (christlichen!) Irrlehren auseinander setzen mussten. So ist 1 Joh auch eigentlich kein Brief (wie schon der Eingang und der Schluss erkennen lassen), sondern eher ein engagiertes *Lehrschreiben*, das als Entscheidungshilfe für Christen gedacht ist, die sich mit der Bedrohung durch Irrlehren auseinander setzen müssen.
Die beiden kleinen Johannesbriefe stammen aus dem gleichen johanneischen Kreis und vertreten die gleichen theologischen Anschauungen (vgl. 2 Joh 5 – 7). Doch sind die Positionen der Gruppen noch deutlicher voneinander abgegrenzt (vgl. 2 Joh 10f; 3 Joh 10 und die Betonung der Wahrheit). Mit der „Herrin“ (2 Joh 1) ist keine Einzelperson gemeint, sondern eine christliche Gemeinde (vgl. V. 41).

Lit.: *Ernst*, Johannes, Ein theologisches Portrait; *Weiser* 153-202; *Porsch*, Johannes-Evangelium. W *Baur*, 1., 2. und 3. Johannesbrief.

WIEDERHOLUNGS- UND VERSTÄNDNISFRAGEN

- Worin unterscheidet sich das Joh von den Synoptikern?
- Was ist das Hauptanliegen des Joh?
- Welche Bedeutung haben die „Zeichen“ im Joh?
- Was versteht man unter joh „Dualismus“?
- Was beinhalten die joh „Ich-bin-Worte“?
- Welche christologischen Titel verwendet Joh und was verbindet er mit ihnen?
- Wie sieht er Jesu Verhältnis zum Vater?
- Welche Bedeutung hat nach Joh der Geist für die Gemeinde und welche „Funktionen“ übt er aus?
- Was versteht man unter joh „präsentischer Eschatologie“?
- Welche Positionen vertreten die Gegner im 1 Joh und wie argumentiert der Verfasser gegen sie ?

VI. Kapitel
Die Theologie des Paulus

I Vorbemerkungen zum Leben und Werk des Paulus

Zur gleichen Zeit, als im palästinischen Raum die ersten Sammlungen der Jesusüberlieferungen (Q und vormarkinische Tradition) entstanden, wirkte Paulus als Missionar in Kleinasien (der heutigen Türkei) und Griechenland, wo er auf mehreren Missionsreisen neue Gemeinden gründete. Seine Briefe an diese fast ausschließlich heidenchristlichen Gemeinden sind Zeugnisse seiner tiefen Verbundenheit mit ihnen. In ihnen stärkt, ermutigt, tröstet, mahnt er sie, gibt Weisungen und Entscheidungshilfen für das Leben der Neubekehrten und versucht vor allem auch, das zu vertiefen, was er ihnen oft nur allzu kurz in mündlicher Predigt darlegen konnte (vgl. z. B. 1 Kor 3,11; 15,1 f; Gal 1,6-9).

Ein umstrittener Mann – verschiedene Paulusbilder

Es ist unbestreitbar, dass Paulus an der Entwicklung der urchristlichen Theologie einen überragenden, ja entscheidenden Anteil gehabt hat. Dieser ist allerdings sehr unterschiedlich beurteilt worden, wie die Wirkungsgeschichte seines theologischen Werkes bis in die Gegenwart zeigt. Schon zu seinen Lebzeiten heftig umstritten, abgelehnt und verfolgt, hat er auch später in der Theologiegeschichte immer wieder die gegensätzlichsten Stellungnahmen herausgefordert, angefangen von Markion († um 160) über Augustinus und Luther bis zum heutigen Tag. Für die einen war er der große, vom Hellenismus beeinflusste Mystiker und Pneumatiker, für andere dagegen der jüdische Apokalyptiker. Einige gingen so weit, ihn als den eigentlichen Begründer oder „zweiten Stifter" des Christentums zu bezeichnen, der „das Christentum zur Erlösungsreligion gemacht" habe (W. Wrede).

Für Luther war das gesetzesfreie Evangelium des Paulus von der Rechtfertigung des Sünders zweifellos die Mitte seines theologi-

schen Denkens. „Die Reformation kämpfte und siegte im Namen des Paulus“, konnte A. Schweitzer schreiben.
Noch heute verbinden sich bei vielen mit dem Namen Paulus Vorstellungen wie Rejudaisierung des Christentums, Leidens- und Kreuzesreligion, Weltverachtung, Leib- und Frauenfeindlichkeit und Ähnliches mehr. Dass dieses Paulusbild weithin auf Unkenntnis und Vorurteilen beruht, wird allerdings immer klarer erkannt.

Beziehung zwischen Leben und Werk

Unser Paulusbild ist weithin von der Darstellung des Lukas in der Apostelgeschichte bestimmt, die der Bekehrung und dem Wirken des Paulus den größten Teil ihres Inhalts widmet. Paulus selbst macht zu seiner Person und Bekehrung nur wenige, eher beiläufige Bemerkungen.
Für das theologische Denken sind jedoch einige Fakten seines vorchristlichen Lebensabschnitts nicht ohne Bedeutung. Saulus-Paulus (wie sein voller Name lautet) stammt nicht aus Palästina, sondern aus Tarsus in Zilizien (jetzt Südost-Türkei), wo er um die Zeitwende geboren wurde. Er hatte also Kontakt mit der hellenistischen Gedankenwelt und mit der Theologie des hellenistischen Diasporajudentums. Auch nach seiner Bekehrung hielt er sich dort für einige Zeit auf (vgl. Gal 1,21. Näheres dazu bei Kirchschläger 107-112 und in den Einleitungswerken). Innerhalb der verschiedenen jüdischen Gruppen hatte Paulus seine religiöse Heimat und auch seine theologische Ausbildung in der Partei der Pharisäer gefunden (vgl. Gal 1,13f; Phil 3,5f).
Nach Gal 1,13f hat er aus Eifer für das Gesetz die junge Kirche verfolgt. Doch durch ein besonderes Eingreifen Gottes, das in der Apostelgeschichte als Bekehrungserlebnis auf dem Weg nach Damaskus geschildert wird (vgl. Apg 9,1-19; 22,4-16; 26,9-18), von dem Paulus selbst aber nur sehr zurückhaltend spricht (vgl. Gal 1,15; 1 Kor 9,1; 15,7f), wurde aus dem Verfolger Christi und der christlichen Gemeinden ein Apostel und Verkünder des von ihm bis dahin Verfolgten. *Paulus hat seine Bekehrung also als Auftrag zur Verkündigung des Evangeliums Jesu Christi, und zwar speziell unter*

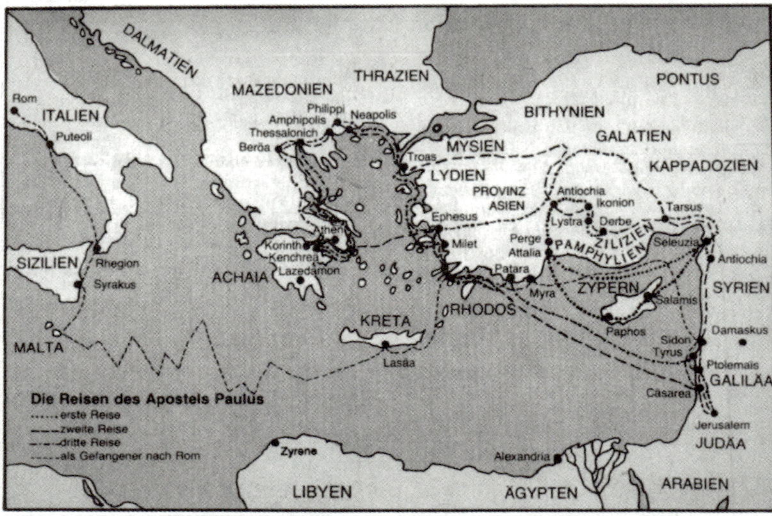

Die Reisen des Apostels Paulus und die entsprechenden Missionsgebiete

den Heiden, verstanden (vgl. Gal 1,15; 2,7; Röm 1,5; Apg 22,21). Man hat diese Bekehrung des Paulus psychologisch (mit Hinweis auf Röm 7,7-24; vgl. dazu S. 150) als die Lösung eines seelischen Konflikts deuten wollen. Aber davon findet sich in der Selbstdarstellung des Paulus keine Spur. Nirgendwo deutet er an, dass er als Pharisäer unter einem Zwang gelitten hätte. Im Gegenteil: Das Bekehrungs- und Berufungsereignis traf ihn als Eiferer und überzeugten Anhänger des pharisäischen Judentums (vgl. Phil 3.5f; Gal 1,13f; 2 Kor 12,22; Röm 11,1). Es bedurfte schon eines Eingreifens, einer Offenbarung Gottes und des Auferstandenen, um aus ihm einen Apostel Jesu Christi zu machen.

Paulus hat den irdischen Jesus nicht gekannt. (Die Stelle in 2 Kor 5,16 ist anders zu verstehen, vgl. S. 151). Nur ganz selten zitiert er ein Jesuswort oder spielt auf ein solches an (vgl. 1 Kor 7,10f; 9,14; 11, 23-25; Röm 12,14.17;13,8-10). Er betont auch ausdrücklich, dass das Evangelium, das er verkündigt, *nicht von Menschen stamme*, sondern dass er es *durch die Offenbarung Jesu Christi empfangen* habe (Gal 1,11f), was jedoch keineswegs ausschließt, dass er viel aus den Gemeinden übernommen hat, in denen er nach seiner Bekehrung lebte (vgl. unten).

Zwischen der Bekehrung (um 33) und dem ersten brieflichen Zeugnis (1 Thess) liegen rund 20 Jahre. Diese Zeit ist für seine Entwicklung aber nicht bedeutungslos gewesen. Nach seiner Bekehrung und Berufung begann er gleich als christlicher Missionar zu wirken, zuerst in Damaskus, dann unter den Juden in „Arabien" (dem damaligen Nabatäerreich). Das war also keine Zeit stiller Meditation und Reflexion „in der Wüste", wie man oft lesen kann, sondern seine erste Missionserfahrung als Christ. Danach hat er als Mitglied der Gemeinde von Damaskus und später von Antiochia gelebt (vgl. Gal 1,17; 2,11). Hier, in einer Diasporagemeinde, dürfte er seine ersten Kenntnisse des christlichen Glaubens und dessen grundlegende Bekenntnisformeln empfangen haben (vgl. 1 Kor 15,1-3). Sicher ist er hier auch mit den Hauptdaten der Jesusüberlieferung und mit der Problematik eines gesetzesfreien Christentums bekannt geworden (vgl. die Auseinandersetzung mit Petrus in Antiochia, Gal 2,11-16). Seine Theologie ist also einerseits *Weiterführung der Gemeindetheologie des Christentums der jüdischen Diaspora*, wo bereits Juden und Heiden als neue christliche Gemeinden zusammenlebten, andererseits aber auch geprägt von *seiner persönlichen Lebensgeschichte.*
Die theologiegeschichtliche Bedeutung des Paulus liegt darin, dass er wie kein anderer die letzten Konsequenzen aus dem Grundkerygma vom Sterben und von der Auferstehung Jesu Christi gezogen hat und sie in immer neuer Reflexion, in Auseinandersetzungen mit seinen Gegnern und auch mit den konkreten Fragen der Gemeinden geklärt und vertieft hat. Aufgrund dieser Bedingungen und unter diesen Voraussetzungen wird verständlich, dass die Theologie des Paulus zugleich eine *spekulative*, eine *praktische* und eine *existentielle Theologie* ist.

Die Eigenart der Quellen

Bei der Darstellung der paulinischen Theologie sind wir in der glücklichen Lage, auf direkte, persönliche Zeugnisse in Form von Briefen zurückgreifen zu können, die in einem Zeitraum von ungefähr zehn Jahren entstanden sind (zwischen 50–60). Für eine Erhebung der paulinischen Anschauungen kommen allerdings nur jene

Briefe in Frage, deren paulinische Verfasserschaft wissenschaftlich-kritisch gesichert oder wenigstens sehr wahrscheinlich ist.

▷ Als echte Paulusbriefe gelten heute, nach dem Urteil der Mehrzahl der Fachleute: 1. Thessalonicher, Galater, 1. und 2. Korinther, Philipper, Philemon, Römer.

▷ Bei den anderen, unter dem Namen des Paulus in den Kanon aufgenommenen Briefen, ist die paulinische Verfasserschaft entweder zweifelhaft (Kolosser) oder als unecht nachgewiesen (Epheser, 2. Thessalonicher, 1. und 2. Timotheus, Titus. Man spricht in diesem Fall von „Deuteropaulinen" oder „deutero-paulinischen" Briefen. Auch der Hebräerbrief stammt nicht von Paulus, wie man schon sehr früh erkannt hat.

Paulus hat keine vollständige und systematische Theologie geschrieben und wohl auch kaum eine solche Absicht gehabt. Seine Briefe sind nicht ein am Schreibtisch entworfenes, abgerundetes Lehrsystem. Sie sind vielmehr aus konkreten Anlässen entstandene „Gelegenheitsschriften" eines Seelsorgers an seine Gemeinden (mit Ausnahme des Römerbriefs), in denen er sich vorwiegend mit aktuellen Problemen auseinander setzt und oft selbst noch um deren Lösung ringt.

Eine kurze systematische Zusammenfassung seiner theologischen Einsichten und Anschauungen kann unter diesen Umständen kaum sachgerecht wiedergeben, was Paulus selbst in seiner konkreten Situation und im Kontext eines bestimmten Briefes sagen wollte. Sie muss notwendigerweise unvollkommen bleiben und kann eine aufmerksame und intensive Beschäftigung mit seinen Briefen nicht ersetzen, zumal auch bei ihm eine Entwicklung festzustellen ist. Andererseits liegt den Einzelaussagen seiner Briefe eine einheitliche Gesamtschau, gleichsam eine sie alle tragende „Tiefenstruktur" zugrunde, so dass das Einzelne nur aus dem Gesamten wirklich verstanden werden kann. In der folgenden Darstellung geht es darum, die Grundzüge seines theologischen Denkens herauszuarbeiten. (Dabei möge sich der Leser und die Leserin an die Bemerkung im 2 Petr 3,16 erinnern!)

2 Die paulinische Christologie

Obwohl Paulus mit Nachdruck darauf besteht, dass er das Evangelium „nicht von einem Menschen übernommen oder gelernt", sondern „durch die Offenbarung Jesu Christi empfangen" habe (Gal 1,11; vgl. 1,15ff), greift er in seinen Briefen doch öfter auf traditionelle Formulierungen zurück und zeigt damit, dass er mit seinen Hörern auf dem gleichen Grund, nämlich der apostolischen Überlieferung, steht (vgl. I Kor 15,3; Gal 1,6-9; 2,1-10). Das gilt vor allem für das christologische Bekenntnis.
Paulus übernimmt – wie oben gezeigt wurde (vgl. S. 14ff) – christologische Würdenamen, Titel, Formeln und kurze Zusammenfassungen des urchristlichen Kerygmas aus der Tradition, und zwar vorwiegend aus der Überlieferung der hellenistischen Gemeinden. Allerdings behandelt er sie nicht als unabänderliche Texte, sondern gibt ihnen oft durch kommentierende Zusätze und durch Einfügung in einen anderen Zusammenhang eine neue, eben „paulinische" Deutung – nicht im Sinne einer Verfälschung, sondern einer Vertiefung, Aktualisierung und Übersetzung in eine andere Kultur, also das, was man heute als „Inkulturation" bezeichnet.

2.1 Die christologischen Hoheitstitel

Einige Titel wurden in den hellenistischen Gemeinden nur selten oder gar nicht mehr verwendet, weil sie für nicht-jüdische Hörer schwer verständlich und in ihrer Umwelt nicht geeignet waren, die Bedeutung Jesu angemessen zum Ausdruck zu bringen, übrigens ein Problem, das sich jeder Zeit, auch der unsrigen, immer wieder neu stellt! So fehlt z. B. der in der synoptischen und johanneischen Überlieferung wichtige Titel „Menschensohn" bei Paulus völlig. Auch „Knecht Gottes" und „Sohn Davids" finden sich bei ihm nicht, obwohl Paulus die Aussage von der davidischen Abstammung Jesu in der alten Bekenntnisformel Röm 1,3f übernimmt. Aber gerade die Art ihrer Übernahme zeigt gut sein Vorgehen und auch, welche Würdenamen für ihn von zentraler Bedeutung sind. Er rahmt das alte Überlieferungsstück nämlich ein durch die Zusätze: „das Evangelium von *seinem Sohn*" (womit der Präexistente gemeint ist) und „das Evangelium von *Jesus Christus, unserem Herrn*".

Jesus Christus

Während „Christus" für juden-christliche Hörer noch seine titelhafte Bedeutung „der Gesalbte" (= Messias) hat (vgl. Mk 8,29 par.; Joh 4,25), wird er in den hellenistischen Gemeinden und bei Paulus zum Eigennamen, nach dem auch die Jesusanhänger „Christen" genannt werden (Apg 11,26). Die besondere theologische Bedeutung tritt zurück. Die Namen Jesus und Christus werden sowohl für den Irdischen als auch für den Auferstandenen gebraucht. Mit Jesus wird vorzugsweise der Irdische, nur ausnahmsweise der Auferstandene und endzeitliche Richter bezeichnet (vgl. 1 Thess 1,10; 2 Kor 4,5). Dagegen verbindet sich der Name „Christus" bei Paulus vor allem mit Aussagen über das Sterben und Auferstehen, während der Doppelname „Jesus Christus" sich vorwiegend auf den Erhöhten und zum Endgericht Kommenden bezieht (vgl. 1 Kor 1,8; Röm 1,46; 6,3 u. ö). Besonders feierlichen Klang hat die Verbindung „unser Herr Jesus Christus" oder „Jesus Christus, unser Herr", mit der Paulus die Bedeutung einer Aussage unterstreicht (vor allem in den Briefanfängen und -schlüssen, vgl. 1 Kor 1,2.9; 15,31; 2 Kor 1,3; Gal 6,14.18; Röm 5,21; 6,23; 7,25; 8,39).

Der Sohn Gottes

Paulus gebraucht den Titel „Sohn Gottes" (bzw. „sein Sohn"...) nicht oft (15 mal), dafür aber in bedeutsamen Zusammenhängen. Hatte die alte Bekenntnisformel in Röm 1,3f die Gottessohnschaft mit der Auferstehung verbunden (vgl. S. 16), so ist für Paulus Jesus schon immer auch in seinem vorweltlichen (präexistenten) Sein, „Gottes Sohn" in einem einzigartigen ausschließlichen Sinn. Doch dürfte Paulus diese „Präexistenz-Christologie" bereits vorgefunden haben, wie vor allem die „Sendungsformeln" zeigen, in denen alttestamentliche und spätjüdische Aussagen über die göttliche Weisheit (vgl. Weish 7,22-27; 8,1.5f; 9,9; Spr 8,23.27.30; Sir 1,1.4; 24,3) auf Jesus übertragen worden sind (vgl. Gal 4,4; ferner: Röm 8,3f; Joh 3,16f; 1 Joh 4,9). Auch die vorpaulinischen Christushymnen in Phil 2,6ff; Kol 1,15ff besingen ja bereits sein Sein bei Gott vor aller Schöpfung.

Der Sohn, den Gott „von den Toten auferweckt hat" (1 Thess 1,10), wird „vom Himmel erwartet" als Richter und Herrscher über alle Mächte (vgl. 1 Kor 15,24-27). „An Wesen und Gestalt seines Sohnes" werden die Gläubigen, in deren Herzen Gott „den Geist seines Sohnes gesandt" hat (Gal 4,6), bei der Endvollendung teilhaben, „damit dieser der Erstgeborene von vielen Brüdern sei" (Röm 8,29).

Es fällt auf, dass an den Stellen, an denen Paulus (z. T. traditionelle Formeln aufnehmend) vom „Sohn Gottes" spricht, fast immer Gott (= Vater) als Handelnder erscheint, das heißt: durch den Sohn und im Sohn handelt der Vater (vgl. 1 Thess 1,10; Gal 1,16; 4,4.6; Röm 1,4; 5,1; 8,3). Die Bezeichnung Jesu als „Sohn Gottes" bringt also besonders die *Zugehörigkeit Jesu Christi zu Gott und das Heilshandeln Gottes* durch ihn zum Ausdruck. (Darin berührt sich Paulus übrigens eng mit der johanneischen Auffassung.) Das schließt außerdem ein, dass mit „Sohn Gottes" der ganze Weg Jesu, seine Geschichte vom vorweltlichen Sein, über Menschwerdung, Tod und Auferstehung bis zur Wiederkunft verbunden wird und nicht nur ein bestimmter Ausschnitt dieses Weges. Daher ist das Evangelium auch „das Evangelium von seinem Sohn" (Röm 1,3). Insofern Gott durch den Sohn handelt und dieser seinen Heilsauftrag ausführt, ist der Sohn dem Vater untergeordnet. Sein ganzes Wirken zielt auf die „Ehre Gottes, des Vaters" (Phil 2,11; vgl. 1 Kor 3,23; 11,3; 15,24-28; Röm 15,7). Auch hier begegnen sich Paulus und Johannes (vgl. Joh 14,28 und auch Mk 10,18; 13,32). Paulus spekuliert hier nicht über innergöttliche Beziehungen und das Wesen einer vorweltlichen Gottessohnschaft. Ihm geht es in erster Linie darum, was Gott durch Jesus Christus, seinen Sohn, gewirkt hat.

Der Herr

Wie „Sohn Gottes" hat Paulus auch den Titel „Herr" (Kyrios) von der heidenchristlichen Gemeinde übernommen, die Jesus im Kyrios Zuruf als Herrn bekennt und damit seinen Sieg über alle Mächte und ihre Gewissheit der Rettung zum Ausdruck bringt (vgl. 1 Kor 12,3; 15,27; Röm 10,9-13; Phil 2,10f).

▷ Man kann sagen, dass das *Bekenntnis zum Herr-Sein Jesu das christologische Grundbekenntnis der heidenchristlichen Gemeinden ist.* Die Christen können daher als diejenigen bezeichnet werden, „die den Namen des Herrn anrufen“ (1 Kor 1,2; Röm 10,12f; vgl. 1 Kor 8.6; Apg 2,21; 9,14; 22,16). Sie sind durch den Glauben „Sklaven“ dieses Herrn geworden, aber gerade dadurch in Wahrheit Freie (vgl. 1 Kor 7,22; Röm 6,16; 14,18).
Das Ziel des ganzen Heilswerkes ist nach Phil 2,11, dass „jeder Mund bekenne: Jesus Christus ist der Herr!“ – Wer dies mit dem Mund bekennt und in seinem Herzen glaubt, dass Gott Jesus von den Toten auferweckt hat, wird gerettet werden und „Gerechtigkeit und Heil erlangen“ (Röm 10,9f).
▷ Wie umfassend Paulus das Herr-Sein Jesu im Hinblick auf die Glaubenden und darüber hinaus über die ganze Menschheit sieht, zeigt sehr eindringlich *Röm 14,7-9,* in einem Zusammenhang, in dem Paulus die „Starken“ in der Gemeinde ermahnt, auf die „Schwachen“ (im Glauben) Rücksicht zu nehmen, weil es doch den einen wie den anderen um „die Ehre des Herrn“ geht: „Keiner von uns lebt sich selber, und keiner stirbt sich selber: Leben wir, so leben wir dem Herrn, sterben wir, so sterben wir dem Herrn. Ob wir leben oder ob wir sterben, wir gehören dem Herrn. Denn Christus ist gestorben und lebendig geworden, um Herr zu sein über Tote und Lebende.“ Dieses Bekenntnis ist nach 1 Kor 12,3 aber nur durch das Wirken des Geistes möglich.
▷ Vom „Herrn Jesus“ sprachen die Gemeinden und Paulus auch, wenn sie sich auf ein bestimmtes bedeutsames Ereignis im Leben Jesu bezogen (z. B. 1 Kor 11,23-26). „Der Herr“ ist für Paulus auch bei wichtigen Entscheidungen und bei der Begründung wesentlicher Traditionen die letzte Autorität, die nicht mehr hinterfragt werden kann (vgl. 1 Kor 7,10.12.25; 11,23; Röm 14,14).
Mit dem Würdetitel „der Herr“ (Kyrios) verbinden Paulus und die Gemeinden also vor allem den Glauben an die neue universale Machtstellung Jesu, die ihm durch die Auferstehung übertragen worden ist, und an sein Kommen als endzeitlicher Richter und Vollender (vgl. das „Marana tha“). Seine Macht erfährt die Gemeinde aber schon jetzt im Wirken des Geistes, denn – so schreibt Paulus in 2 Kor 3,17 – „der Herr ist der Geist“ (vgl. S. 162 ff). Doch kann Paulus auch den Irdi-

schen als „Herrn" bezeichnen (vgl. 1 Thess 2,15; 1 Kor 6,14; 9,5.14; 11,23; Gal 6,14). Für Paulus ist es wichtig und für die Christen nicht ohne praktische Konsequenzen, dass Jesus Herr der Gemeinden und der Welt nicht durch eine „triumphale Machtergreifung" geworden ist, sondern durch Gottes Tat an dem, „der sich entäußerte und wurde wie ein Sklave", der „sich erniedrigte und gehorsam war bis zum Tod" (vgl. Phil 2,7f). Nicht ohne Grund führt Paulus diese Stelle nach einer Mahnung zur Demut und gegenseitigen Rücksichtnahme an (2,1-4). Es geht um die Gesinnung Jesu, ihres Herrn! – Das entspricht übrigens dem, was wir auch aus der synoptischen Überlieferung über Jesu Haltung als Vorbild für seine Jünger wissen (vgl. Mk 10,45; Lk 22,24.30 par.).

2.2 Der auferweckte Gekreuzigte

So bedeutsam und unaufgebbar für Paulus das Bekenntnis zum Herr-Sein Jesu auch ist, die eigentliche Mitte seiner Verkündigung ist Jesus der Gekreuzigte. Allerdings muss man gleich hinzufügen, dass er den Gekreuzigten und das Kreuz nie getrennt vom Auferweckten sieht. Es ist der auferweckte Gekreuzigte, den er als Urheber und Mittler des Heils verkündigt gemäß dem alten Bekenntnis:

> „Wegen unserer Verfehlungen wurde er hingegeben,
> wegen unserer Gerechtmachung wurde er auferweckt"
> (Röm 4,25; vgl. 8,34).

Die von der Gefahr des Abfalls vom rechten Evangelium bedrohten Galater fragt er: „Ihr unvernünftigen Galater, wer hat euch verblendet? Ist euch Jesus Christus nicht deutlich als der Gekreuzigte vor Augen gestellt worden?" (Gal 3,1). Ebenso lässt das Wort in 1 Kor 2,2 in dieser Hinsicht an Deutlichkeit nichts zu wünschen übrig: „Denn ich hatte mich entschlossen, bei euch nichts zu wissen außer Jesus Christus, und zwar *als den Gekreuzigten.*" In der korinthischen Gemeinde gab es Christen, die sich auf ihre – wie sie meinten – geistgewirkte Erkenntnis und Weisheit viel einbildeten und deshalb auf die „Normalchristen" von oben herabschauten. Sie wollten sich zwar zu einem machtvollen Christus der Herrlichkeit be-

kennen und spekulierten offensichtlich über die Tiefen der Erkenntnis Gottes und seines Sohnes, von einem irdischen und gar gekreuzigten Christus meinten sie – nach dessen Auferstehung und Verherrlichung – aber absehen zu können.
Diesen „Weisen“ und „Vollkommenen“ gegenüber verweist Paulus auf sein eigenes Auftreten und auf sein Verständnis seines Auftrages, das Evangelium zu verkünden, „nicht mit gewandten und klugen Worten, *damit das Kreuz Christi nicht um seine Kraft gebracht wird*“ (1 Kor 1,17). Sich gegen Spaltung und Parteiwesen wendend, fragt er bezeichnenderweise: „Ist denn Christus zerteilt? Wurde etwa Paulus für euch gekreuzigt?“ (1,13). Er erinnert sie an sein eigenes Auftreten, das alles andere als eine, vielleicht erwartete, Machtdemonstration war: „Zudem kam ich in Schwäche und in Furcht, zitternd und bebend zu euch“ (2,3).
Gottes Weisheit und Kraft zeigt sich nach Paulus eben nicht immer nur in Weisheit, in machtvollen Zeichen. Im Falle Jesu hat sie sich *gerade in der Torheit und Schwachheit des Kreuzes offenbart*. Das kann der irdisch gesinnte Mensch, der nicht vom Geist Gottes erleuchtet und verwandelt ist, allerdings nicht erkennen (vgl. 1 Kor 1,18-29!).
Wie wichtig für Paulus der Kreuzestod Jesu als Erweis eines sich ganz entäußernden Gehorsams ist, zeigt die Tatsache, dass er in den vorgegebenen Christus-Hymnus Phil 2,6-11 die Worte: „bis zum Tod am Kreuz“ (V. 8) einfügt.

2.3 Die Deutung des Todes Jesu

Das Sterben Jesu war – wie früher erwähnt – schon vor Paulus in kurzen Formeln (Dahingabe- und Sterbeformeln) mit Betonung des „für uns“ ausgesagt worden (vgl. S. 17ff). Dabei hat man wohl schon früh auf den unschuldig leidenden Gottesknecht von *Jes 53* zurückgegriffen und den Tod Jesu als *stellvertretende Sühne* verstanden.
Zur Deutung und Verkündigung des Todes Jesu als ein Sterben „für uns“ haben die Urkirche und Paulus sich noch anderer Bilder und Vorstellungen bedient, mit denen die Kurzformeln gleichsam gefüllt, entfaltet und anschaulicher gemacht wurden. Sie sollten also

einem besseren Verständnis der Heilstat Jesu dienen, indem sie die Beziehung zur sozialen und religiösen Umwelt der Hörer herstellten. So begegnen Vorstellungen aus dem *Rechtsleben* und vor allem aus dem (jüdischen und heidnischen) *Kult* (vgl. die übersichtliche Zusammenstellung bei J. Schierse, Christologie, S. 74ff). Für uns sind die meisten eher fremd und schwer verständlich, da uns der entsprechende Erfahrungsbereich und damit der Verstehenshintergrund fehlt.

▷ In den kultischen Bereich gehört z. B. die Bezeichnung Christi als „*unser Paschalamm*, das geschlachtet wurde" (vgl. 1 Kor 5,7; Ex 12,21). Desgleichen die Vorstellungen von *Sühne*. So heißt es in Röm 3,25: „*Ihn hat Gott dazu bestimmt, Sühne zu leisten mit seinem Blut, Sühne, wirksam durch Glauben.*" Der Text spielt auf den Sühneritus des Versöhnungstages (Jom Kippur) an, an dem der Hohe Priester die Sühneplatte (Kapporet) im Allerheiligsten, die als Zeichen der Gegenwart Gottes galt, mit Tierblut zur Sühne der Sünden des Volkes besprengte (vgl. Lev 16,12-15). Das alte Gemeindebekenntnis will sagen, dass Gott Jesus öffentlich als „Sühneort" oder „Sühnemittel" hingestellt hat, d. h. der Gekreuzigte ist zum Ort der erlösenden Sühne, an dem Gott selbst gegenwärtig war, geworden. Der Tod Jesu wird also in *kultischer* Sprache als Sühne (-mittel oder -ort) zugunsten der Sünder verstanden. Dabei ist zu beachten, dass „Sühne" nach biblischer Vorstellung eine Kulthandlung ist, die zugunsten der Sünder stattfindet, um ihn von den Folgen seiner Unrechtstat zu befreien und zu bewahren; sie ist nicht eine strafrechtliche Wiedergutmachung (Satisfaktion), durch die eine gestörte Rechtsordnung wiederhergestellt wird. Außerdem ist es stets Gott, der Sühne und Versöhnung gewährt. – Von Paulus stammt wahrscheinlich der Zusatz „im Glauben" bzw. „*wirksam durch Glauben*". Er interpretiert also den Satz im Sinne seiner Auffassung von der „Rechtfertigung allein durch Glauben" neu. Allen Glaubenden kommt der Sühnetod Jesu Christi zugute. Und wiederum ist Gott der eigentlich Handelnde. (Anders ist die Sicht in Hebr 9,7-28, wo Christus selbst als der Hohe Priester sein eigenes Blut Gott darbringt.)

▷ Den gleichen Sachverhalt kann Paulus auch in *nicht-kultischer* Begrifflichkeit als Versöhnungstat Gottes beschreiben: „Aber das alles kommt von Gott, der uns durch Christus mit sich versöhnt und uns den Dienst der Versöhnung aufgetragen hat. Ja, Gott war es, der in Christus die Welt mit sich versöhnt hat, indem er den Menschen ihre Verfehlungen nicht anrechnete" (2 Kor 5,18f; vgl. Röm 5,10 und S. 156ff).

▷ Jesu Tod kann auch unter Verwendung von Vorstellungen aus dem *Rechtsleben* als „Loskauf" oder „Erkauf" gedeutet werden (vgl. 1 Kor 6,20; 7,23; Gal 3,14; auch Mk 10,45; 1 Petr 1,18f), wobei aber nie gesagt wird, wem der Kaufpreis gezahlt worden ist. (Ob dieses Bild auf den Brauch des Sklavenloskaufs zurückgeht, ist sehr umstritten.) Entsprechend wird Jesu Tod als Befreiung von der Sklaverei der Sündenmacht verstanden (vgl. Röm 5,19; 6,10.15-23).

▷ Eine für uns befremdliche Vorstellung ist die Aussage des Paulus, dass Gott Jesus, „der keine Sünde kannte, *für uns zur Sünde gemacht hat,* damit wir in ihm Gerechtigkeit Gottes würden" (2 Kor 5,21). Paulus will damit jedoch nicht sagen, dass Jesus Sünder wurde, sondern dass er stellvertretend für uns die Konsequenzen der Sünden auf sich genommen hat.

Ähnlich kann Paulus in Gal 3,13 feststellen: „Christus hat euch losgekauft vom Fluch des Gesetzes, indem er *für uns ein Fluch wurde."* Die Hinrichtung Jesu am Kreuz musste ihn gemäß Dtn 21,23 („ein Gehenkter ist ein von Gott Verfluchter") als einen von Gott Verfluchten erscheinen lassen. Paulus nimmt diesen als Argument gegen die Messianität Jesu vorgebrachten Einwand positiv auf, indem er erklärt, dass Jesus die Folgen des Fluches, den sich eigentlich alle Menschen aufgrund ihres gottwidrigen Verhaltens zugezogen haben (vgl. Röm 1-2), stellvertretend auf sich genommen hat.

Die Vorstellungen und Bilder, mit denen die Gemeinde das Sterben Christi deutet und auf die Paulus zurückgreift, sind also vielfältig. Doch ist bei Paulus selbst eine Vorliebe für den Gebrauch des Wortes *„Kreuz"* und des passiven Ausdrucks *„gekreuzigt"* festzustellen. Dafür gibt es wenigstens *zwei Gründe*:

▷ Paulus musste sich ständig gegen eine Entleerung des Kreuzes durch sog. „Judaisten" (d. h. Judenchristen, die die volle Beobachtung des Gesetzes forderten) und durch christliche „Gnostiker" wehren. Die einen predigten einen Heilsweg aufgrund von Werken, also eine Leistungsfrömmigkeit und Gesetzesgerechtigkeit. Die anderen wollten nur einen geistlichen („pneumatischen") Christus an-

erkennen, der Weisheit, Erkenntnis, Offenbarung schenkt. Der irdische und gekreuzigte Christus war ihnen gleichgültig.
Das Kreuz ist dagegen das unübersehbare Zeichen dafür, dass der Mensch vor Gott in Schuld ist und sich nicht selber erlösen kann. Es ist die Kritik menschlichen Selbstgenügens und aller Versuche einer Selbsterlösung des Menschen durch Eigenleistung. Der einstige Pharisäer und Christenverfolger Paulus weiß aus eigener Erfahrung um die Gefährlichkeit solcher menschlichen Heilswege. Daher seine leidenschaftliche Kritik an der Weisheits- und Herrlichkeitschristologie nach korinthischem Muster in 1 Kor 1,17 – 2,5. Was der Übergang von seinem früheren pharisäischen Verständnis von Heil und Rechtfertigung zum Glauben an Christus als einzigen Heilsweg bedeutete, hat er in seiner eindringlichen und bildhaften Sprache im Philipperbrief selbst beschrieben (3,2-11).
▷ Für Paulus ist dieser Wandel aber nicht nur eine Veränderung seiner Theologie gewesen. Er wurde für ihn die Gestalt seines Lebens, „existentielle Theologie“. Das ist die *zweite* Wurzel seiner Kreuzeschristologie. Er selber hat immer wieder schmerzlich seine eigene Schwachheit (vgl. 1 Kor 2,3; 2 Kor 12,5-10; Gal 4,13f), aber auch Verfolgungen aller Art um Christi willen erfahren müssen (vgl. 2 Kor 4,7-18; 11,23-33), so dass er ohne Übertreibung von sich und seinen Mitarbeitern sagen kann: „*... immer tragen wir das Todesleiden Jesu an unserem Leib ...* “ (2 Kor 4,10; vgl. 6,4-10).

3 Der Mensch unter der Herrschaft der Unheilsmächte

3.1 Der Mensch unter der Herrschaft der Sünde

Die ganze Menschheit ist nach Paulus vor Gott schuldig geworden und der Knechtschaft der Sünde unterworfen (vgl. Röm 1,18 – 3,20). Obwohl die Heiden Gott und seine Forderungen mit der Vernunft und mit ihrem Gewissen erkennen konnten, haben sie ihn „nicht als Gott geehrt und ihm nicht gedankt“ (Röm 1,21; vgl. 2,14f). „Und da sie sich weigerten, Gott anzuerkennen, lieferte Gott sie einem verworfenen Denken aus, so dass sie tun, was sich nicht gehört“ (1,28). Ebenso haben die Juden, denen doch im Gesetz eine besondere Offenbarung gegeben wurde, Gott entehrt „durch Übertretung des Gesetzes“ (vgl. Röm 2,17-24; 3,2). So stehen alle, Juden wie Griechen, unter der Herrschaft der Sünde (Röm 3,9; vgl. Gal 3,22).

▷ Paulus versteht unter „Sünde“ also nicht in erster Linie einzelne moralische Vergehen, sondern sieht in ihr eine den Menschen versklavende Macht. Daher spricht er von „der Sünde“ fast ausschließlich in der Einzahl (außer in der traditionellen Formel, dass Christus „für unsere Sünden gestorben“ ist, und in Röm 7,5; Gal 1,4; 1 Kor 15,7). Die Sünde schildert er wie eine personifizierte Macht, die ihre Herrschaft über den Menschen ausübt. Sie „kommt“ in die Welt, sie „täuscht“ und „tötet“ den Menschen, sie „lebt auf“, macht den Menschen zum Sklaven und zahlt als Lohn den Tod (vgl. Röm 6,16-23; 7,9-11).

Sünde und Tod

Ihren Einzug in die Welt hat die Sünde in der Sicht des Paulus durch die Ungehorsamstat des ersten Menschen, „durch Übertreten eines Gebotes“ gehalten. Seitdem herrscht sie über alle Menschen, was man daran erkennen kann, dass alle Menschen sterben müssen.

„Durch einen einzigen Menschen kam die Sünde in die Welt und durch die Sünde der Tod“ (Röm 5,12; vgl. 6,23; 1 Kor 15,56). Der Tod ist dabei nicht nur im biologischen Sinn verstanden, sondern ganzheitlich als eine den Menschen in seiner ganzen Existenz bedrohende und vernichtende Macht. Paulus denkt hier in den Vorstellungen des AT wonach die Tat eines Stammvaters das zukünftige Geschick aller Nachkommen bestimmt, insofern sie die Folgen jener Unheilstat zu tragen haben (man spricht in dieser Hinsicht manchmal von der „corporative personality“). Daher hängt die Unheilssituation nicht nur von der persönlichen Tat jedes Einzelnen ab, sondern ist dem Einzelnen in der Gemeinschaft schon vorgegeben. Er kann sich ihr nicht entziehen. Dennoch ist auch jeder Einzelne mitschuldig. Denn – so sagt Paulus – *„der Tod gelangte zu allen Menschen, weil* (d. h. unter der Bedingung, dass) *alle* (persönlich) *sündigten“* (Röm 5.12; vgl. 7,5). Die Sünde wird also nicht geerbt! Der

Mensch macht sich gleichsam durch seine eigene, verantwortliche Tat die vorgegebene Unheilssituation zu eigen, so dass sie auch die seine wird. Der unerlöste Mensch kann sich ihr nach Paulus aus eigenen Kräften gar nicht entziehen. Er ist ihr ausgeliefert und verfällt ihr notwendigerweise. Daher sein Schrei nach Erlösung: „Ich unglücklicher Mensch! Wer wird mich aus diesem dem Tod verfallenen Leib erretten?“ (Röm 7,24).

▷ Bei dem Entwurf dieses düsteren Gemäldes der allgemeinen Sünden- und Todesverfallenheit des Menschen in Röm 5 geht es Paulus aber nicht um eine theologische Spekulation über den Ursprung der Sünde. Das Böse und die Sünde sind für ihn kein Thema für sich. Er zeichnet die Unheilssituation überhaupt nur als den dunklen Hintergrund, auf dem sich die Befreiungstat Christi umso heller abhebt. Von ihr aus schaut er zurück; ihre Größe darzulegen, ist das eigentliche Ziel seiner Ausführungen (vgl. die mehrfache Erwähnung des steigernden „Erst-recht“ in Kap. 5!).

Sünde und Gesetz

Von der Rolle des Gesetzes im Heilsgeschehen handelt Paulus vor allem im Römer- und Galaterbrief (vgl. aber auch Philipper). Wenn Paulus vom Gesetz spricht, hat er natürlich nicht den Gesetzesbegriff unserer Gesetzbücher vor Augen, sondern meint damit das ganze AT, insofern es Offenbarung des Willens Gottes ist (vgl. Röm 2,17f). Kennzeichnend ist auch, dass der Unterschied zwischen Sitten- und Kultgesetz bei ihm, anders als in der synoptischen Überlieferung, keine Rolle spielt.

Als Gottes Gabe, wenn auch vermittelt durch Engel und Mose (vgl. Gal 3,19), ist *„das Gesetz heilig und das Gebot ist heilig, gerecht und gut“* (Röm 7,12). Den, der es erfüllt, „sollte es zum Leben führen“ und rechtfertigen (Röm 2,7.10.13; 7,10; 10,5; Gal 3,12-19). Auch die Heiden sind nach Paulus nicht einfach „gesetzlos“, denn ihnen ist „die Forderung des Gesetzes ins Herz geschrieben“ (2,15). Nach Röm 13,8-10 ist „die Liebe die Erfüllung des Gesetzes“ (vgl. Gal 5,14). Dennoch wurde für Paulus kein Mensch durch Werke des Gesetzes vor Gott gerechtfertigt (Röm 3,20). Es ist zum tötenden Buchstaben geworden und führt daher paradoxerweise zum Tod (vgl. 2 Kor 3,6f.9; Röm 8,2).

▷ Die Sünde hat sich nämlich gerade des Gesetzes bedient, um ihre Todesherrschaft aufzurichten und zu stärken. Sie hat den Menschen mit dem Gesetz getäuscht und so das heilige Gesetz missbraucht, wie Paulus in Röm 7,7-11 (14-23) eindrucksvoll darlegt. (Mit dem „Ich" meint Paulus nicht psychologisierend sich selbst, sondern den unerlösten Menschen vor Christus. Vgl. den ähnlichen Gebrauch in 1 Kor 13.)

▷ Das Gesetz ist nach Paulus sogar deshalb zwischen Adam und Christus hinzugekommen, „damit die Übertretung mächtiger werde" (Röm 5,20). Gerade weil der Mensch versuchte, das Gesetz „als Instrument der eigenen Selbstbehauptung" (G. Bornkamm) zu missbrauchen und *durch Gesetzeswerke seine eigene Gerechtigkeit zu wirken* (vgl. 2,23; Phil 3,9). ist er vor Gott schuldig geworden. Indem er nämlich eigene Leistungen vollbringen wollte, unterlag er der Versuchung, sich ihretwegen vor Gott zu rühmen (vgl. Röm 3,27). Dieser Selbstruhm und dieser Versuch, sich das Heil selbst verdienen zu wollen, das ist „Sünde".

Für den, der sich aufgrund von Gesetzeswerken oder auch wegen seines Weisheitsbesitzes rühmen will, gilt, was Paulus in 1 Kor 4,7 den Christen dort vorhält: „Was hast du, das du nicht empfangen hättest? Wenn du es aber empfangen hast, warum rühmst du dich, als hättest du es nicht empfangen?" (vgl. 1 Kor 1,26.28f).

Der „fleischliche" Mensch

Das Sich-Rühmen seiner eigenen Leistungen ist nach Paulus kennzeichnend für das *„Fleisch"*. Dieser Begriff wird von Paulus gemäß biblischer Tradition in verschiedener Bedeutung gebraucht. „Alles Fleisch" kann z. B. wie im AT einfach „alle Menschen" bedeuten (vgl. 1 Kor 1,29; Röm 3,20; Gal 2,16). „Fleisch" ist auch – ähnlich wie „Leib" – der ganze Mensch, vor allem hinsichtlich seiner vergänglichen Leiblichkeit (Gal 4,13; Röm 2,28; 9,3.5; 2 Kor 12,7). Im eigentlichen theologischen Sinn verwendet Paulus „Fleisch" und „fleischlich" zur Kennzeichnung des Menschen, der sein Vertrauen auf sich selbst und seine eigenen Leistungen setzt (vgl. Phil 3,3f; Gal 3,2f). Kennzeichen des „fleischlichen" Menschen sind u. a. auch Eifersucht und Streit (vgl. I Kor 3,1-4; Gal 5,19-21). So erweist sich das Trachten des Fleisches als „Feindschaft gegen Gott; es unterwirft sich nicht dem Gesetz Gottes und kann es auch nicht. Wer vom Fleisch bestimmt ist, kann Gott nicht gefallen" (Röm 8,70).

▷ Diese negative Beurteilung des „Fleisches" hat also nichts mit einer Leibfeindlichkeit zu tun. Gerade ein „geistiger" Mensch kann nach Paulus sehr „fleischlich" sein. „Fleisch" und „fleischlich" bezeichnen vielmehr eine bestimmte, nämlich rein innerweltliche, irdische und auch selbstsüchtige Weise zu sehen, zu denken, zu urteilen, zu handeln, kurz: zu leben. Ihr Gegensatz ist ein Leben nach oder „aus dem Geist" (vgl. S. 161ff). Paulus sagt von sich selbst einmal: „Darum kennen wir von jetzt an niemanden mehr nach dem Fleisch. Wenn wir auch Christus nach dem Fleisch gekannt haben, kennen wir ihn jetzt nicht mehr so" (2 Kor 5,16) und meint damit, dass er Christus früher nur nach rein menschlichen Maßstäben beurteilt und gekannt hat, jetzt aber mit einer vom Geist gewirkten Erkenntnis, d. h. im Glauben (vgl. Gal 1,11-16).

▷ Das Leben des fleischlichen Menschen ist überdies gekennzeichnet durch die Angst, sich selbst zu verlieren. Er sucht daher durch Leistung, durch Anhäufung von Besitz und durch Lustgewinn ständig seinen Selbstwert oder „Besitzstand" zu vergrößern. Das führt ihn aber zu jenen „Werken des Fleisches", die Paulus in Gal 5,19-21 aufzählt (vgl. dagegen Mk 8,35 par.; Joh 12,25!).

▷ Wie in der Sünde, so sieht Paulus auch im „Fleisch" eine Macht, die den Menschen versklavt (vgl. Röm 8,6f.12; Gal 5,13.17.19), obwohl es selbst wiederum unter der Herrschaft der Sünde steht (vgl. Röm 8,3). *„Ich aber bin Fleisch"*, lässt Paulus den unerlösten Menschen sprechen, „das heißt: *verkauft an die Sünde*" (Röm 7,14). Daher führt auch das Trachten des Fleisches wie die Sünde zum Tod (Röm 8,6).

▷ Der knechtenden und todbringenden Macht des Fleisches und der Sünde steht die befreiende Macht des Geistes gegenüber. Auf den Aufschrei des von der Sünde und vom Fleisch versklavten Menschen (vgl. 7,24f) antwortet Paulus daher: *„das Gesetz des Geistes und des Lebens in Christus Jesus hat dich freigemacht vom Gesetz der Sünde und des Todes"* (Röm 8,2).

Zwischen Fleisch und Geist herrscht ein unversöhnlicher Gegensatz (vgl. den Dualismus bei Johannes!). Entweder ist der Mensch vom Fleisch bestimmt und lebt „nach dem Fleisch" – und das heißt: in der Knechtschaft – oder er lässt sich vom Geist leiten, und das bedeutet Freiheit (vgl. besonders Röm 8,4f.13; 1 Kor 1,26; 2 Kor 11,18, und S. 168f). Der „fleischliche Mensch" ist daher der Mensch, in dem der Geist Christi noch nicht zur alles beherrschenden Macht geworden ist.

3.2 Die erzieherische und offenbarende Rolle des Gesetzes

Wenn das Gesetz sich für den Menschen so verhängnisvoll auswirkt, wie Paulus es beschreibt, wozu ist es dann überhaupt von Gott gegeben worden? Darauf antwortet Paulus ausführlich in Röm 7 und Gal 3,19-25 (vgl. aber auch Röm 4,13-16).

▷ Paulus sieht die Rolle des Gesetzes vor allem darin, *das Sündersein des fleischlichen Menschen aufzudecken*. Erst in der Begegnung mit dem Gesetz kommt das fleischliche Wesen und das Verfallensein des Menschen an die Sünde ans Licht. Damit stellt sich die Frage, ob denn das Gute (was das Gesetz ja in sich ist) zum Tod führt. „Keineswegs", antwortet Paulus: „Sondern die Sünde verursachte, damit sie als Sünde offenbar werde, durch das Gute meinen Tod; denn durch das Gebot sollte die Sünde sich in ihrem ganzen Ausmaß als Sünde erweisen" (Röm 7,13; vgl. 7,7-10). Das Gesetz hatte nicht die Kraft, lebendig zu machen (vgl. Gal 3,21; Röm 8,3a). Aber es machte offenbar, dass alle Sünder sind und alle auf Gottes Erbarmen angewiesen sind (vgl. Gal 3,19-25; Röm 3,21). Daher kann Paulus es einen „Zuchtmeister", einen Pädagogen auf Christus hin nennen (Gal 3,24).

▷ Aber diese Rolle hat Gott ihm nicht dazu gegeben, dass der Mensch an seiner Unfähigkeit verzweifle, sondern weil er sich aller erbarmen wollte und damit seine Gerechtigkeit offenbar werde (vgl. Gal 3,22-25). Denn Gott selbst hat den Menschen, der sich aus Werken des Gesetzes nicht selber rechtfertigen kann, gerechtfertigt, indem er ihm kraft des Glaubens an Jesus Christus Anteil gibt an seiner eigenen Gerechtigkeit. Er hat es getan, indem er seinen Sohn

Jesus Christus dazu bestimmte, „Sühne zu leisten mit seinem Blut, Sühne, wirksam durch Glauben. So erweist Gott seine Gerechtigkeit durch die Vergebung der Sünden ..., um zu zeigen, *dass er gerecht ist und den gerecht macht, der an Jesus glaubt*" (Röm 3,25f). „Christus hat uns vom Fluch des Gesetzes freigekauft" (Gal 3,13f; vgl. 4,4f). Seitdem ist der Mensch frei von den Mächten der Sünde, des Todes und des Gesetzes. Denn Christus ist, wie Paulus in Röm 10,4 sagt, *„das Ende des Gesetzes"* (vgl. 7,4-6). Von da an gilt, was Paulus in Röm 1,16f schreibt: Das Evangelium ist „eine Kraft Gottes, die jeden rettet, der glaubt, zuerst den Juden, aber ebenso den Griechen. *Denn im Evangelium wird die Gerechtigkeit Gottes offenbart aus Glauben zum Glauben, wie es in der Schrift heißt: Der aus Glauben Gerechte wird leben*" (vgl. 3,20f). Gerechtigkeit und Heil gibt es nicht mehr aufgrund von Werken des Gesetzes, sondern nur aufgrund des Glaubens. Der Glaube aber schließt das Gesetz als Heilsweg aus. Das ist für Paulus die eigentliche Alternative (vgl. Gal 2,15-21; 5,4; Röm 4,4f.14-16; 6,14; 11,5f).

4 Gottes Gerechtigkeit und die Rechtfertigung des Sünders

Was versteht Paulus unter Gottes Gerechtigkeit, von der im Vorhergehenden schon öfter die Rede war? Kaum ein anderer paulinischer Begriff war und ist bis heute so umstritten wie dieser. Das ist verständlich, da er für die Theologie des Apostels eine zentrale Bedeutung hat, obwohl er ihn verhältnismäßig selten gebraucht (Röm 1,17; 3,5.21f; 10,3; 2 Kor 5,21; vgl. Phil 3,9).
Zunächst muss man wiederum unsere normale Vorstellung von Gerechtigkeit hinter sich lassen. Die Gerechtigkeit im biblischen Sinne ist jedenfalls nicht jene Eigenschaft, die jedem das zuteilt, was ihm „von Rechts wegen" gebührt.

4.1 Gerechtigkeit Gottes im AT

Nach biblischer Vorstellung ist Gottes Gerechtigkeit seine Gemeinschaftstreue oder Bundestreue, die sich in seinem Heilshandeln –

eben in seiner Gerechtigkeit – auswirkt. Sie ist also *wirksam, heilschaffend und verändernd,* gleichsam ein Kraftfeld, in das der Mensch hineingenommen wird und dadurch Anteil am Heil, an den Verheißungen des Bundes erhält. Gottes Gerechtigkeit als Bundestreue lässt Israel als Gottes Volk leben, auf sie kann es sich absolut verlassen. Alles menschliche Wohlergehen ist nur als Teilnahme an dieser Gerechtigkeit Gottes möglich (vgl. Ps 36,6-13; Dtn 33,21). „Die Gerechtigkeit Gottes ist also nicht eine Eigenschaft Gottes, sondern sie ist ein Tun Jahwes, und zwar durchweg heilschaffendes Tun" (U. Wilckens). Die Vorstellung einer vergeltenden oder ausgleichenden Gerechtigkeit Gottes findet sich dagegen im AT in diesem Sinne nicht.

Problematisch wird diese Vorstellung, wo es gilt, Gottes Gerechtigkeit und Sünde, also ein der Bundestreue entgegengesetztes Tun, in Einklang zu bringen. Zur Lösung dieses Problems hatte Israel zwei Wege beschritten:

▷ Nach der einen Auffassung spricht Gott – in einem kultischem, mit Sühneopfer verbundenem Akt – nur den Gerechten gerecht, d. h., er bestätigt sein Gerechtsein, erklärt ihn für einen Gerechten. Dies ist vor allem dann der Fall, wenn einem Menschen ungerechterweise die Gerechtigkeit abgesprochen wird. Es handelt sich hier um das Motiv des unschuldig leidenden Gerechten. In seiner Not nimmt dieser Zuflucht zu Gott und bittet ihn, ihm vor seinen Feinden Recht zu schaffen (vgl. Ps 4,6; 51,21; 69,28f; 118,19f; Dtn 33,19; Ez 18,9). Doch gilt: Gott rechtfertigt den Gerechten, nicht den Sünder, was nicht ausschließt, dass auch der Gerechte sündigt.

▷ Neben dieser, auch zur Zeit Jesu im Judentum vorherrschenden Auffassung (vgl. dagegen Lk 18,9-14!) gab es eine andere, die auch eine *Rechtfertigung des Sünders* kennt. Sie findet sich vor allem in den Schriften des apokalyptischen Judentums, z. B. in Qumran (vgl. 1 QS 11,2f. 5.9f.12-15;.1 QH 7,12-20; 4 Esra 8,48f). Gottes Gerechtigkeit ist hier eindeutig als sein den Sünder rechtfertigendes Erbarmen, als sein Gnadenerweis, verstanden. In dieser Tradition steht auch Paulus.

4.2 Gerechtigkeit Gottes bei Paulus

Ohne den Ausdruck „Gottes Gerechtigkeit" zu verwenden, hat Paulus schon im Galaterbrief seine Auffassung von der Rechtfertigung des Sünders ohne Werke des Gesetzes dargelegt (bes. 2,15-21) . „Dies eine möchte ich von euch erfahren", fragt er die Galater, die, durch christliche „Judaisten" verführt, in der Gefahr stehen, einer Leistungsfrömmigkeit zu verfallen und sich durch Übernahme der Beschneidung dem Gesetz zu unterwerfen. „Habt ihr den Geist durch die Werke des Gesetzes oder durch die Botschaft des Glaubens empfangen? Seid ihr so unvernünftig? Am Anfang habt ihr auf den Geist vertraut, und jetzt erwartet ihr vom Fleisch die Vollendung" (3,2-5). Für Paulus steht fest: „Wenn das Gesetz uns rechtfertigen kann, dann wäre Christus umsonst gestorben" (2,21; vgl. 5,4). Seine neu gewonnene Erkenntnis fasst er in 2,15f so zusammen: „Wir sind zwar von Geburt Juden und nicht Sünder wie die Heiden. *Weil wir aber erkannt haben, dass der Mensch nicht durch Werke des Gesetzes gerecht wird, sondern durch den Glauben an Jesus Christus, sind auch wir dazu gekommen, an Christus Jesus zu glauben, damit wir gerecht werden durch den Glauben an Jesus Christus, und nicht durch Werke des Gesetzes, denn durch Werke des Gesetzes wird niemand gerecht.*" Das ist das Evangelium, das Paulus unter den Heiden verkündet. Gerechtigkeit durch Werke suchen, bedeutet daher Abfall von Christus, ein „anderes Evangelium" (1,6f).

▷ Nach seiner Meinung ist die Rechtfertigung ohne Werke des Gesetzes schon im AT ausgesagt. Zum Beweis dieser These greift er auf die *Abrahamsgeschichte* zurück (vgl. Gal 3,6-18.26-29; Röm 4,1-25). Als Erben Abrahams aufgrund der Verheißung sind die Christen frei von den Forderungen des Gesetzes (vgl. 4,21-31). Das Neue gegenüber dem Judentum ist, dass Christus die Rechtfertigung „ein für alle Mal" durch seinen Sühnetod gewirkt hat, denn „Christus hat uns vom Fluch des Gesetzes freigekauft, indem er für uns zum Fluch geworden ist" (3,13).

Paulus hat die Frage nach Gottes Gerechtigkeit und der Rechtfertigung des Sünders später im *Römerbrief* wieder aufgenommen, entfaltet und vertieft. Sie ist für ihn geradezu der Inhalt des Evangeliums (und auch des Briefes), wie er selbst in der Einleitung zu

erkennen gibt: „Denn ich schäme mich des Evangeliums nicht: Es ist eine Kraft Gottes, die jeden rettet, der glaubt, zuerst den Juden, aber ebenso den Griechen. *Denn im Evangelium wird die Gerechtigkeit Gottes offenbart aus Glauben zum Glauben, wie es in der Schrift heißt: Der aus Glauben Gerechte wird leben*" (1,16f).
Nachdem er gezeigt hat, dass alle Menschen, Juden und Heiden, Sünder sind und eigentlich „Gottes Zorn" (der Gegenbegriff zu „Gottes Gerechtigkeit") verdient hätten, wiederholt er am Ende des ersten Abschnittes (1,18-3,20) nochmals seine Auffassung: „*Jetzt aber ist unabhängig vom Gesetz die Gerechtigkeit Gottes offenbart worden,* bezeugt vom Gesetz und von den Propheten: die Gerechtigkeit Gottes aus dem Glauben an Jesus Christus, offenbart *für alle, die glauben* (vgl. 3,21-26). Wie in Gal 2,16 fasst er dann nochmals zusammen: „*Denn wir sind der Überzeugung, dass der Mensch gerecht wird durch den Glauben, unabhängig von Werken des Gesetzes*" (3,28). Wiederum greift er zum Beweis auf das Beispiel Abrahams zurück (4,1-25). Die Schrift zeigt nach seiner Meinung klar, dass Abraham von Gott nicht aufgrund von Werken gerechtfertigt wurde. Vielmehr heißt es dort (Gen 15,6): „Abraham glaubte Gott, und das wurde ihm als Gerechtigkeit angerechnet" (4,3; vgl. die entgegengesetzte Folgerung aus dem Verhalten Abrahams bei Jak 2,21-24). Damit hat Gott gezeigt, dass er „den Gottlosen gerecht macht". Wer keine Werke vorzuweisen hat, dem wird „sein Glaube als Gerechtigkeit angerechnet" (4,5). Weil Gott den Glauben Abrahams vor der Beschneidung „als Gerechtigkeit anrechnete", d. h. bevor er unter der Forderung des Gesetzes stand (vgl. Gal 5,3), gilt Abraham für Paulus als „der Vater aller, die als Unbeschnittene glauben und denen daher Gerechtigkeit angerechnet wird" (4,11; vgl. V. 17).
Am Schluss seiner Ausführungen kommt Paulus – man möchte fast sagen: notwendigerweise – wieder auf den sichtbaren, geschichtlichen Grund und Inhalt des Glaubens an Gottes rechtfertigendes Handeln zu sprechen: auf Jesu Sühnetod und den Glauben an den, der „Jesus, unseren Herrn, von den Toten auferweckt hat" (4,24f).
▷ Ohne in die Auseinandersetzung über Gesetz und Glaube einzutreten und ohne den Begriff „Gottes Gerechtigkeit" zu erwähnen, hat Paulus in *2 Kor 5* seine Auffassung über die Rechtfertigung des Sünders aus Gnade unter dem Stichwort *Versöhnung* in knappen

Sätzen dargelegt. Entgegen einer auch bei Christen weit verbreiteten Meinung betont Paulus nachdrücklich, dass *nicht der Mensch Gott versöhnt hat* (durch Opfer oder sonst eine „Leistung“), sondern dass *Gott* es war, „der in Christus die Welt mit sich versöhnt hat, indem er den Menschen ihre Verfehlungen nicht anrechnete“ (5,19). Entsprechend ermahnt er seine Gemeinde nicht, durch Werke der Genugtuung Gott wieder zu versöhnen, sondern bittet an Christi statt: „Lasst euch mit Gott versöhnen!“ (V. 20). Daher kann er seine ganze Verkündigung, zu der Gott ihn beauftragt hat, als „das Wort von der Versöhnung“ bezeichnen. Eine verwandte Aussage, gleichsam ein Nachklang dieses Wortes von der Versöhnung im 2 Kor, findet sich in *Röm 5,1-11*. Gottes Gerechtigkeit hat sich nach Paulus als bedingungslose und zuvorkommende Liebe offenbart: *„Gott aber hat seine Liebe zu uns darin erwiesen, dass Christus für uns gestorben ist, als wir noch Sünder waren* ... Da wir mit Gott versöhnt wurden durch den Tod seines Sohnes, als wir noch (Gottes) Feinde waren, werden wir erst recht, nachdem wir versöhnt sind, gerettet werden durch sein Leben. Mehr noch, wir rühmen uns Gottes durch Jesus Christus, unseren Herrn, durch den wir jetzt schon die Versöhnung empfangen haben“ (5,8-11; vgl. 11,15; auch Kol 1,19-22).

Die Rechtfertigung aus dem Glauben in Gal und Röm

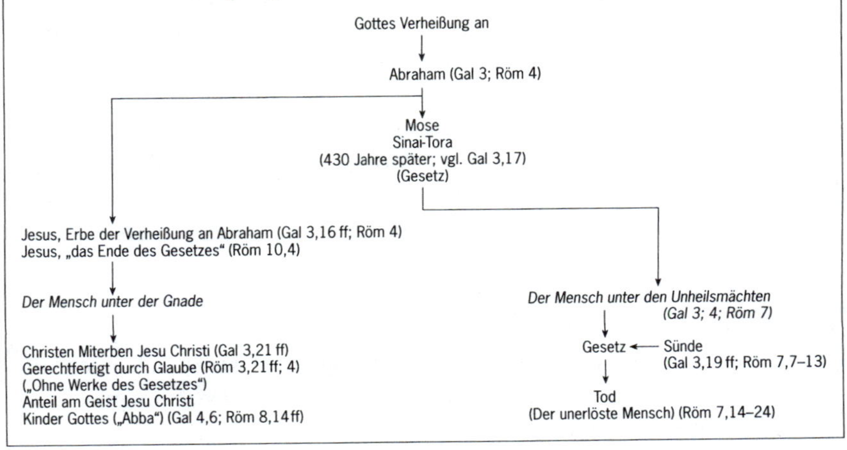

5 Glaube und Taufe

5.1 Der Glaube

Dass der Glaube in der paulinischen Rechtfertigungslehre und in seiner Theologie überhaupt eine entscheidende Rolle spielt, braucht nach dem bisher Gesagten nicht mehr eigens betont zu werden. Es genügt, die thematischen Sätze von Röm 1,16f in Erinnerung zu rufen (vgl. 3,21f.25.28; Gal 2,16). Nur durch den Glauben erhält der Mensch Anteil an der Gerechtigkeit Gottes, nur der Glaube an den auferweckten Gekreuzigten rettet den Menschen: „Wenn du mit deinem Mund bekennst: ‚Jesus ist der Herr' und in deinem Herzen glaubst: ‚Gott hat ihn von den Toten auferweckt', so wirst du gerettet werden" (Röm 10,9).

▷ Glauben ist für Paulus im Anschluss an die alttestamentliche und urchristliche Tradition nicht ein verstandesmäßiges Fürwahr-Halten und schon gar nicht ein Werk des Menschen (vgl. Röm 3,27).Was Glauben bedeutet, zeigt Paulus in *Röm 4* am Beispiel Abrahams. Sein Glaube war, wie die Schrift bezeugt, vor allem ein grenzenloses Vertrauen, ein *totales Sich-Verlassen auf Gottes Verheißungswort*: „Gegen alle Hoffnung hat er voll Hoffnung geglaubt, dass er der Vater vieler Völker werde ... Er zweifelte nicht im Unglauben an der Verheißung Gottes, sondern wurde stark im Glauben, und er erwies Gott Ehre, fest davon überzeugt, dass Gott die Macht besitzt zu tun, was er verheißen hat" (4,19ff). Biblischer Glaube ist daher ein Glaube an die unbegrenzte, Leben schaffende Schöpfermacht Gottes, an den Gott, „der die Toten lebendig macht und das, was nicht ist, ins Dasein ruft" (V. 17). Diese schöpferische Macht Gottes hat sich für die Christen beispielhaft in der Auferweckung Jesu erwiesen. Daher ist christlicher Glaube zuallererst und grundlegend der Glaube an den, „der Jesus, unseren Herrn, von den Toten auferweckt hat" (V. 24).

▷ Das Wesen des Glaubens widerspricht der Leistungsfrömmigkeit und Werkgerechtigkeit. Glaube rechnet nicht mit Lohn, sondern mit der unverdienten Zuwendung. Er ist wesentlich eine Haltung des Empfangens und der Hoffnung: „Deshalb gilt: ‚aus Glauben', damit auch gilt: ‚aus Gnade' " (V. 16). „Dem, der Werke tut, werden diese nicht aus Gnade angerechnet, sondern er bekommt den Lohn, der ihm zusteht. Dem aber, der keine Werke tut, sondern an den glaubt, der den Gottlosen gerecht macht, dem wird sein Glaube als Gerechtigkeit angerechnet“ (V. 4). Glaube ist die Existenzweise des Christen in dieser Weltzeit im Unterschied zum Schauen (2 Kor 5,6f). Deshalb sind wir „in der Hoffnung“ gerettet, wie Abraham (vgl. Röm 8,24; Gal 5,5f). Soweit der Christ noch „in dieser Welt“ lebt, lebt er „im Glauben an den Sohn Gottes“ (Gal 2,20).

5.2 Die Taufe

Für Paulus ist es eine Selbstverständlichkeit, dass alle Glaubenden auch getauft sind (vgl. die Frage in Röm 6,3). Um Wirkung und Wirklichkeit der Taufe im heidenchristlichen Milieu verständlich zu machen, greift Paulus zum Teil auf Vorstellungen aus der hellenistischen Umwelt zurück.

▷ Die Taufe wird von Paulus aber nie als eine magische Handlung oder Verwandlung verstanden. Sie wird vielmehr in *engerBeziehung zum Glauben* gesehen, wie *Gal 3,26f* zeigt: „Ihr alle seid durch den Glauben Söhne Gottes in Christus Jesus. Denn ihr alle, die ihr auf Christus getauft seid, habt Christus (als Gewand) angelegt.“ Hier gebraucht Paulus ein Bild, das in den Vorstellungsbereich der Mysterienreligionen gehört. Die Überkleidung mit dem Gewand der Gottheit bedeutete Übertrag von göttlicher Lebensmacht und eine (geglaubte) wesenhafte Veränderung des Eingeweihten. Dass Paulus jedoch nicht so denkt, zeigt seine Aufforderung in Röm 13,14, wo er mahnt: „Zieht den Herrn Jesus Christus an!“

▷ Paulus kann die Taufe auch als ein *Mitbegraben-Werden mit Christus* bezeichnen: „Wisst ihr denn nicht, dass wir alle, die wir auf Christus Jesus getauft wurden, auf seinen Tod getauft worden sind? Wir werden mit ihm begraben durch die Taufe auf den Tod“ (Röm 6,3f). Damit spielt Paulus auf das Eintauchen bei der Taufe an.

Auch unter den Christen gab es offensichtlich Strömungen, die die Taufe als einen Ritus verstanden, der den Getauften bereits in den Zustand der Vollendung und Auferstehungsherrlichkeit versetzt, was zu einer Geringschätzung des irdischen Jesus, besonders des Gekreuzigten, aber auch zu bedenklichen Folgen für das sittliche Verhalten führen konnte.

Wie kritisch Paulus solch einem falschen Verständnis der Taufe gegenübersteht, zeigt – neben der schon erwähnten Betonung des Kreuzes – sein Vorbehalt in *Röm 6,4f.* Den Satz: „Wie Christus durch die Herrlichkeit des Vaters von den Toten auferweckt wurde" führt er bezeichnenderweise nicht in genauer Entsprechung weiter mit: „so sind auch wir auferweckt worden" (vgl. Kol 1,13; 2,12), sondern er fährt fort: „so sollen auch wir als neue Menschen leben" (vgl. die Fortsetzung 6,8-11). Die Endvollendung und volle Teilhabe an der Herrlichkeit des Auferstandenen steht dagegen noch aus (vgl. 1 Kor 15,12-33!).

Die Taufe ist *Zeichen für einen Herrschaftswechsel.* Der Getaufte steht nicht mehr unter der todbringenden Macht der Sünde, sondern im Leben spendenden Herrschaftsbereich Christi (vgl. 6,1 – 14.15 – 23). Er ist eine „neue Schöpfung in Christus" und eingegliedert in den „Leib Christi" (vgl. 2 Kor 5,17; Gal 6,15; 3,27f; 1 Kor 12,13). Dieser „Leib Christi" ist sowohl der verherrlichte Leib des Auferstandenen (vgl. 1 Kor 1,13; 6,15) als auch die konkrete, aus vielen Gliedern bestehende Gemeinde (vgl. 1 Kor 10,16f; 11,27ff; 12,13; Röm 12,5; siehe S. 173ff). Die Taufe ist die öffentliche Handlung, mit der derjenige, der sie an sich geschehen lässt, seine Zugehörigkeit zum Leib Christi in diesem doppelten Sinn anerkennt und bekennt. In diesen Leib eingegliedert zu sein, bedeutet zugleich *Teilhabe am Geist Jesu Christi* (1 Kor 6,11; 2 Kor 1,21f) und den Empfang der *Vergebung der Sünden* (1 Kor 6,11), was urchristlichem Verständnis entspricht (vgl. Apg 2,38).

Es mag zunächst befremden, dass Paulus (und die nachpaulinische Überlieferung) der Taufe teilweise die gleichen Wirkungen zuspricht wie dem Glauben (bzw. der durch den Glauben empfangenen Rechtfertigung, vgl. 1 Kor 15,2; Röm 6,1-14; 10,9; 13,11; Gal 3, 26-29).

Zum rechten Verständnis dieses Sachverhalts muss man sich daran erinnern, dass es sich bei den hier Angesprochenen durchweg um bekehrte *Erwachsene* handelt (was nicht ausschließt, dass man nicht auch die Kinder einer Familie taufte, aber sie sind hier nicht im Blick), dass Taufe nicht nur den Taufritus meint, sondern den ganzen Prozess der Bekehrung (das Katechumenat) mit dem abschließenden Taufbad und dass das Glaubensbekenntnis seinen Platz gerade in der Taufliturgie hatte (z. B. eine Formel wie die in Röm 10,9).

▷ Der eigentliche Schritt vom Versklavtsein an die Unheilsmächte zur neuen Freiheit in Christus oder im Geiste ist der *Glaube*, wie Paulus immer wieder zu zeigen sucht. Die Taufe ist gleichsam die Besiegelung dieses Herrschaftswechsels und das sichtbare Zeichen, das der Mensch an sich geschehen lässt, um diesen Wechsel auch in der leiblichen und geschichtlichen Dimension zum Ausdruck zu bringen. Die wirksamen Zeichen der Taufe und des Herrenmahls bewahren den Glauben vor einer falschen, gefährlichen und unchristlichen Spiritualisierung und Reduzierung auf ein bloßes „Wortereignis". Sie zeigen an, dass der *ganze Mensch*, auch seine Leiblichkeit, vom neuen Leben in Christus ergriffen ist, dass er wirklich eine *Neuschöpfung* geworden ist.

6 Das neue Leben „in Christus" und „im Geist"

6.1 „In Christus"

Durch Glaube und Taufe ist der Christ eine *„neue Schöpfung in Christus"* geworden (Gal 5,17). Dieser für Paulus typische Ausdruck (er kommt bei ihm rund 160 mal vor, sonst nur noch in den Deuteropaulinen und im 1 Petr) meint wie auch das „im Herrn" nicht eine „mystische Einheit". Öfter gebraucht Paulus es einfach in der Bedeutung von „christlich", denn diese Bezeichnung gab es zur Zeit des Paulus noch nicht (vgl. 1 Kor 7,39; Gal 1,22; Röm 16,7f.11; Phlm 16). Häufiger sagt die Wendung jedoch aus, was Christus an bzw. in den Glaubenden gewirkt hat und worin ihr Glaube letztlich gründet, nämlich im Tod und in der Auferstehung Christi. „In Christus" sind die Glaubenden mit Gott versöhnt, gerechtfertigt, befreit, geheiligt, in ihm sind sie berufen und hat Gott ihnen seine Liebe erwiesen (vgl. 1 Kor 1,2; 6,11; 2 Kor 5,19.21; Gal 2,4; Phil 2,24; 3,14; Röm 8,1.39).

Durch das Wirken des Auferstandenen und seines Geistes sind die

Christen „einer in Christus“ (Gal 3,28; 5,6) oder „ein Leib in Christus“ (Röm 12,3). *„In Christus“ kennzeichnet daher die besondere Art und Weise des christlichen Lebens.* Es drückt das totale Bestimmtsein des Glaubenden durch Christus, den Auferstandenen, in seinem Denken, Reden, Handeln und seinem ganzen Verhalten, auch in seinem Leiden, in seinem Glauben, Hoffen and Lieben aus und ist insofern bedeutungsgleich mit „im Geist“. Sein Gegensatz ist ein Denken, Handeln und Sein „nach dem Fleisch“, „nach dem Gesetz“.

6.2 Die Gegenwart des Auferstandenen durch den Geist

Für Paulus und seine Gemeinden waren Wirklichkeit und Wirksamkeit des Geistes nicht nur eine theologische Lehre, wie sie es für uns heute noch weithin sind. Der Geist war zuallererst eine *Erfahrungstatsache,* auf die Paulus sich daher bei seiner Argumentation und bei seinen sittlichen Ermahnungen immer wieder berufen konnte (vgl. Gal 3,2 – 5; 1 Kor 2,2 – 5; 2 Kor 3,3; Röm 15,18f). Die Texte zeigen, dass Geist für Paulus etwas mit verändernder *Kraft* zu tun hat, ja mit Kraft gleichbedeutend ist. Wenn er sich daher in 2 Kor 13,3 als Beweis dafür, dass Christus durch ihn spricht, auf das Wirken „der Kraft Gottes“ beruft, dann ist damit eindeutig der Geist gemeint.

In ähnlicher Weise appelliert er an die eigene Erfahrung der Korinther: „Fragt euch selbst, ob ihr im Glauben seid, prüft euch selbst! Erfuhrt ihr nicht an euch selbst, dass Christus Jesus in euch ist?“ (ebd. V. 5) „Christus Jesus in euch“ meint, wie Röm 8,10f zeigt, das Gleiche wie „der Geist in euch“ (vgl. 1 Kor 3,16).

Weil der Geist in den Glaubenden „wohnt“, sind alle Getauften „Geistliche“ („Pneumatiker“, vgl. Gal 6,1; 1 Kor 2,12f; Röm 9,14). Der Begriff „Geistliche“ war für ihn also noch nicht Bezeichnung einer bestimmten Gruppe in der Kirche.

Die neue überwältigende Erfahrung des Geistes war das, was die christlichen Gemeinden kennzeichnete. Man erkannte sie daran, dass in ihnen der Geist Jesu Christi wirksam war. Christliche Gemeinden waren damals noch wirklich der „Ort der Erfahrung des Geistes“ (vgl. Apg 2,1 – 13).

Der Geist Jesu Christi

Der Geist, dessen Wirken die Gemeinde erfährt, ist für Paulus und die frühe Kirche zuallererst *die Kraft Gottes, durch die Jesus von den Toten auferweckt wurde* (vgl. 1 Kor 13,4; Röm 8,11). Seit der Auferweckung ist Jesus „dem Geist der Heiligkeit nach eingesetzt als Sohn Gottes in Macht" (Röm 1,3f; vgl. 1 Tim 3,16; 1 Petr 3,18). Weil die Gemeinde die Macht des Auferstandenen im Wirken des Geistes erfährt, kann Paulus so weit gehen, den auferstandenen Herrn selbst als Geist zu bezeichnen: *„Der Herr aber ist der Geist"* (2 Kor 3,17). Damit soll sicher keine Gleichsetzung im Sinne einer völligen Identität behauptet werden. Vielmehr will Paulus mit dieser Formulierung sagen, dass man im Wirken des Geistes die Macht des erhöhten Herrn erfährt und man in dieser Erfahrung nicht mehr zwischen der Gegenwart des Auferstandenen und der des Geistes unterscheiden kann.

In die gleiche Richtung weist auch die Feststellung, dass „der letzte Adam (d. h. im Zusammenhang: der Auferstandene) zum lebendigmachenden Geist" wurde (1 Kor 15,45). Weil Christus und der Geist so eng zusammengehören, spricht Paulus nicht nur vom „Geist Gottes" (oder der „Kraft Gottes"), sondern auch vom „Geist Jesu Christi" (Phil 1,19) oder vom „Geist des Herrn" (2 Kor 3,17f; vgl. Gal 4,6: „Geist seines Sohnes"). Der Auferstandene ist zum Spender des Geistes geworden (vgl. Apg 2,33), und seine Macht kommt im Wirken des Geistes zur Auswirkung, so dass man sagen kann, der Geist ist die wirksame und erfahrbare Gegenwart des Auferstandenen in der Gemeinde. Die gleiche Anschauung findet sich bei Johannes (vgl. S. 77f) Daher kann auch niemand bekennen: „Jesus ist der Herr!, wenn er nicht aus dem Heiligen Geist redet" (1 Kor 12,3). Diese neue Erfahrung des Geistes ist deshalb für die Gemeinde auch der stärkste und bleibende Beweis dafür, dass Christus auferstanden ist und lebt (vgl. 2 Kor 13,2-5). Im Geist ist der Herr seiner Gemeinde nach seinem Tod nahe, und durch ihn stärkt er sie im Glauben und leitet sie durch eine Vielzahl von Gaben. Für Paulus ist der Geist die Kraft, die das Leben des einzelnen Christen und das der christlichen Gemeinde total bestimmt oder bestimmen sollte!

Vielfalt und Einheit der Geistwirkungen

Von den Geistwirkungen und Geistesgaben (Charismen) handelt Paulus ausführlich in *1 Kor 12 und 14* (vgl. Röm 12,6-8). Offensichtlich hat man ihn gebeten, ein klärendes Wort zur Bedeutung, Einordnung und zum rechten Gebrauch dieser Gaben zu sagen. Die Vielfalt der Geistesgaben hatte in der Gemeinde von Korinth nämlich zu schweren Spannungen geführt und die Gefahr der Spaltung heraufbeschworen. Es gab hier, wie schon mehrmals erwähnt, eine Gruppe, die sich für besser und vollkommener hielt als die Übrigen. Diese Christen nahmen für sich in Anspruch, die wahren „Pneumatiker" – und das hieß für sie: die wahren Christen – zu sein. Sie rühmten sich ihrer besonderen, tiefen Weisheit und geistlichen Erkenntnis und nannten sich wahrscheinlich selber „die Vollkommenen", „die Geistlichen". (Mit ihnen setzt sich Paulus schon in 1 Kor 1,18 – 3,6 auseinander.)
Als Beweis und sichtbares Zeichen ihrer höheren Stufe des Christseins betrachteten sie die außergewöhnlichen Geistesgaben, vor allem die Gabe des „Zungenredens" (der „Glossolalie"). Wer diese Gabe nicht besaß, galt ihnen als unvollkommener Normalchrist, der noch nicht ganz vom Geist ergriffen war.
Gegen eine solche Überbewertung des Zungenredens und den Missbrauch der Geistesgaben überhaupt wendet sich Paulus in 1 Kor 12-14.
▷ Zunächst zeigt er, dass alle Gaben trotz ihrer Verschiedenheit und Vielfalt *denselben Ursprung* haben, nämlich den *einen Geist.* „Es gibt verschiedene Gnadengaben, aber nur den einen Geist. Es gibt verschiedene Dienste, aber nur den einen Herrn. Es gibt verschiedene Kräfte, die wirken, aber nur den einen Gott: Er bewirkt alles in allen." Nachdem er dann beispielhaft eine Reihe von Geistwirkungen (Charismen) aufgeführt hat, schließt er: *„Das alles bewirkt ein und derselbe Geist; einem jeden teilt er seine besondere Gabe zu, wie er will"* (V. 8) Eindringlicher kann man die Einheit in der Vielfalt kaum herausstellen.
Wenn die verschiedenen Gaben alle denselben Quell haben, kann man sie nicht gegeneinander ausspielen, wie es in der korinthischen Gemeinde geschieht. Das widerspräche ihrem gemeinsa-

men Ursprung. Die Vielfalt dient gerade dazu, die Gemeinden zu einer lebensfähigen Gemeinschaft zu machen. Denn eine Gemeinde kann nur leben, wenn es in ihr entsprechend der Vielfalt der Aufgaben auch eine Vielfalt von Gaben gibt. Paulus zeigt das auf einleuchtende Weise am Beispiel vom Leib und seinen vielen Gliedern (vgl. 12,12-27 und S. 174).
So hat es Gott in der Gemeinde, dem *Leib Christi*, gewollt (vgl. die Anwendung des Bildes in 12,28-30). Der Einzelne hat die verschiedenen Gaben nicht zum Eigennutz und schon gar nicht zum Selbstruhm empfangen, sondern zum Wohl des Ganzen, zum Aufbau der Gemeinde. *„Jedem aber wird die Offenbarung des Geistes geschenkt, damit sie anderen nützt"* (12,7; vgl. 14,12.26). Das ist nach Paulus das Kriterium, nach dem ihr Gebrauch und ihr Wert beurteilt werden muss.
▷ Es ist erstaunlich, welch ein Reichtum an Geistesgaben es in den paulinischen Gemeinden gegeben hat. Nimmt man zu 1 Kor 12 und 14 noch Röm 12,6-8 hinzu, so ergeben sich Folgende:

Weisheit(srede), Erkenntnis(rede),
Glaubenskraft, *Heilungsgabe, Wunderkräfte,*
prophetisches Reden, Unterscheidung der Geister,
Sprachengebet, Deutung des Sprachengebets,
Lehre und Unterweisung,
Trost und Mahnung,
Hilfeleistungen, Leitung,
Austeilen (Almosengeben) und *Barmherzigkeit üben.*

Ferner gibt es die Gemeinde-Dienste der *Apostel* (hier im weiten Sinn gemeint), *Propheten, Lehrer, Vorsteher, Sich-Abmühende* (1 Kor 12,28; 1 Thess 5,12). Wahrscheinlich ist auch die Kirche von heute reicher an Geistesgaben, als wir meinen. Wir geben ihnen vielleicht nur keine Chance, sich zu entfalten, oder uns fehlt das Organ, sie als solche zu erkennen.
▷ Gegenüber der Hochschätzung des Sprachengebets („Zungenreden") gibt Paulus selbst dem *prophetischen Reden eindeutig den Vorzug* und empfiehlt, vor allem nach dieser Gabe zu streben (vgl. 14,1.5.39). Der Grund ist ihr Nutzen für die anderen. „Wer prophetisch redet, redet zu Menschen: Er baut auf, ermutigt, spendet Trost.

Wer in Zungen redet, erbaut sich selbst; wer aber prophetisch redet, baut die Gemeinde auf" (14,3-5).

Die Gabe der *Prophetie* oder das prophetische Reden ist also nicht einseitig und verengend als „Weissagen" zu verstehen. Sie ist vielmehr ein *im Namen des Herrn und seines Geistes verkündetes Wort der Ermutigung und des Trostes*, das der Gemeinde ihre Situation deutet, ihr bei schwierigen Entscheidungen hilft und ihr zeigt, welchen Weg sie gehen soll (vgl. 1 Thess 4,15; Apg 13,2). Es kann auch ein erhellendes, richtendes Wort sein, das aufdeckt, was im Herzen verborgen ist (vgl. V. 25).

Die urchristliche Prophetie hat eine kaum zu überschätzende Rolle bei der Entstehung der neutestamentlichen Theologie und damit der ntl. Schriften gespielt. Wir verdanken ihr sicher die wichtigsten Einsichten und auch den größten Teil der ntl. Lieder und Hymnen.

▷ Neben dem Einblick in den Reichtum der Geistesgaben vermitteln 1 Kor 12 und 14 die Einsicht, dass es das Besondere des Geistes ist, die *Einheit in der Vielfalt* zu wirken. Einerseits bringt er die Fähigkeiten des Einzelnen zur vollen Entfaltung, andererseits verbindet er die Vielfalt zur Einheit. Er bringt damit zwei Tendenzen miteinander in Ausgleich, die bei Menschen gewöhnlich auseinanderstreben.

Das Kriterium der Liebe

Eine indirekte Kritik an der Überschätzung der auffälligen Geistesgaben stellt das *13. Kapitel* dar, das Paulus bewusst zwischen die Ausführungen über die Geistesgaben in Kap. 12 und 14 eingeschoben hat. Es ist unverkennbar, dass er in VV. 1-3 auf die in 12,8-10 erwähnten Geistesgaben anspielt. Aber die beeindruckendsten Gaben sind nichts, wenn die Liebe fehlt. Trotz der großen Bedeutung, die die Charismen für das Leben der Gemeinde haben, und trotz ihrer Zeichenhaftigkeit für die Gegenwart des Auferstandenen und seines Geistes bleibt das eigentliche und vor allem *eindeutige Kriterium des Christseins doch die Liebe*, entsprechend dem Wort Jesu: „Daran werden alle erkennen, dass ihr meine Jünger seid: wenn ihr einander liebt" (Joh 13,35; vgl. Gal 5,22f). Denn auch nach Paulus ist „die

Liebe Gottes ausgegossen in unsere Herzen durch den Heiligen Geist, der uns gegeben ist“ Röm 5,5).

Trotz seiner Kritik am Sprachengebet schließt Paulus aber mit dem Satz: „Strebt also nach der Prophetengabe, meine Brüder und Schwestern, und hindert niemand daran, in Zungen zu reden“ (14,39; vgl. auch 1 Thess 5,19f).Welch ein Zeugnis der Freiheit des Geistes bei einem Seelsorger! Er fügt allerdings auch hinzu: „Doch alles soll in Anstand und Ordnung geschehen“ (V. 40; vgl. V. 33). (Anmerkung: Das Schweigegebot für die Frauen in 14,33b-36 erweist sich aufgrund zahlreicher nicht-paulinischer Eigenarten als nachpaulinischer Einschub (vgl. 1 Tim 2,11f, anders dagegen 1 Kor 11,5).

Der Geist des Bekenntnisses und des Glaubens

Es wäre also ein großes Missverständnis zu meinen, Paulus sähe das Wirken des Geistes hauptsächlich in den auffälligen Geistesgaben. Zu den grundlegendsten Wirkungen des Geistes gehört nach Paulus das *Erkennen des Willens und der verborgenen Wege Gottes.* Nur der Geist schenkt die Erkenntnis der Weisheit Gottes, die dem „fleischlichen“ Menschen als Torheit erscheint (vgl. 1 Kor 2,14; 3,1-3). Den Glaubenden hat Gott durch seinen Geist das Große enthüllt, das er „denen bereitet hat, die ihn lieben“ (2,9). „Der Geist ergründet nämlich alles, auch die Tiefen Gottes ... So erkennt auch keiner Gott – nur der Geist Gottes. Wir aber haben nicht den Geist der Welt empfangen, sondern den Geist, der aus Gott stammt, damit wir das erkennen, was uns von Gott geschenkt worden ist“ (2,10.11f; vgl. Eph 1,17).

Paulus denkt hier vor allem an die *„Torheit des Kreuzes“*, durch die Gott die Welt gerettet hat, und an die unverdiente und unbegreifliche Auserwählung des Törichten und Schwachen, des Niedrigen und Verachteten in der Welt (vgl. 1 Kor 1,25 – 28). Sie ist für den ungläubigen, irdisch eingestellten Menschen schlechterdings unfassbar. Nur im Glauben kann sie erkannt und angenommen werden. Dieses gläubige Erkennen wirkt der Geist, den Paulus deshalb auch „Geist des Glaubens“ nennt (2 Kor 4,13; vgl. Gal 3,2.14; 5,5). Er ist es ja auch, der das rechte Christusbekenntnis ermöglicht (1 Kor 12,3). Der Glaube, den der Geist wirkt, ist eine *neue Beziehung des Vertrauens zu Gott.* Paulus bezeichnet sie daher auch als Kindschaft oder Sohnschaft. An die Stelle eines Knechtschaftsverhältnisses, das durch Angst gekennzeichnet ist, tritt die neue, angstfreie und vertrauensvolle Beziehung der Kindschaft. Die Glaubenden empfangen die Gewissheit, von Gott als Söhne und Töchter angenommen und geliebt zu sein: „Denn alle", schreibt Paulus den römischen Christen, „die sich vom Geist Gottes leiten lassen, sind Söhne (und Töchter) Gottes. Denn ihr habt nicht einen Geist empfangen, der euch zu Sklaven macht, so dass ihr euch immer noch fürchten müsstet, sondern ihr habt den Geist empfangen, der euch zu Söhnen (und Töchtern) macht, den Geist, in dem wir rufen: Abba, Vater!" (Röm 8,14-16; vgl. 5,4f; 2 Kor 3,4-6; Gal 4,4-7).

Der Geist der Freiheit

Das neue, durch den geistgewirkten Glauben hergestellte Kindschaftsverhältnis ist also nicht mehr durch Angst, sondern durch Freiheit und Freimut gekennzeichnet. Für Paulus sind Geist und wahre Freiheit unlösbar miteinander verbunden. *Freiheit ist das Kennzeichen des Geistes, denn: „Wo der Geist des Herrn wirkt, da ist Freiheit"* (2 Kor 3,17). Er hat die Glaubenden befreit „zur Freiheit und Herrlichkeit der Kinder Gottes" (Röm 8,21). Der Geist ist es, der den Menschen befreit von der Knechtschaft des Gesetzes, der Sünde und des Todes, von der Paulus in den Kapiteln 5 – 7 des Römerbriefes gesprochen hatte, bevor er im 8. Kapitel diese Befreiung durch den Geist darlegt. „Jetzt gibt es keine Verurteilung mehr für die, welche in Christus Jesus sind. Denn das Gesetz des Geistes und des Lebens in Christus Jesus hat dich frei gemacht vom Gesetz der Sünde und des Todes" (Röm 8,1 f). Darin erweist der Geist seine lebendigmachende Kraft. „Denn der Buchstabe tötet, der Geist aber macht lebendig" (2 Kor 3,6; vgl. Gal 6,8).

▷ Die neue Freiheit bedeutet vor allem auch ein *Befreitsein vom „Fleisch"*, d.h. von einem Denken und Handeln, das sich ausschließlich *von selbstsüchtigen und rein innerweltlichen Maßstäben leiten lässt* (vgl. S. 150f). Leben „nach dem Fleisch" und leben „nach dem Geist" sind die beiden Möglichkeiten, zwischen denen der Mensch wählen muss (vgl. 8,5-13; Gal 5,17). Diese neue Freiheit ist dem Menschen aber nicht wie ein unverlierbarer Besitz oder Naturzustand gegeben. Sie ist nur „im Glauben" ständig neu zu ergreifen und bleibt eine gefährdete Freiheit. Daher warnt Paulus im Galaterbrief eindringlich vor einem Missbrauch der Freiheit und einem Rückfall in die Knechtschaft des Fleisches. *„Zur Freiheit hat uns Christus befreit. Bleibt daher fest und lasst euch nicht von neuem das Joch der Knechtschaft auferlegen"* (Gal 5,1; vgl. V. 13).

In *Gal 5,19-21* zählt Paulus in einem sog. *„Lasterkatalog"* beispielhaft eine Reihe von Verhaltensweisen auf, die kennzeichnend für den fleischlichen und damit versklavten Menschen sind und die er die *„Werke des Fleisches"* nennt. Dazu rechnet er z. B. Feindschaft, Streit, Eifersucht, Eigennutz, Spaltungen, Neid und Missgunst.

Für Paulus sind also keineswegs nur jene Laster „Werke des Fleisches", die man gewöhnlich als solche ansieht. Ja, ihm kommt es sogar besonders auf die in der Mitte der Aufzählung genannten an, wie die nachgetragene Bemerkung in V. 25f zeigt: „Wenn wir aus dem Geist leben, dann wollen wir dem Geist auch folgen. Wir wollen nicht prahlen, nicht miteinander streiten und einander nichts nachtragen."

▷ Diesen „Werken des Fleisches" steht die *„Frucht des Geistes"* gegenüber (Paulus setzt bewusst die Einzahl, um die im Geist begründete Einheit dieser Verhaltensweisen zu betonen. Sie kommt gleichsam wie eine Frucht aus der einen Wurzel, dem Geist): *„Die Frucht des Geistes aber ist Liebe, Freude, Friede, Langmut, Freundlichkeit, Güte, Treue, Sanftmut und Selbstbeherrschung"* (5,22f). Der Geist schenkt schließlich auch die Freiheit von der Angst vor der Zukunft und die Hoffnung auf die Auferstehung. Paulus nennt ihn daher die „Erstlingsgabe", die wir bereits im Hinblick auf die zukünftige Vollendung, die Vollgabe des Lebens als Kinder Gottes, empfangen haben (vgl. Röm 8,23f). In der Zwischenzeit „nimmt er sich unserer Schwachheit an" und betet in uns in der rechten Weise um diese Vollendung (V. 26).

7 „Glaube, der in der Liebe wirksam ist"

Das Leben der Glaubenden ist, so betont Paulus immer wieder, nicht mehr vom „tötenden Buchstaben" bestimmt, sondern vom Geist. Sie leben nicht mehr „nach dem Fleisch" und erfüllen nicht mehr „das Begehren des Fleisches" (vgl. Gal 5,16f). Vielmehr gilt jetzt: „Wenn wir aus dem Geist leben, dann wollen wir dem Geist auch folgen" (Gal 5,25).

Dennoch ist auch das neue Leben „im Geist" nicht einfach ein gesetzloses Leben ohne jede Norm. An die Stelle des Buchstabens ist das „Gesetz des Geistes und des Lebens in Christus Jesus" getreten. Das ist jedoch nicht in erster Linie eine äußere Norm, sondern eine neue Kraft, die zu einem christus- und geistförmigen Handeln antreibt und befähigt. Das Handeln der Christen ist also in ihrem neuen Sein „in Christus" (vgl. 2 Kor 5,17), „im Geist" begründet und nur als Ausdruck, als Äußerung dieses neuen Lebens zu verstehen. Einem neuen Sein entspricht ein neues Handeln, so dass man vom Handeln auf das Sein schließen kann.

7.1 Das Verhältnis von „Indikativ" und „Imperativ"

Dieses Verhältnis von Seinswirklichkeit und Handeln spricht Paulus an, wenn er auf eine *Seinsaussage eine Ermahnung oder einen Aufruf zum Handeln* folgen lässt (man nennt diesen Sachverhalt das Verhältnis von Indikativ und Imperativ). Ganz unvermittelt stehen Indikativ und Imperativ in 1 Kor 5,7 nebeneinander: „Schafft den alten Sauerteig weg, damit ihr neuer Teig seid. Ihr seid ja schon ungesäuertes Brot; denn als unser Paschalamm ist Christus geopfert worden." Ebenso verhält es sich mit der oben zitierten Stelle Gal 5,25. Meistens folgen Seinsaussage und Ermahnung nicht so unmittelbar aufeinander. Doch die Tatsache, dass Paulus einerseits die *Wirklichkeit des neuen Lebens* betont, andererseits aber die *Notwendigkeit eines sittlichen Bemühens* ebenso unterstreicht, lässt sich nicht übersehen. An einigen Beispielen wird das sofort deutlich. In Röm 6,2 fragt er: „Wie können wir, die wir für die Sünde tot sind, noch in ihr leben?" Einige Verse weiter mahnt er dagegen: „So sollt auch ihr euch als Menschen begreifen, die für die Sünde tot sind, aber für Gott leben in Christus Jesus. Daher soll die Sünde euren sterblichen Leib nicht mehr beherrschen, und seinen Begierden sollt ihr nicht gehorchen. Stellt eure Glieder nicht der Sünde zur Verfügung ..." (V. 11ff). Der Seinsaussage: „Denn ihr alle, die ihr auf Christus getauft seid, habt Christus (als Gewand) angelegt" in Gal 3,27 steht die Ermahnung in Röm 13,14 gegenüber: „Legt (als neues Gewand) den Herrn Jesus Christus an!" (vgl. noch 1 Thess 1,6 mit 1 Kor 11,1).

Wie ist das *Verhältnis von Wirklichkeitsaussage und Ermahnung bzw. Aufforderung* zu verstehen? Ist die Wirklichkeit des neuen Lebens doch nicht so wirklich? Meint Paulus es doch nicht so, wie er es sagt? Übertreibt er aus Begeisterung? Obwohl Paulus sicher auch ein Begeisterter war, so war er doch kein wirklichkeitsfremder Phantast, der sich angesichts des Zustandes dieser Welt Illusionen machte. Er war durchaus auch ein nüchterner Realist, wie seine Briefe bezeugen.

▷ So meint er es wirklich ernst mit seiner Aussage, dass der Christ *schon jetzt ein Erlöster*, ein von den Zwängen der Unheilsmächte Befreiter ist. Der Christ steht nicht mehr unter dem Zwang zu sündigen.

▷ Aber dieses neue, erlöste Dasein ist auch nicht etwas naturhaft Zwanghaftes. Es ist Leben in der Freiheit des Glaubens und der Entscheidung, das immer wieder neu im Glauben (!) ergriffen, angenommen und im konkreten Alltag, unter den Bedingungen dieser Welt, verwirklicht werden muss. Nach Paulus ist der Christ zwar ein Erlöster, aber *nicht ein schon endgültig Geretteter*. Die Möglichkeit, das Endheil zu verfehlen, bleibt auch für ihn in diesem Leben grundsätzlich bestehen. Außerdem lebt auch der Christ noch nicht „im Himmel" oder in einem vom Bazillus des Bösen keimfreien Raum, sondern „im Leib", „im Fleisch", „in dieser Welt". In ihr sind aber die Mächte des Bösen noch wirksam, auch wenn der Christ ihnen nicht mehr wehrlos ausgeliefert ist. Er ist ja frei „vom Gesetz der Sünde und des Todes" (Röm 8,2).

7.2 Die sittlichen Weisungen

Der Christ ist also aufgerufen, in seinem Leben „das Gesetz Christi" zu erfüllen (Gal 6,2). Im Rahmen dieser Zusammenfassung ist es nicht möglich, die sittlichen Weisungen des Paulus und ihren jeweiligen Stellenwert im Einzelnen darzulegen. Einem Schema folgend, stehen die sittlichen Ermahnungen (die „Paränese") gewöhnlich im Schlussteil der Briefe.

▷ Inhaltlich übernimmt Paulus weithin ethische Vorstellungen und Normen seiner Umwelt (der stoischen Popularphilosophie) entsprechend dem Grundsatz, den er in 1 Thess 5,21 aufstellt: *„Prüft alles und behaltet das Gute!"* Den Philippern gibt er den Rat: „Schließlich, Brüder (und Schwestern): Was immer wahrhaft, edel, recht, was lauter, liebenswert, ansprechend ist, was Tugend heißt und lobenswert ist, darauf seid bedacht" (Phil 4,8). So findet man bei ihm so genannte *„Tugend- und Lasterkataloge"*, d.h. aneinander gereihte Aufzählungen von Tugenden oder Lastern, wie sie ganz ähnlich in der heidnischen Umwelt und auch in Qumran begegnen (vgl. Tugendkataloge in: Gal 5,22f; Phil 4,8. Lasterkataloge in: Röm 1,29-31; 13,13; 1 Kor 5,10f; 6,9f; 2 Kor 12,20f; Gal 5,19-21).

▷ Der *Unterschied* zur Umwelt liegt vor allem in der *christologisehen und eschatologischen Begründung und Motivation*. Die Christen sollen so gesinnt sein und so handeln, „wie es dem Leben in Christus Jesus entspricht" (vgl. Phil 2,5; 1,27.29; 1 Kor 7; Röm 12 – 14; Gal 5 – 6; 1 Thess 4,1-12). Gelegentlich kann er auch sein eigenes Verhalten als nachahmenswertes Beispiel hinstellen (vgl. 1 Thess 4,1; 1 Kor 4,16; 11,1; Phil 3,17; 4,9). Wie für Jesus ist auch für Paulus *„die Liebe die Erfüllung des Gesetzes"*. „Wer den andern liebt, hat das Gesetz erfüllt" (vgl. Röm 13,8-10; vgl. Mt 22,39f; Röm 5,14). Wie diese Liebe konkret aussieht, hat er in 1 Kor 13, dem sog. „Hohenlied der Liebe" beschrieben. Für Paulus ist das neue Handeln also eine selbstverständliche Folge der neuen Wirklichkeit des Christen „in Christus". Der Glaube kann nicht unwirksam bleiben. Er ist vielmehr ein Glaube, „der in der Liebe wirksam ist" (Gal 5,6).

▷ Die Erfüllung des Gesetzes, von der in Röm 13,8ff die Rede ist (vgl. Gal 6.2), darf nun jedoch nicht als eine neue „Werk- und Gesetzesgerechtigkeit" missverstanden werden. Das widerspräche allem, was Paulus über die Rechtfertigung durch den Glauben allein gesagt hat. Christus ist wirklich „das Ende des Gesetzes" (Röm 10,4), insofern es Weg zum Heil ist. Erfüllung des Gesetzes ist darum hier nicht als menschliche Möglichkeit gesehen, sich das Heil zu verdienen, sondern sie ist – man möchte sagen: fast notwendige – Auswirkung oder Konkretisierung des Glaubens, die konkrete Weise, in der der Glaube in der Liebe wirksam wird (vgl. Jak 2,14-26). Unter dieser Voraussetzung kann man die Auffassung des Paulus in dem Satz zusammenfassen: „Die Freiheit *vom* Gesetz als Heilsweg ist zugleich eine Freiheit *zum* Gesetz als inhaltliches Gebot" (W. Schrage).

8 Kirche und Herrenmahl

8.1 Das Wesen der Kirche

„Die Gemeinde Gottes ist für Paulus die Schar, die von Gottes erwählendem Ruf in der Missionspredigt und in der Taufe erfasst wurde, die daher *en Christo* ist, von der und durch die das Wort gepredigt und das Herrenmahl gefeiert wird, die aus Glauben bekennend, betend und dienend dem Evangelium antwortet und deshalb den Weg durch das Kreuz zur Auferstehung geht" (L. Goppelt 474). In dieser Beschreibung hat L. Goppelt Grund, Wesen, Vollzüge und Ziel der Kirche, wie Paulus sie sieht, u. E. zutreffend zusammengefasst. Man muss allerdings die Briefe des Paulus lesen, besonders den 1. Korintherbrief, wenn man diese abstrakte Definition mit Leben füllen und eine konkrete Vorstellung von der paulinischen Kirche erhalten will.

▷ Zur Kennzeichnung der Kirche greift Paulus vorwiegend auf *alttestamentliche Vorstellungen und Bilder* zurück. Die Kirche ist für ihn das „Israel Gottes" (Gal 6,16), der „Tempel Gottes" (1 Kor 3,10ff; vgl. Röm 15,20), das „Ackerfeld Gottes" (1 Kor 3,5-9), die „Herde Gottes" (1 Kor 9,7), „Gottes Bau" (1 Kor 3,9), „Nachkommen (Same) Abrahams" (Röm 4,13.16.18; Gal 3,16).

Mit „Kirche" (griechisch: Ekklesia) kann die Gesamtkirche (1 Kor 10,32) oder – bei Paulus vorwiegend – die Ortsgemeinde (1 Kor 1,2; 16,19) bezeichnet werden. Aber auch die gottesdienstliche Versammlung wird Ekklesia genannt (1 Kor 11,18). Doch sind das keine einander ausschließenden Bedeutungen. Die Ortsgemeinden sind nicht unvollständige Teile der universalen Kirche. Vielmehr ist die Ortsgemeinde konkrete, sichtbare Gestalt oder Erscheinungsform der einen Kirche (vgl. z. B. 2 Kor 1,1f).

▷ Im Unterschied zum atl. Gottesvolk leben in der christlichen Gemeinde „Juden und Heiden" in geschwisterlicher Gemeinschaft zusammen, pflegen Tischgemeinschaft miteinander und versammeln sich zum gemeinsamen Herrenmahl. Alle Grenzen und Schranken sind in ihr aufgehoben: „Es gibt nicht mehr Juden und Griechen, nicht Sklaven und Freie, nicht Mann und Frau; denn ihr alle seid einer in Christus Jesus" (Gal 3,28; vgl. Gal 2,12; 1 Kor 11,17-34; 12,13). Die Kirche ist auch „übernational" in dem Sinn, dass sie nicht mit einer Nation oder einem Staat identifiziert werden kann. Es gibt keinen christlichen „Gottesstaat".

▷ In besonderer Weise kommt das Wesen der christlichen Kirche in der Bezeichnung *Leib Christi* zum Ausdruck, die nicht direkt auf ein atl. Vorbild zurückgeht. Paulus gebraucht diesen Begriff in *zweifacher* Weise: In 1 Kor 12,12-27 und in Röm 12,4f dient er ihm als bildlicher Vergleich, um die *Einheit in der Vielfalt* zu veranschaulichen. Eine Gemeinde kann nur leben, wenn es in ihr verschiedene Begabungen gibt und alle sich in gegenseitiger Achtung begegnen in dem Bewusstsein, aufeinander angewiesen zu sein: „Auch der Leib besteht nicht nur aus einem Glied, sondern aus vielen Gliedern ... Wären alle zusammen nur ein Glied, wo bliebe dann der Leib? So aber gibt es viele Glieder und doch nur einen Leib ... Ihr aber seid der Leib Christi, und jeder Einzelne ist ein Glied an ihm" (1 Kor 12,14.19f.27). Paulus nimmt hier ein in der Antike gebräuchliches Bild auf.

Doch setzt der Vergleich bei Paulus die schon vorgegebene, nicht nur bildliche Vorstellung vom „Leib Christi" voraus. Wenn Paulus die Christen daran erinnert, dass sie „in der Taufe alle in einen einzigen Leib aufgenommen" worden sind (1 Kor 12,13), dann dürfte es sich dabei nicht nur um ein anschauliches Bild handeln. „Leib Christi" ist vielmehr *die dem Einzelnen schon vorgegebene Wirklichkeit, nämlich der Herrschafts- und Lebensbereich des Auferstandenen und Erhöhten.* Dieser „Leib Christi" entsteht also nicht erst durch den Zusammenschluss vieler Einzelner, sondern der Einzelne wird in ihm durch Glaube und Taufe eingegliedert. Dieses Verständnis vom „Leib Christi" setzt Paulus offensichtlich auch voraus, wenn er im Hinblick auf das Herrenmahl schreibt: „Ist das Brot, das wir brechen, nicht Teilhabe am Leib Christi? *Ein Brot* ist es. Darum sind wir viele *ein Leib*; denn wir alle haben teil an dem einen Brot" (1 Kor 10,16f). Wie wirklich für Paulus der Leib Christi und die Gliedschaft in ihm ist, zeigt seine Argumentation gegen die Prostitution in 1 Kor 6,15f.

Über die (wahrscheinlich vorpaulinische) Herkunft dieser Bezeichnung für die Kirche besteht bis heute keine Klarheit. Wahrscheinlich fließen in diesem Bild verschiedene Linien zusammen, so dass eine einseitige Ableitung von einem „Modell" zur Erklärung nicht ausreicht. Entscheidend ist, dass sich für Paulus in der Kirche als dem „Leib Christi" die Herrschaft des Auferweckten schon jetzt in der Welt auswirkt. *In der Kirche ist der Macht- und Lebensbereich des Auferstandenen als geschichtliche Größe erfahrbar.* Auf diesem Hintergrund erscheint die Missionstätigkeit als ein fortschreitendes Hineinnehmen der Welt in diesen Lebensbereich des Auferstandenen gleichsam wie eine „Einverleibung" in den „Leib Christi". Diese universale und kosmische Sicht des „Leibes Christi" wird in den nachpaulinischen Briefen an die Kolosser und Epheser weiter ausgebildet, wenn Christus, „das Ebenbild des unsichtbaren Gottes", dort als „das Haupt des Leibes, nämlich der Kirche" bezeichnet wird (Kol 1,18; Eph 1,22; 5,23; vgl. S. 192 f).

8.2 Das Herrenmahl

Das Gemeindeleben fand seinen reichsten und intensivsten Ausdruck in den gottesdienstlichen Versammlungen (Paulus nennt sie öfter einfach das „Zusammenkommen", vgl. 1 Kor 11,17.20.33f; 14,23.26), deren Mittel- und Höhepunkt das Herrenmahl war (vgl. auch Apg 2,46f). Ausdrücklich spricht Paulus vom Herrenmahl allerdings nur zweimal und beide Male aus konkretem Anlass. In *1 Kor 10,14-22* im Zusammenhang mit der Frage nach der Teilnahme der Christen an heidnischen Mahlfeiern, bei denen Fleisch angeboten wurde, das von „Götzenopfern" stammte, und in *1 Kor 11,*

17-34, um Missstände bei der Feier des Herrenmahls aufzudecken und zu beseitigen.

▷ Zur Zeit des Paulus waren Sättigungsmahl und eucharistisches Mahl noch nicht getrennt. Man feierte das Gedächtnis des Herrn in Gestalt eines richtigen Mahles, das man „Herrenmahl" nannte (vgl. 11,20). Wer dazu in der Lage war, brachte zu diesem Gemeinschaftsmahl Brot und Wein mit, die der Gemeinschaft und damit zugleich auch „dem Herrn" zur Verfügung gestellt wurden. Sie waren dadurch einem rein privaten Gebrauch entzogen.

Nun war in der korinthischen Gemeinde die Unsitte eingerissen, dass die besser Gestellten schon vor dem eigentlichen Gemeinschaftsmahl mit dem (privaten) Essen und Trinken begannen (weil sie nicht zu arbeiten brauchten). Wenn dann die Ärmeren kamen und das war sicher die Mehrzahl (vgl.1 Kor 1,26) –, waren die früher Gekommenen bereits gesättigt und zum Teil sogar betrunken (vgl. 11,21). Die Armen mussten dem nicht nur hungrig zuschauen, sie wurden dadurch auch noch gedemütigt (V. 22).

Dieses gemeinschaftsschädigende und egoistische Verhalten zerstört nach Meinung des Paulus den Charakter des Mahls als Herrenmahl: „Was ihr bei euren Zusammenkünften tut, ist keine Feier des Herrenmahles mehr" (V. 20).

Die Betroffenen meinten wahrscheinlich, das soziale Verhalten habe nichts mit dem Sakrament zu tun. Das läge auf einer anderen Ebene und wirke in jedem Fall – theologisch gesprochen – „ex opere operato" (von sich aus). Dagegen macht Paulus unmissverständlich deutlich, dass jede Absonderung, Spaltung, „Cliquenbildung", Rücksichtslosigkeit, wie überhaupt jede Privatisierung des Herrenmahls seinem Wesen und der Intention Jesu widersprechen. Wer in dieser lieblosen, „unangemessenen" (d. h. dem eigentlichen Sinn widersprechenden), unwürdigen Weise „von dem Brot isst und aus dem Kelch des Herrn trinkt, macht sich schuldig am Leib und am Blut des Herrn". Jeder soll daher sein Verhalten prüfen. „Denn wer davon isst und trinkt, ohne zu bedenken, dass es der Leib des Herrn ist, der zieht sich das Gericht zu, indem er isst und trinkt" (V. 27f; vgl. V. 33f).

„Leib des Herrn" ist hier wohl im doppelten oben dargelegten Sinn zu verstehen: als sakramentaler Leib des Auferstandenen und als Bezeichnung der Gemeinde.

Gegenüber dem egoistischen Verhalten einzelner Gemeindemitglieder verweist Paulus auf die selbstlose Haltung Jesu, der sich für andere hingegeben hat (vgl. das gleiche Vorgehen in Phil 2.5). Mit der Einleitung: „Denn ich habe vom Herrn empfangen, was ich euch dann überliefert habe" (V. 23), zeigt Paulus an, dass er nicht aus eigener Autorität spricht. Er hat den folgenden „Abendmahlstext" selber aus der (hellenistischen) Urgemeinde empfangen, der daher für seinen Beweisgang bei den Lesern ein anderes Gewicht hat als seine private Meinung. Der Text erklärt und regelt die liturgische Handlung als kultische Wiederholung dessen, was „Jesus, der Herr", getan hat, „in der Nacht, in der er ausgeliefert wurde" (V. 23). Das Herrenmahl ist also *Gedächtnismahl* und als solches – so deutet es Paulus in V. 26 – *vergegenwärtigende Verkündigung des Todes,* aber auch der *Auferstehung Jesu,* denn die Gemeinde soll „dies" tun, „bis er kommt" (vgl. den Gemeinderuf „Marana tha" = „unser Herr, komm!", 1 Kor 16,22, der seinen „Sitz im Leben" sehr wahrscheinlich in der Feier des Herrenmahles hatte, vgl. S. 15). Im Herrenmahl wird die Herrschaft des auferweckten Gekreuzigten über seine Gemeinde und über Welt und Zeit proklamiert, was die Gemeinde ja gerade auch mit der Vorstellung vom „Leib Christi" zum Ausdruck bringen wollte.
Im Unterschied zur Überlieferung bei Markus und Matthäus (vgl. S. 65f) ist der Hinweis auf das stellvertretende Sterben Jesu („für euch") nicht auf das Blut, sondern auf den *Leib* bezogen („mein Leib für euch") und statt: „Das ist mein Blut, das Blut des Bundes, das für viele vergossen wird" (Mk 14,24), mit seiner deutlichen Anspielung auf das Bundesblut in Ex 24,8, heißt es hier: „Dieser Kelch ist der Neue Bund in meinem Blut" (V. 25). Damit wird das Herrenmahl als Erfüllung der Verheißung des *„Neuen Bundes"*, wie ihn Jeremia (31,31ff) angekündigt hat, gedeutet. Dieser Bezug auf den „Neuen Bund" machte auch die Änderung der Formulierung „Blut des Bundes" in die vorliegende: „Dieser Kelch ist der Neue Bund" notwendig, denn der „Neue Bund" hatte nichts mit Blut zu tun. Zugleich war damit das Missverständnis ausgeschlossen, die Christen würden beim Herrenmahl Blut genießen. Wenn dennoch hinzugefügt wird „in meinem Blut", soll damit – gemäß der Überlieferung – auf den Sühnetod Jesu zur Vergebung der Sünden hingewiesen werden.

▷ Ein zweites Mal kommt Paulus auf die Feier des Herrenmahls im Zusammenhang mit seinen Anweisungen hinsichtlich der Teilnahme von Christen an heidnischen Mahlfeiern in *1 Kor 10,16f* zu sprechen. Erst beide Texte zusammengenommen geben Aufschluss über das paulinische Verständnis der Eucharistiefeier. Auch hier dürfte sich Paulus – gegen die Korinther – auf vorgegebene Tradition beziehen, wie der kunstvolle, parallele Aufbau in V. 16 und die Frageform zeigen, mit der Paulus sich auf Bekanntes und allgemein Anerkanntes bezieht. Die Teilnahme am eucharistischen Mahl ist wirklich „Teilhabe am Blut Christi", d. h. an der sühnenden Wirkung des Sterbens Jesu, und am „Leib Christi". Paulus geht es hier um den *einen Leib* (V. 17). Weil das Mahl nach seiner Deutung wirklich Gemeinschaft mit dem Herrn gewährt und in den Leib Christi eingliedert, sind die Teilnehmer auch untereinander „ein Leib". Sie sind ja auch alle „mit dem einen Geist getränkt", der sie zu einem Leib zusammenschließt (vgl. 1 Kor 12,13, auch 10,3f). „Anteil an Jesus und seinem Leibe (ist) mit der Eingliederung in den Christusleib der Gemeinde identisch" (E. Käsemann). – Taufe und Abendmahl sind für Paulus zwar wirksame Zeichen des Heils, die Anteil an den Wirkungen des Sterbens und der Auferstehung Jesu Christi geben. Sie dürfen deshalb aber nicht als naturhaft oder magisch wirksame Heilsgarantie missverstanden werden wie die Riten in den Mysterienkulten (10,12).

8.3 Gemeindestrukturen

In den von Paulus gegründeten Gemeinden gibt es nach Ausweis der echten Paulusbriefe noch keine genau umschriebenen und feststehenden Ämter. Das in den überwiegend juden-christlichen Gemeinden existierende *Ältestenkollegium* hat Paulus für seine Gemeinden *nicht übernommen* (vgl. Apg 15,2-4.6.22f). Zwar werden Phil 1,1 „Bischöfe und Diakone" genannt, doch entsprechen diese Bezeichnungen nicht den späteren amtlichen Titeln und den mit ihnen verbundenen Funktionen. Es sind wahrscheinlich von der Gemeinde gewählte „Vorsteher" (episkopoi = Aufseher) und „Diener", die verschiedene Leitungsaufgaben und Dienste wahrnahmen, die für das Leben einer Gemeinde notwendig sind.

Obwohl es noch keine „Amtsträger“ als bleibende Einrichtung gab, war die Gemeinde doch kein gleichförmiges Einheitswesen. Wie oben (S. 164) gezeigt wurde, gab es in ihr eine Vielfalt von Diensten und Befähigungen, so dass sie eine vielgegliederte und lebendige Einheit war, die Paulus mit einem Leib vergleichen kann. Nur waren diese nicht „von Amts wegen“, sondern „von Geist wegen“ berufen.

Der eigentliche „Organisator“ der Gemeinde ist nach Paulus *der auferstandene Herr, der sie durch seinen Geist leitet*. Dieser schafft sich die Dienste und die Gemeindeordnung, die den Bedürfnissen des Ganzen und der größtmöglichen Entfaltung der Fähigkeiten des Einzelnen am besten entsprechen. Paulus vertraute offensichtlich mehr dem Geist als den Strukturen. Die Gemeinde ist für ihn in erster Linie eine „geistliche Wirklichkeit“. Zu den vom Geist gewirkten Befähigungen und Diensten gehörten nach Paulus neben den Propheten und Lehrern (1 Kor 12,28f; Röm 12,7) auch die der Vorsteher, der Leiter, der Sich-Abmühenden (1 Thess 5,12; vgl. 1 Kor 16,15f).

Man darf außerdem nicht vergessen, dass Paulus selbst gleichsam der geistliche Vater, Berater und Leiter der von ihm gegründeten Gemeinden blieb (vgl. 1 Kor 4,14f; Gal 4,19). Wie seine Briefe bezeugen, war er für sie die – wenn auch nicht unumstrittene – Autorität. (Zur „Autoritätskrise“ vgl. besonders 2 Kor 2 – 4; 10 – 12). Doch zeigen die Briefe auch, dass er seine Autorität nicht als Herrschaft, sondern als Dienst verstand: „*Wir wollen ja nicht Herren über euren Glauben sein, sondern wir sind Helfer zu eurer Freude*; denn im Glauben seid ihr fest verwurzelt“, schreibt er den Korinthern (2 Kor 1,24). „Wir verkünden nämlich nicht uns selbst, sondern Jesus Christus als den Herrn, uns aber als eure Knechte um Jesu willen“ (ebd. 4,5).

Dem entspricht die Art und Weise, wie er mit seiner Gemeinde umgeht. Er befiehlt und dekretiert nicht, sondern versucht, sie mit Argumenten zu überzeugen, diskutiert über die Schwierigkeiten, ermahnt und bittet. (Aufschlussreich sind in dieser Hinsicht die häufigen Formulierungen wie: „Lasst uns darum ... “ oder „Wisst ihr nicht ... ?“, „Ich wünschte aber ...“ u. ä). Nur wo es um die Reinheit des Evangeliums geht, setzt er seine Autorität kompromisslos ein.

Diese geistgewirkte Verfassung der paulinischen Gemeinden hat sich nach seinem Tod nicht gehalten. In den späteren, nachpaulinischen Briefen tritt das geistliche Element immer mehr zurück und die Ämter immer mehr in Erscheinung. Die Gründe dafür sind vor allem – wenn auch nicht nur – in der Bedrohung durch die Irrlehrer zu suchen (vgl. S. 195ff).

8.4 Die Kirche und Israel

Ein ihn tief bewegendes und schmerzliches Problem ist für Paulus die Tatsache, dass Israel der Botschaft Jesu keinen Glauben geschenkt hat und ihr gegenüber als Ganzes – abgesehen von einem kleinen Teil – „verstockt" geblieben ist. Als Angehöriger dieses Volkes leidet er schwer darunter, und er geht so weit, sein eigenes Heil um seiner „Brüder (und Schwestern) willen" einzusetzen (vgl. Röm 9,2f; 10,1). „Hat Gott sein Volk verstoßen?" (11,1). In *Röm 9 – 11* geht er dieser Frage nach und versucht, dem Geheimnis der Verstockung und Verwerfung Israels einen Sinn abzugewinnen. Der Abschnitt ist gleichsam die Anwendung der vorausgehenden Aussagen über die allgemeine Sündenverfallenheit der Menschheit und Gottes Rechtfertigung des Gottlosen (Kap. 1 – 8) auf den konkreten und speziellen Fall Israel. Er nimmt die schon in 3,1 gestellte Frage: „Was ist nun der Vorzug der Juden und der Nutzen der Beschneidung?", wieder auf.

▷ Paulus erkennt die unverdienten und unverlierbaren *Vorzüge Israels* gegenüber den Heiden durchaus an (vgl. 9,4f, 10,2f; 11,28f). Trotz des gegenwärtigen Unglaubens Israels im Blick auf Jesus Christus ist Gottes Verheißungswort „keineswegs hinfällig geworden" (9,6). Diese Überzeugung ist die Grundvoraussetzung, von der aus Paulus die jetzige Stellung Israels im Heilsplan Gottes sieht.

▷ Er unterscheidet aber zwischen einer Zugehörigkeit zu Israel aufgrund *natürlicher Abstammung*, den „Kindern des Fleisches", und einer aufgrund der *Verheißung*, den „Kindern der Verheißung" (9,6-13; vgl. 2,28f; Gal 3,7). Er leugnet somit eine rein natürlich-geschichtliche Kontinuität. Die eigentliche Kontinuität ist im frei erwählenden Gnadenhandeln Gottes begründet. Daher „kommt es

nicht auf das Wollen und Streben des Menschen an, sondern auf das Erbarmen Gottes“ (9,16).
Paulus will an dieser Stelle sicher keine Lehre von der „Prädestination“ und dem freien Willen vortragen. Denn er betont anschließend (10,5-21) ebenso die freie Entscheidungsmöglichkeit gegenüber der Verkündigung des „Wortes des Glaubens“, das jedem nahe ist und das auch Israel gehört hat (10,8-19). „Doch nicht alle sind dem Evangelium gehorsam geworden“ (V. 16; vgl. 11,20).
▷ Aber *die Verwerfung Israels kann nicht Gottes Wille sein.* Schon jetzt gibt es einen „Rest, der aus Gnade erwählt ist“ (11,5; vgl. V. 25), und einst wird auch ganz Israel zum Glauben kommen (vgl. 11,12.26). Das wird nach Meinung des Paulus dann eintreten, wenn „die Heiden in voller Zahl das Heil erlangt haben“ (11,25). Paulus sieht den Sinn der Ablehnung Jesu seitens Israels also darin, dass dadurch das Heil zu den Heiden gekommen ist, um Israel „eifersüchtig zu machen“ (11,11f.14). Wie ihr Nein eine Chance für die Heiden gewesen ist, so wird die Berufung der Heiden zu einer Chance für Israel, die es zum Glauben führen kann. Die Heiden haben keinerlei Anlass, sich über Israel zu erheben, denn dass sie gerettet sind, verdanken sie allein der Güte Gottes (vgl. 11,22f). „Gott hat alle in den Ungehorsam eingeschlossen, um sich aller zu erbarmen“ (11,32).
Die Erwartung des Paulus, dass „die Heiden in voller Zahl das Heil erlangen“ werden und Israel sich dann bekehren werde, hat sich bis heute nicht erfüllt. Wie für Paulus bleibt Israels Weg (und der der ganzen nicht-christlichen Menschheit) auch für uns letztlich ein undurchdringliches Geheimnis, vor dem wir nur, wie er, ehrfurchtsvoll ausrufen können: „O Tiefe des Reichtums, der Weisheit und der Erkenntnis Gottes! Wie unergründlich sind seine Entscheidungen, wie unerforschlich seine Wege“ (11,33).

9 Gegenwart und Zukunft des Heils

9.1 Die Naherwartung

Mit dem gesamten Urchristentum teilt Paulus die Erwartung der baldigen Wiederkunft Christi und dem damit verbundenen Ende dieser Welt. Seine ganze Verkündigung steht im Zeichen dieser Enderwartung. Sie ist eines der stärksten Motive bei den sittlichen Ermahnungen und deren Begründung (vgl. 1 Thess 5,1-11; 1 Kor 7,29; Phil 4,4ff; Röm 13,11-14). Zwar steht das Ende noch aus, aber „der Herr ist nahe“ und „die Zeit ist kurz“.

▷ Den Glauben an das Kommen des Herrn am Ende der Zeiten bringt Paulus ebenso wie andere urchristliche Autoren z. T. in geläufigen, zeitbedingten Vorstellungen der jüdischen Apokalyptik zum Ausdruck. So weist z. B. die Schilderung des Kommens Christi in seinem ersten Brief eine Reihe traditioneller Züge auf (1 Thess 4,13-18; vgl. aber auch 1 Kor 15,51f).

Dennoch muss man sagen, dass Paulus auch darin vergleichsweise nüchtern und zurückhaltend ist. Er deutet mehr an, als dass er Einzelheiten ausmalt. Spekulationen über das Wie und Warum fehlen bei ihm ebenso wie die Berufung auf Visionen, in denen der Apokalyptiker den Ablauf der Geschichte schaut (vgl. dagegen die Offenbarung des Johannes und auch 2 Thess 2,1-12).

Paulus ist allein an der entscheidenden Tatsache interessiert, dass der Herr kommen wird, um seine Herrschaft zu offenbaren und endgültig zu vollenden (vgl. 1 Kor 15,24-26), und dass die Glaubenden dann für *„immer beim Herrn sein“ werden. Seine Eschatologie ist also von der Christologie bestimmt, nicht umgekehrt.*

▷ Das Kommen Christi erwarten Paulus und die Gemeinden offensichtlich noch zu Lebzeiten. In 1 Thess ist das Problem bezeichnenderweise nicht, ob und auch eigentlich nicht wann der Herr kommt (vgl. 5,1f, dagegen 2 Thess 2,1-12), sondern die Frage, was mit denen geschieht, die *vor* seinem Kommen gestorben sind. Paulus tröstet die darüber beunruhigten Gemeindemitglieder mit der Versicherung, dass die Lebenden den Verstorbenen nichts voraus haben werden (4,16f; vgl. 5,10).

▷ Sicher hat auch Paulus in seiner Auffassung von der Endvollendung eine Entwicklung durchgemacht. Manche Forscher meinen, er habe später mit der Möglichkeit gerechnet, doch noch vor dem Erscheinen (der „Parusie“) des Herrn zu sterben. Besonders Phil 1,21ff scheint dies nahe zu legen.

Paulus hofft, unmittelbar nach dem für möglich gehaltenen Tod „bei Christus zu sein“, ohne dass er ein Kommen zur Parusie abwarten müsste, das ja auch alle und nicht nur ihn allein beträfe. Eine ähnliche Erwartung scheint er auch in 2 Kor 5,1-10 zu hegen. Wie immer es sich mit diesen Aussagen verhalten mag, es ist nicht zu übersehen, dass in den genannten Briefen doch auch der Gedanke an eine *endzeitliche Auferstehung* bzw. den „Tag Christi“ erscheint (vgl. 2 Kor 4,14; Phil 3,10f.20f; vgl. 1,6.10; 4,5) und Paulus auch noch in seinem letzten Brief an dieser Vorstellung festhält (vgl. Röm 8.19.23; 13,11).

9.2 Die Wirklichkeit der Auferstehung

Ausführlich beschäftigt Paulus sich mit der Frage der Auferstehung von den Toten in *1 Kor 15*. Er tut es wiederum – wie so oft in diesem Brief – aus einem konkreten Anlass. In der Gemeinde von Korinth gab es offensichtlich Leute, die eine zukünftige, leibhaftige Auferstehung leugneten, weil sie der Meinung waren, die eigentliche Auferstehung, der Übergang vom Tod zum Leben, sei *bereits bei der Taufe erfolgt* (vgl. Röm 6,10f). Der Christ lebe ja schon „im Geist“, im neuen Leben. Auferstehung der Toten sei daher eine überholte (jüdische) Vorstellung und füge dem jetzigen erlösten Dasein nichts Wesentliches hinzu.

▷ Gegenüber diesen „Schwärmern“ argumentiert Paulus zunächst wieder in der für ihn typischen Weise mit dem gemeinsamen urchristlichen Credo, das den Tod und die Auferstehung Jesu Christi bekennt (1 Kor 15,3f; vgl. S. 18f). Daraus folgert er dann: „Wenn aber verkündet wird, dass Christus von den Toten auferweckt worden ist, wie können dann einige sagen: Eine Auferstehung von den Toten gibt es nicht. Wenn es keine Auferstehung der Toten gibt (wie einige behaupten!), ist auch Christus nicht auferweckt worden“ (15,12f).

▷ Grund seiner Auferstehungshoffnung ist für Paulus *der Glaube an die Auferstehung Christi*. „Nun aber ist Christus von den Toten auferweckt worden als der Erste der Entschlafenen ... Denn wie in Adam alle sterben, so werden in Christus alle lebendig gemacht werden“ (V. 20-22; vgl. 2 Kor 4,14; Röm 8,11).

▷ Am Ende seiner Argumentation versucht Paulus auch die Frage nach dem *„Wie“ des Auferstehungsleibes* zu beantworten, die die Korinther bewegte (15,35-58). Im Grunde ist dies für ihn eine „törichte Frage“ (V. 36), weil sie das völlig Andere und Unvergleichliche der neuen Wirklichkeit doch noch mit diesseitigen Vorstellungen erfassen will. So kann auch Paulus nur zu immer anderen Bildern und Vergleichen greifen, die letztlich alle unzureichend sind. Zwar besteht eine Kontinuität zwischen unserem Sein hier „im Leib“ und dem künftigen Leben „beim Herrn“, eine Kontinuität, die der zu vergleichen ist, die zwischen dem unscheinbaren Samenkorn und der Pflanze besteht. Aber eines ist sicher: „Fleisch und Blut können das Reich Gottes nicht erben; das Vergängliche erbt nicht das Unvergängliche“ (V. 50). Der Auferstehungs-„Leib“ wird ein „geistlicher“, „überirdischer Leib“ sein, vor dessen neuer Wirklichkeit alle menschlichen Vorstellungen versagen (vgl. V. 42-44). Entscheidend ist für Paulus, dass wir total „verwandelt“ und dem Herrn gleichgestaltet werden (V. 49; vgl. 2 Kor 3,18; Phil 3,21; Röm 8,29).

9.3 Die Beziehung zwischen Gegenwart und Zukunft des Heils

Dass einige in der korinthischen Gemeinde glaubten, die Auferstehung habe schon stattgefunden und die Vollendung sei schon erreicht, beruhte vielleicht auch auf einem Missverständnis der Verkündigung des Paulus selbst. Denn es finden sich in seinen Briefen ja eine Reihe von Aussagen, die die Gegenwart des Heils (das Schon-jetzt) so stark betonen, dass sie eine noch ausstehende Vollendung fast überflüssig machen. Darin unterscheidet sich christliche Verkündigung u. a. ja von der jüdischen Apokalyptik, dass sie die Gegenwärtigkeit der Erlösung behauptet.

▷ Mit dem Kommen des Sohnes Gottes ist die „Zeit erfüllt“ (Gal 4,4; vgl. 1 Kor 10,11). Die Glaubenden sind „tot für die Sünde“, „geheiligt“ und „gerechtfertigt“ (Röm 6,11). der alte Mensch ist „mitgekreuzigt“ mit Christus (Röm 6,6; vgl. 7,4-6; Gal 5,24). Jetzt sind die Christen schon verherrlicht (Röm 8,30) und „spiegeln mit enthülltem Angesicht die Herrlichkeit des Herrn wider“ (2 Kor 3,18). Sie sind in Wahrheit „mit Gott versöhnt“ und „in Christus“ eine „neue Schöpfung“. *„Das Alte ist vergangen. Neues ist geworden“* (2 Kor 5,17.19).

▷ Dennoch steht bei Paulus diesem „Schon-jetzt" des Heils ein ebenso wirkliches *„Noch-nicht"* der endgültigen Vollendung gegenüber. Wir sind zwar gerechtfertigt, aber noch nicht gerettet; *gerettet sind wir jetzt nur „in der Hoffnung. Hoffnung, die man schon erfüllt sieht, ist keine Hoffnung"* (Röm 8,24). Allerdings ist es auch eine Hoffnung, „die nicht zugrunde gehen" lässt (Röm (5,5). „Als Glaubende gehen wir unseren Weg, nicht als Schauende" (2 Kor 5,7; vgl. 1 Kor 13,12). Wir sind, verglichen mit dem, was sein wird, noch „fern vom Herrn" (2 Kor 5,6.8), und „der letzte Feind, der Tod", wird erst entmachtet werden, „wenn Christus kommt" (vgl. 1 Kor 15,23-26). Die Aussagen des Paulus über den gegenwärtigen Heilszustand stehen also unter einem letzten *„eschatologischen Vorbehalt"*, d. h. unter dem „Noch-nicht" der endgültigen Vollendung, das für Paulus allerdings auch ein „Schon-bald" ist (vgl. 1 Kor 7,29-31; 15,50ff; Phil 4,4f). In der Zwischenzeit feiert die Gemeinde weiterhin das Herrenmahl, „bis er kommt", und ruft ihr sehnsüchtiges *„Marana tha!"*
▷ Aber nicht die zeitliche Spannung zwischen der Gegenwart des Heils und der noch ausstehenden Vollendung ist das eigentlich Beherrschende in den paulinischen Aussagen, sondern der Glaube, dass die gegenwärtige *neue Wirklichkeit* in den Glaubenden *der Grund der Hoffnung* auf die zukünftige Herrlichkeit ist.
▷ Inbegriff des den Christen schon jetzt geschenkten Heils und damit Grund der Hoffnung ist nach Paulus der *Geist*, der in ihnen „wohnt". Ihn nennt er daher „die Erstlingsgabe" (Röm 8,23) und den „ersten Anteil" („die Auszahlung") (2 Kor 1,22; 5,5). Dieser Geist gibt in uns Zeugnis dafür, „dass wir Kinder Gottes sind. Sind wir aber Kinder, dann auch Erben" (Röm 8,16f; vgl. 8,31-39). In dieser Gewissheit harrt der Christ dem Kommen des Herrn entgegen.

Rückblick

Die Theologie des Paulus ist im Grunde nur *die Entfaltung des urchristlichen Glaubensbekenntnisses zum gekreuzigten und auferstandenen Messias Jesus*, verbunden mit dem Aufweis der sich daraus ergebenden Folgen für das Leben der Glaubenden. Von dieser Mitte der paulinischen Theologie ist auch die besondere Auffassung des Apostels von der Stellung des Gesetzes bestimmt. Denn mit Jesu Tod und Auferstehung ist auch das Ende des Gesetzes als Heilsweg gekommen. Als Heilsweg schließen beide einander aus. Diese Konzentration auf das Kreuz und die Auferstehung war in der vorösterlichen Situation des irdischen Jesus natürlich nicht möglich. Ebensowenig die zentrale Bedeutung des Glaubens *an* Jesus Christus und die starke Betonung der Wirksamkeit des Geistes. Das alles sind nachösterliche Wirklichkeiten.

Wie Jesus sieht Paulus im Gesetz den Ausdruck des auf das Heil des Menschen gerichteten Gotteswillens. Aber für beide ist „die Liebe die Erfüllung des Gesetzes" (vgl. Röm 13,8-10 mit Mk 10,19 par.). Alle Forderungen des Gesetzes sind nach diesem Maßstab kritisch zu beurteilen (vgl. Mk 2,27; Mt 12,1-5 par.). Wie Jesus für sich beanspruchte, den Willen Gottes, wie er sich im Gesetz kundtat, in eigener und neuer Vollmacht auszulegen, so sind für Paulus die Weisungen des Herrn oberste Norm für das Verhalten der Christen (vgl. 1 Kor 7,10 mit Lk 16,18 par.).

So ergibt sich, dass Paulus zwar die Botschaft Jesu in der nachösterlichen Zeit und in einer veränderten Umwelt neu und anders formuliert, dass seine Verkündigung aber im Wesentlichen mit dieser Botschaft übereinstimmt. Darin wusste Paulus sich im Übrigen im Einklang mit der Verkündigung der anderen Apostel bzw. Gemeinden vor und neben sich (vgl. Gal 2,1-10).

Lit.: *Bornkamm*, Paulus; Ernst, Paulus. Ein theologisches Portrait; Kirchschläger 106-124.

WIEDERHOLUNGS- UND VERSTÄNDNISFRAGEN

- Welche christologische Würdetitel verwendet Paulus und was verbindet er mit ihnen?
- Was ist nach Ihrer Meinung das theologische Zentrum der paulinischen Verkündigung?
- Mit Hilfe welcher Vorstellungen und Bilder deutet Paulus den Tod Jesu?
- Welche Rolle spielt nach Paulus die Sünde als Unheilsmacht und was versteht er unter „Fleisch"?

- Wie beurteilt Paulus das atl. „Gesetz“ und seine Funktion in der Heilsgeschichte?
- Was versteht Paulus unter Gerechtigkeit und Rechtfertigung des Sünders?
- Gibt es nach Paulus eine spezifische christliche Ethik?
- Wie sieht er das Verhältnis von „Indikativ und Imperativ“?
- Was bewirkt der Geist in den einzelnen und in der Gemeinde?
- Welche Vorstellung hat Paulus von der Kirche und welche Strukturen haben die paulinischen Gemeinden?
- Wie sind Kirche und Herrenmahl aufeinander bezogen?
- Wie beurteilt Paulus das Verhältnis Israel – Kirche?
- Wie sieht Paulus die Beziehung zwischen Gegenwart und Zukunft des Heils?

VII. Kapitel
Theologie im Namen und Geist des Paulus

1 Die Theologie der Briefe an die Kolosser und an die Epheser

Vorbemerkung: Im Folgenden wird die nachpaulinische Verfasserschaft vorausgesetzt. Die Gründe für diese Entscheidung sind in der folgenden Darlegung enthalten (vgl. außerdem Kirchschläger 124 – 127). – Dass der Brief an die Kolosser und der an die Epheser zusammen behandelt werden, ist in ihrer engen Verwandtschaft begründet. Der Eph nimmt wesentliche Gedanken des Kol auf und führt sie weiter. Beide Briefe dürften auf eine Paulusschule zurückgehen.

1.1 Das Anliegen

Schon zu Lebzeiten des Paulus, vor allem aber nach seinem Tod, hat es im paulinischen Missionsgebiet immer wieder Versuche gegeben, ein „anderes Evangelium" zu verkünden (vgl. Gal 1,7). Das musste nicht immer in schlechter Absicht geschehen. Verkünder und empfangende Gemeinde waren sich manchmal vielleicht gar nicht bewusst, dass ihre nichtpaulinische Theologie bzw. Christologie im unversöhnlichen Widerspruch zur „Wahrheit des Evangeliums" (Gal 2,14) stand und in letzter Konsequenz zum Abfall von Jesus Christus führen musste. So hatte Paulus z. B. die Galater erst auf die Gefährlichkeit der Lehren der „Judaisten" aufmerksam machen müssen (vgl. Gal 3,1-5; 5,1-4).
Ganz allgemein lässt sich im Hinblick auf die nachpaulinischen Schriften, die später unter dem Namen des Apostels erschienen, sagen, dass sie ihre Entstehung dem Bemühen verdanken, das *„paulinische Evangelium"* unter veränderten Bedingungen zu erhalten, es *gegen Verfälschung und Entleerung zu schützen*. Letzteres ist ganz deutlich bei den sog. Pastoralbriefen der Fall (vgl. S. 195f). Es gilt aber auch für den Kol. Der Eph wirkt dagegen abgeklärter und lässt kaum noch etwas von einer aktuellen Auseinandersetzung spüren.
Will man die spezifischen theologischen Anschauungen des Kol verstehen, muss man daher zunächst – soweit dies noch möglich ist

– die gegnerischen Positionen kennen, gegen die er sich richtet. Allerdings soll damit nicht gesagt sein, dass alle seine Aussagen nur von daher bestimmt sind, es sich also nur um eine „Kontroverstheologie“ handelt. Vieles ist eigenständige Vertiefung und Entfaltung urchristlicher Verkündigung in nachpaulinischer Zeit.

1.2 Der Brief an die Kolosser

Es ist nicht leicht, sich aufgrund der Angaben des Kol ein objektives, zusammenhängendes Bild von der Irrlehre in Kolossä zu machen (vgl. 2,16-23). Der Verfasser stellt sie ja nicht sachlich unbeteiligt dar, sondern bekämpft sie mit Polemik und Spott, mit Drohungen und Warnung vor ihr. Sie ist jedenfalls nicht einfach mit der Irrlehre in Galatien gleichzusetzen, mit der Paulus sich im Gal auseinander setzt (vgl. Gal 4,8-10). Dort spielte die Forderung der Judaisten nach Beschneidung als Vorbedingung für das Heil eine wesentliche Rolle.

Die kolossäische „Philosophie“

Die Irrlehrer in Kolossä verlangen vor allem die *Verehrung der „Elemente der Welt“* (2,8.20), die man sich wohl als einflussreiche, personhafte Mächte vorstellte. Sie sind Teile oder Glieder des kosmischen Weltleibes, des Alls. Nur wenn die Elemente miteinander versöhnt in Frieden und Harmonie leben, kann das stets vom Auseinanderbrechen bedrohte Weltall bestehen. Um sich diese Weltelemente gnädig zu stimmen, werden besondere Verhaltensweisen gefordert: das Einhalten von Festtagen (Neumond, Sabbat), Enthaltung von bestimmten Speisen und Getränken, wohl auch vom Geschlechtsverkehr. Fasten wird empfohlen, und schließlich ist den Engeln Verehrung zu erweisen.
▷ Es handelt sich bei dieser „Philosophie“ (2.8) offensichtlich um eine Mischung aus religiösen und philosophischen Anschauungen des Juden- und Heidentums, wie sie zu jener Zeit weit verbreitet waren. Mit der „Philosophie“ ist also nicht eine rein intellektuelle

Weltanschauung gemeint, sondern eine Daseinshaltung, die das ganze Leben bestimmt. Das machte gerade ihre Gefährlichkeit aus. Ihre Grundhaltung war ein Gefühl der Angst, des Bedroht- und Ausgeliefertseins. Durch Einweihung in die Mysterien (in V. 11 wird vielleicht auf sie angespielt) und durch eine entsprechende Praxis hoffte man, sich dem bedrohenden Einfluss der Weltelemente zu entziehen und sie zu versöhnen.

Die Widerlegung

In seiner Kritik nennt der Verfasser des Briefes die Vorschriften und Forderungen der Irrlehrer kurzweg „menschliche Satzungen und Lehren“ (2,22) und verweist ihnen gegenüber auf das „wahre Wort des Evangeliums“, das die Kolosser gehört und angenommen haben (vgl. 1,5-7.23). Ja, mit dem Evangelium haben sie den „Herrn Christus Jesus“ selbst angenommen. Deshalb ruft er sie eindringlich auf: „Ihr habt Christus Jesus als Herrn angenommen. Darum lebt auch in ihm! Bleibt in ihm verwurzelt und auf ihn gegründet, und haltet an dem Glauben fest, in dem ihr unterrichtet wurdet“ (2,6f). Dieser Aufruf zeigt, dass der Verfasser seinen Kampf gegen die Irrlehre vor allem von der *Christologie* und dem durch Christus gewirkten Heil führen will. Das Kernstück seiner Argumentation ist ein den Kolossern bereits bekanntes *Christuslied*, auf das er in 1,15-20 zurückgreift (vgl. S. 24f). In ihm preist die Gemeinde Jesus Christus als den einzigen *Schöpfungs- und Heilsmittler*.
▷ Das zweistrophige Lied entlarvt den Herrschaftsanspruch der Weltmächte. In der *ersten* Strophe besingt es die einzigartige und allumfassende Herrschaft Jesu Christi. „Er ist das Bild des unsichtbaren Gottes“, d. h. mit ihm wesensgleich. Als solcher ist er der exklusive *Schöpfungsmittler*, „denn in ihm wurde alles erschaffen, im Himmel und auf Erden, das Sichtbare und das Unsichtbare …“ (V. 15f). Er ist auch das Ziel der Schöpfung: „Alles ist durch ihn und auf ihn hin geschaffen.“ In ihm allein „hat alles Bestand“ (V. 16f). Wenn es dann heißt: „Er ist das Haupt des Leibes“ (V. 18), dann ist mit dem „Leib“ im Lied ursprünglich der „Weltenleib“ gemeint, der durch Christus, das Haupt, regiert und erhalten wird.

▷ Die *zweite* Strophe preist Jesus Christus als den Versöhner und Friedensstifter, d. h. als *Heilsmittler*. Die Versöhnung wird im vorgegebenen Lied im Zusammenhang mit der Auferstehung gesehen (V. 18). Von besonderer Bedeutung ist die Aussage, dass *„in ihm die Fülle wohnt"*, denn „die Fülle" war sehr wahrscheinlich ein Schlüsselbegriff der kolossäischen „Philosophie". Die Frage war, wo die Fülle „wohnt" und wie man an ihr Anteil erhalten konnte. Darauf antwortet der Hymnus: allein und ausschließlich in Jesus Christus (vgl. 2,9). Durch ihn sind auch die Christen „Erfüllte"; „denn er ist das Haupt aller Mächte und Gewalten" (2,10, vgl. Eph 3,20). Damit ist die Universalität und Exklusivität der Herrschaft Christi unmissverständlich verkündet (vgl. auch 2,3.15).
Das Lied ist Ausdruck siegreichen Glaubensbewusstseins. Es ist, wie der ganze Brief, von der Gewissheit getragen, dass der Glaubende durch Christus *von der Weltangst befreit* und in ihm überreich beschenkt worden ist. Wer ihn als Herrn hat, braucht keine „Elemente" zu fürchten und auch nicht bei anderen Religionsgemeinschaften nach Erfüllung zu suchen. Er leidet keinen Mangel. Diese Konsequenzen zeigt der Verfasser in den auf das Lied folgenden Ausführungen. Zunächst ist aber auf seine zwei bedeutsamen Interpretationen hinzuweisen. Er hat nämlich an dem ursprünglichen Lied mindestens zwei Ergänzungen vorgenommmen. In V. 18 hat er zu „Leib" *„die Kirche"* hinzugefügt, und in V. 20 präzisiert er, dass Christus Friede gestiftet hat *„am Kreuz durch sein Blut"*.
▷ Mit der ersten Hinzufügung wird die ausschließlich kosmische Christologie des Liedes, die die Irrlehrer vielleicht noch in ihrem Sinne verstehen konnten, eindeutig auf die Kirche bezogen. Christus ist das Haupt der Kirche, und daher ist die Kirche der geschichtliche Ort der Versöhnung und des Friedens.
▷ Vor allem zeigt aber der zweite Zusatz, dass die Versöhnung an das geschichtliche Ereignis des Todes Jesu gebunden ist und sich nicht in der Zeit- und Geschichtslosigkeit eines Mythos vollzieht.
Hat der Verfasser mit dem zweiten Zusatz einen zentralen paulinischen Gedanken eingeführt, die Aussage also „paulinisiert", so geht das Bild von Christus als dem *„Haupt der Kirche"* über die paulinische Vorstellung vom „Leib Christi" hinaus.
Während bei Paulus das Bild vom Leib vor allem die Vielfalt in der

Einheit, also die besonderen Begabungen aller einzelnen Glieder zum Ausdruck bringt, liegt im Kol (und Eph) der Nachdruck auf dem christologischen Wesen der Kirche. Kirche wird hier im Unterschied zu Paulus nur als die eine *Gesamtkirche* gesehen, die von den Kräften des Hauptes durchwaltet wird (vgl. 2,19; Eph 4,15f; 5,23). Kirche entsteht nicht als Folge der Rechtfertigung der Sünder, sondern die Rettung des Menschen geschieht dadurch, dass er in diesen Leib der Kirche eingegliedert wird. Das ist gegenüber der paulinischen Rechtfertigungslehre eine andere Sicht von Kirche. Dennoch ist die Einführung der Leib-Christi-Vorstellung eine Aufnahme paulinischer Gedanken.

1.3 Der Brief an die Epheser

Diesen Ansatz hat der Verfasser des Epheserbriefes aufgegriffen und weitergeführt. Denn es ist nicht zu übersehen, dass in *Eph 2,11-22* die Ausführungen von Kol 1.15-20.21-23 aufgenommen und neu interpretiert wurden. Christus wird hier eindeutig als der Erschaffer und Erlöser der Kirche beschrieben. Die Aussagen über die Kirche sind aber ganz vom Hauptanliegen des Epheserbriefes, nämlich der *Vereinigung von Juden und Heiden in einem Leib*, bestimmt. Die Versöhnungstat Christi bezieht sich nicht mehr auf das All, sondern auf die durch das Gesetz getrennten Gruppen der Juden und Heiden. Die Versöhnung dieser beiden ist der Inhalt des *„verborgenen Geheimnisses“*, das jetzt offenbart worden ist (vgl. 3,3f.9). Dieses Geheimnis beschreibt der Verfasser, der sich hier als Paulus ausgibt, in fast hymnischer Sprache sehr eindringlich in 2,13-19.

1.4 Die im Vergleich zu Paulus veränderte Sicht

Wiederum sind hier in der Betonung der Sühnetat Christi (Blut, Kreuz) die paulinischen Anliegen aufgenommen. Doch sind auch *Unterschiede* zu Paulus unverkennbar.

▷ Dass die Kirche gebaut ist „auf das Fundament der Apostel und Propheten“ (Eph 1,20; gemeint sind christliche Propheten!) deutet im Vergleich zu 1 Kor 3,11 auf eine andere Sicht hin. Immerhin ist auch hier das ausschließliche Gegründetsein der Kirche auf Christus festgehalten, denn er ist „der Eckstein“, in dem der ganze Bau zusammengefügt ist, oder „der Schlussstein“, durch den „der ganze Bau zusammengehalten wird“ (2,20f).

▷ Auch die Rolle des Gesetzes als „trennende Wand“ zwischen Juden und Heiden findet sich so nicht bei Paulus (vgl. S. 152f).

▷ Auffallend und anders als bei Paulus ist auch die Weise, wie hier das Jetzt des versöhnten Zustandes dem einstigen Unheilsstand als Getrennt- und Fernsein gegenübergestellt wird (vgl. Kol 1,21-23).

▷ Überhaupt betonen Kol und Eph die *Gegenwart des Heilszustands* viel stärker als Paulus. Bei ihnen fehlt der für Paulus charakteristische „eschatologische Vorbehalt“ (vgl. S. 181f). Die Glaubenden besitzen im Grunde jetzt schon alles. Sie sind nicht nur schon gerechtfertigt, sondern auch schon gerettet (Eph 2,5). Was noch aussteht, ist das Offenbarwerden dieser Wirklichkeit (vgl. Kol 3,1-4). Ganz deutlich ist diese Verschiebung gegenüber der paulinischen Auffassung in Kol 2,12 und Eph 2,5f im Vergleich mit Röm 6,4. Während Paulus es vermeidet, von einem Mitauferwecktsein der Christen zu sprechen, heißt es in Kol 2,12: „Mit Christus wurdet ihr in der Taufe begraben, *mit ihm auch auferweckt*, durch den Glauben an die Kraft Gottes, der ihn von den Toten auferweckt hat.“ Und der Eph kann sogar sagen, Gott habe *„uns mit Christus auferweckt und uns zusammen mit ihm einen Platz im Himmel gegeben“* (2,4-6). Wohl gibt es auch im Kol und Eph Aussagen, die die Zukünftigkeit des endgültigen Heils festhalten (vgl. Kol 3,24f; Eph 4,30; 5,16; 6,13), aber sie sind für deren Sicht nicht kennzeichnend. Die Gegenwart wird nicht mehr, wie bei Paulus, ganz von der Zukunftserwartung bestimmt. Das zeigt sich auch daran, dass die sittlichen Ermahnungen nicht von ihr her begründet werden, wie es weithin bei Paulus der Fall ist. Die Zukunft bringt eigentlich nichts wirklich Neues. Jetzt gilt vielmehr: „Wenn ihr nun aber mit Christus auferweckt worden seid, so sucht, was droben ist, wo Christus ist ... Erstrebt, was droben ist, nicht was auf Erden ist“ (Kol 3,1f; Übersetzung nach U. Wilckens). Das ist die Neuformulierung des paulinischen Indikativs und Imperativs (vgl. S. 170f). Im Kolosser- und Epheserbrief wird das zeitliche Schema weithin durch ein räumliches ersetzt. Das „Oben" tritt an die Stelle des zeitlich Zukünftigen (vgl. Kol 1,13; Eph 1,3; 2.6). Dem entspricht, dass die Hoffnung nicht mehr im Sinne einer Erwartungshaltung beschrieben wird, sondern als ein schon bereitliegendes Gut im Himmel (vgl. Kol 1,5). Wenn der Kolosser- und Epheserbrief auch „das Himmlische" und den gegenwärtigen Heilszustand so stark betonen, bedeutet das doch nicht, dass sie einer Weltlosigkeit des Glaubens das Wort reden. Vielmehr verpflichtet das Gerettetsein zu einem entsprechenden Leben. Das zeigen ganz deutlich die sittlichen Ermahnungen (die „Paränesen") in Kol 3 und Eph 4 und 5. Hier nehmen die Verfasser weithin traditionelles Gut auf. Das ist besonders der Fall in den sog. Haustafeln, die die Ordnung des Lebens im Haus regeln (vgl. Kol 3,18 – 4,1; Eph 5,22 – 6,9) und den Tugend- und Lasterkatalogen (Kol 3,12-14; Eph 4,2f.32; Kol 3,5-8; Eph 4,31; 5,3-5).

1.5 Paulus als Garant der apostolischen Überlieferung

Die Briefe an die Kolosser und an die Epheser *unterscheiden* sich also in nicht unwesentlichen Punkten von paulinischen Anschauungen. Dennoch ist es deutlich, dass sie in paulinischer Tradition stehen und – wie eingangs betont wurde – bemüht sind, das paulinische Erbe zu bewahren. Das geschieht z. T durch Aufnahme typisch paulinischer Begrifflichkeit wie: „damit niemand sich rühme", „aus Gnade", „durch Glauben" im Gegensatz zu „aus Werken" (vgl. Eph 2,1-10). Allerdings haben sie im Zusammenhang nicht mehr den gleichen Stellenwert wie bei Paulus, da es nicht um die Gesetzesproblematik geht. Die „Paulinisierung" zeigt sich sodann deutlich in der Neuinterpretation des Christusliedes durch die Zusätze in Kol 1,18 und 20.
Dass die Verfasser in Paulus den Garanten der wahren apostolischen Überlieferung sehen, ist – außer an der behaupteten paulinischen Verfassserschaft – auch daran zu erkennen, dass er als der *Empfänger der Offenbarung des „Geheimnisses"* gilt (vgl. Kol 1,25-29; Eph 3,3-5). Das ist umso bedeutsamer, als der Begriff „Geheimnis" (Mysterion) im Kol und Eph an die Stelle des „Evangeliums" getreten ist, bzw. „das Geheimnis" der übergreifende Begriff ist, der das

Evangelium einschließt. Paulus selbst gehört nun schon mit in dieses Geheimnis hinein: Deshalb ist er „Diener der Kirche“ und „Diener des Evangeliums“, das „in der ganzen Schöpfung ... verkündet“ wurde (vgl. Kol 1,23.25; Eph 3,7).
Nach Überzeugung der Verfasser des Kol und Eph muss Christus also verkündet werden, wie Paulus ihn verkündet hat, entsprechend der Offenbarung, die er empfangen hat, und wie die Gemeinden „den Herrn Christus Jesus angenommen haben“ (2,6) durch die Verkündigung des Paulus.

Lit.: *Kirchschläger* 124-126; *Knoch*, Begegnung 186-191 – *Hoppe*, Epheserbrief/Kolosserbrief.

WIEDERHOLUNGS- UND VERSTÄNDNISFRAGEN

- Welches besondere Anliegen bewegt die Verfasser der nachpaulinischen Schriften?
- Was kennzeichnet die kolossäische „Philosophie“ vor allem?
- Wie begegnet der Verfasser des Kol der Irrlehre?
- Welches Kirchenbild haben Kol und Eph und worin unterscheidet es sich von der paulinischen Sicht?
- Nennen Sie weitere theologische Unterschiede zu den echten Paulusbriefen.

2 Die Theologie der „Pastoralbriefe“

2.1 Die Eigenart der Briefe

Der Brief an *Titus* und die beiden Briefe an *Timotheus* unterscheiden sich von den übrigen paulinischen Schreiben nicht nur darin, dass sie an Einzelpersonen gerichtet sind (eine Ausnahme macht nur noch der persönliche Brief an Philemon), sondern auch durch den Umstand, dass sie sich direkt an *Gemeindeleiter* wenden. Sie geben sich jedenfalls als Schreiben des Paulus an seine Mitarbeiter Timotheus (vgl. Apg 16,1-3; 1 Thess 1,1; 3,2.6; 1 Kor 4,17; 16,10; 2 Kor

1,1.19; Phlm 1; Phil 2,19-22) und Titus (vgl. Gal 2,3; 2 Kor 2,13; 7,6,13; 8,6.16.23; 12,18) aus, in denen er diesen Richtlinien und Ratschläge für die Ausübung ihres Amtes und für die persönliche Lebensführung erteilt. Man könnte sie daher in diesem bestimmten Sinn *Hirtenbriefe oder pastorale Instruktionen* für Gemeindeleiter nennen. Die seit dem 18. Jh. gebräuchliche Bezeichnung „Pastoralbriefe" bringt diesen Sachverhalt gut zum Ausdruck. Der 2 Tim versteht sich außerdem als letztwillige Verfügung, gleichsam als *Testament* des seinem Tode entgegensehenden Apostels Paulus (vgl. 4,6-8). Er berührt sich damit in mehrfacher Hinsicht mit der Abschiedsrede des Paulus vor den Ältesten der Gemeinde von Ephesus in Milet (Apg 20,17-35).

2.2 Die nachpaulinische Herkunft

Eine aufmerksame Lektüre der drei Briefe lässt aber unschwer erkennen, dass die vorausgesetzte Situation nicht mehr die des Paulus und seiner Wirksamkeit ist. Der Abstand zu seiner Zeit ist schon erheblich. Die Briefe spiegeln eine Situation wider, in der es bereits eine *paulinische Tradition* und wohl auch schon Sammlungen von Paulusbriefen gab. Das bedeutet, dass weder Paulus der Verfasser der Briefe, noch die genannten Mitarbeiter deren Empfänger sein können.

Vielmehr schreibt hier ein uns *unbekannter Theologe* am Ende des 1. Jh. oder in den ersten Jahrzehnten des 2. Jhs. im Namen und im Geist des Paulus an verantwortliche Leiter christlicher Gemeinden. Er ist dabei von dem Anliegen geleitet, die apostolische Tradition in der Form des paulinischen Evangeliums – wie er es versteht – zu bewahren und sie auf die veränderten Verhältnisse anzuwenden. Für ihn ist Paulus jedenfalls die *apostolische Autorität* schlechthin (vgl. Tit 1.1), weshalb er sich auch für berechtigt und ermächtigt hält, seine Schreiben im Namen des Paulus zu veröffentlichen. Er will nicht eine neue Lehre und Ordnung einführen, sondern vielmehr das paulinische Erbe weitergeben und es auch für seine Zeit als allein gültige apostolische Überlieferung darlegen. Es geht ihm also um die *Kontinuität* der apostolischen Überlieferung (vgl. 2 Tim 1,3ff; 2,2).

Der Abstand von der ursprünglichen Verkündigung, die Einbettung in ein anderes kulturelles Milieu und die damit verbundene Weiterentwicklung früher Ansätze haben neue Fragen und Probleme aufgeworfen. Falsche Lehren und auseinanderstrebende Tendenzen bedrohen jetzt die Gemeinden (vgl. 1 Tim 1,3-6.19; 4,1-3; 6,3-5.20f; 2 Tim 2,14-26; 3,1-9; 4,3f; Tit 1,10-16; 3,9-11).
Ähnlich wie im Kolosserbrief müssen daher die Weisungen und Mahnungen der Briefe vor dem Hintergrund dieser Gefahren gesehen werden. Sie sind in erster Linie als Richtlinien an die Vorsteher der Gemeinden zu verstehen, die ihnen zeigen wollen, wie sie den Gefahren begegnen und die Gemeinden in solcher Situation leiten können. In Abwesenheit des Paulus sollen sie wissen, *„wie man sich im Hauswesen Gottes verhalten muss, d.h. in der Kirche des lebendigen Gottes, die die Säule und das Fundament der Wahrheit ist“* (1 Tim 3,15).
Es ist daher nicht verwunderlich, dass die Briefe einerseits typisches paulinisches Gedankengut enthalten (vgl. Tit 3,5; 2 Tim 1,9), andererseits aber in ihnen auch Anschauungen begegnen, die sich bei Paulus selbst noch nicht finden. Ob diese als eine legitime Weiterentwicklung oder als Verfälschung angesehen werden müssen, hängt weithin von der grundsätzlichen Beurteilung geschichtlicher Entwicklungen ab.

2.3 Paulus als Vorbild der Gemeindeleiter

Die Tatsache, dass die Briefe Paulus als Verfasser nennen, zeigt bereits, dass sie in ihm den Ursprung und Garanten der rechtgläubigen Überlieferung sehen. Es ist schon immer aufgefallen, dass in den Pastoralbriefen nur von Paulus die Rede ist und die anderen Apostel niemals erwähnt werden. Er gilt hier also als *der Apostel schlechthin*. Er ist gleichsam das Urbild des Apostels und des Verkünders des Evangeliums (vgl. 1 Tim 2,7; 2 Tim 2,8).
Als einer, der von Gott aus reiner Gnade berufen wurde, ist er auch Vorbild aller Christen, in besonderer Weise aber – und darauf kommt es den Verfassern an – Vorbild der Gemeindeleiter (vgl. 1 Tim 1,16; 2 Tim 3,10-14). An ihm können und sollen sie ständig

Maß nehmen, denn der ideale Gemeindevorsteher lebt, leidet und handelt wie Paulus (vgl. 2 Tim 1,8-14; 2,3; 3,10f). Man könnte über diese Briefe als Motto setzen, was Paulus in Phil 4,9 schreibt: „Was ihr gelernt und angenommen, gehört und an mir gesehen habt, das tut!“ (vgl. auch 1 Kor 4,16f; Röm 16,17f). Genau dazu wollen die Briefe aufrufen.

Von dem Anliegen, Paulus als nachahmenswertes Vorbild hinzustellen, sind wohl auch die sog. *Personalnotizen*, d. h. konkrete Angaben über Ereignisse und Umstände im Leben des Apostels, zu verstehen (vgl. 1 Tim 1,20; 2 Tim 2,17; 4,10-13.19f; Tit 3,12f).

Die Briefe *verlängern gleichsam die Gegenwart des Paulus in der Gemeinde* (vgl. 1 Tim 4,13). Dass die Briefe aber in Wirklichkeit auf das Leben und Wirken des Paulus zurückschauen, zeigt z. B. 2 Tim 4,61.18. Paulus ist gleichsam heilig gesprochen und kanonisiert! Er gehört selbst schon zum Inhalt der Verkündigung. Aus dem Verkündiger ist ein in den Pastoralbriefen Verkündigter geworden!

Dem *Anliegen der Bewahrung der unverfälschten Lehre und der Sicherung ihrer Kontinuität* dient die Wahl des Titus und des Timotheus als Briefempfänger. Sie waren ja Mitarbeiter des Paulus und daher am besten mit seiner Lehre und seiner Lebens- und Amtsführung vertraut. Sie sind seine „legitimen Kinder“ (vgl. 1 Tim 1,2; 2 Tim 1,2; Tit 1,4). Was Paulus unmittelbar von Gott und sie von Paulus empfangen haben (vgl. 2 Tim 1,12-14), das sollen sie wiederum anderen, bewährten Männern, weitergeben. So ist die Kontinuität gesichert. Hier wird also das Prinzip der *Sukzession*, d. h. der Nachfolge im Amt sichtbar. Wie Paulus ihr Vorbild war, sollen Titus und Timotheus ihrerseits Vorbild für andere Gemeindeleiter und die ganze Gemeinde sein (vgl. Tit 1,5; 1 Tim 4,12 – 5,2; 2 Tim 3,10-17). Diese sehr konkreten Anweisungen für ihre Lebens- und Amtsführung betreffen natürlich die gegenwärtigen Gemeindehirten.

2.4 Die Aufgabe der Gemeindeleiter

Auf die konkrete Gemeindeverfassung verweist die Erwähnung der Gemeindevorsteher („Episkopen“), Ältesten („Presbyter“) und „Diakone“, deren Aufgaben in einer Art *Amtsspiegel* oder *Pflichtenkata-*

log beschrieben werden. (Für Gemeindevorsteher oder „Episkopen": 1 Tim 3,1-7; Tit 1,7-9; für „Älteste": 1 Tim 5,17-19; Tit 1,51; für „Diakone" und „Diakonissen": 1 Tim 3,8-13 und für „Witwen": 1 Tim 5,3-16).

▷ Die Hauptaufgabe der Gemeindeleiter ist es, das *anvertraute Gut* (griech. „Paratheke") *rein zu bewahren und unverfälscht weiterzugeben.* Das griechische Wort bedeutet eigentlich „das zur Aufbewahrung Hinterlegte", „das anvertraute Gut", „das Übereignete". Der Verwalter ist verpflichtet, es bis zur Abholung unversehrt zu bewahren. „Das anvertraute Gut" ist in den Pastoralbriefen ein Schlüsselwort und bezeichnet das Gesamt der apostolischen Überlieferung. Sie ist den Amtsinhabern also zur treuen Verwaltung und Bewahrung übergeben worden. Dazu haben sie ihr Amt erhalten. Sie dürfen also nicht eigenwillig damit umgehen, sondern müssen seiner Erhaltung und Weitergabe dienen. Ihr eigenes Heil hängt an dieser treuen Verwaltung, über die sie einmal Rechenschaft ablegen müssen (2 Tim 3,15; 4,1 – 8.15).

▷ Die „Paratheke", das „anvertraute, kostbare Gut" (vgl. 2 Tim 2,12.14), ist im Gegensatz zu dem „gottlosen Geschwätz", den „Fabeleien" und der fälschlich so genannten „Erkenntnis" der Irrlehrer (vgl. 1 Tim 1,31.6; 6,20; 2 Tim 2,16; 4,4) die „wahre" und *„gesunde Lehre"* (1 Tim 1,10; 2 Tim 2,11; Tit 3,8), die vor dem „Krebsgeschwür" der Häresie schützt (vgl. 2 Tim 2,16f; 1 Tim 6,3f).

▷ Es ist für das fortgeschrittene Stadium der Entwicklung kennzeichnend, dass die Überlieferung hauptsächlich nach Art *von Katechismussätzen als feststehende Regeln und Formeln* weitergegeben wird. Die in diesem Zusammenhang verwendeten Begriffe sind dafür aufschlussreich. Immer wieder ist vom Anvertrauen und Bewahren, vom Empfangen und Weitergeben, vom Lehren, eindringlichen Ermahnen und Befolgen die Rede. Die Glaubensüberlieferung ist bereits sehr formelhaft geworden.

Natürlich hat es von Anfang an Glaubens- und Bekenntnisformeln gegeben (vgl. S. 13f), aber deren Weitergabe war doch auch immer mit einer Neuinterpretation in der lebendigen, aktualisierenden Verkündigung verbunden. Hier aber herrscht die Bewahrung und Wiederholung des „anvertrauten Gutes" vor. Man kann höchstens sagen, dass die Briefe als Ganzes den Versuch einer neuen Interpretation darstellen.

▷ Es findet auch keine wirkliche Auseinandersetzung mit den Lehren der Gegner statt. Im Gegenteil! Der Rat lautet: *„Lass dich nicht auf törichte und unsinnige Auseinandersetzungen ein“* und: „meide den Häretiker“ (vgl. 2 Tim 2,23; Tit 3,9f; 1 Tim 6,4). Man kann sich des Eindrucks nicht erwehren, dass hier schon ganz deftige *„Ketzerpolemik“* mit persönlichen Angriffen auf den Gegner getrieben wird.
▷ Dem bewahrenden Zug im theologischen Denken entspricht die Auffassung von der *Kirche als „Haus Gottes“* und *„Säule und Fundament der Wahrheit“* (1 Tim 3,15). Auch sie wird fast ausschließlich unter dem Aspekt der Sicherung und Bewahrung der rechten Lehre und Ordnung gesehen. Von der Vielzahl der Geistesgaben ist nur das Charisma des Amtes übrig geblieben. Einmal wird zwar die prophetische Gabe erwähnt, aber sie ist bezeichnenderweise auf die Amtseinsetzung des Timotheus bezogen (vgl. 1 Tim 1,18; 4,14). Bei dieser Konzentration auf das Ordnung und Lehre sichernde Amt verwundert es nicht, dass das Volk Gottes als vielgegliederter Leib Christi nicht in Erscheinung tritt. Die Gemeinde erweckt den Eindruck einer *rein passiv empfangenden Hörer- und Gefolgschaft,* die von ihren Vorstehern sicher geführt wird. Kennzeichnend für diese Sicht ist die Aufforderung zur Fürbitte „für alle Menschen, für die Herrscher und für alle, die Macht ausüben, damit wir in aller Frömmigkeit und Rechtschaffenheit *ungestört und ruhig leben können“* (1 Tim 2,1ff). Als erstrebenswerte Tugenden werden vor allem Frömmigkeit, Besonnenheit, Rechtschaffenheit, Ehrbarkeit, dazu ein gutes Gewissen genannt. Sie sprechen für die veränderte Situation der Gemeinden und für ihr neues Verhältnis zur Umwelt.

2.5 Antworten auf die veränderte Situation

Es wäre jedoch ungerecht, die Kirche der Pastoralbriefe einfach an den ursprünglichen paulinischen Gemeinden zu messen. Die Situation hat sich seitdem stark verändert. Die Gemeinden bestehen nicht mehr aus kleinen Gruppen Neubekehrter. Der erste Elan beginnt nachzulassen. In größeren Gemeinden bedarf es ordnender Kräfte. Auch die Beziehungen zur Außenwelt und neue Aufga-

ben innerhalb des Gemeindelebens müssen bewältigt werden. Dazu kommt die genannte Bedrohung von innen und außen durch falsche Lehren. Der wachsende Abstand vom Ursprung und das Aussterben der Zeugen des Anfangs stellen die Gemeinde vor das Problem der Kontinuität. Man muss immerhin anerkennen, dass die Verfasser der neuen Situation trotz ihrer stark konservativen Einstellung nicht einfach durch steriles Festhalten an ursprünglichen, d. h. paulinischen Strukturen begegnen, sondern bei allem Bemühen um Kontinuität doch den neuen Gegebenheiten Rechnung tragen. Sie kopieren also nicht einfach paulinische Lösungen. Dass es dabei auch zu Einseitigkeiten und bedauerlicher Verarmung kommen kann, wird meist erst im Rückblick sichtbar.
Die nachfolgende Zeit hat sich – verständlicherweise – mehr an den nachpaulinischen Gemeinde-Modellen ausgerichtet und damit auch deren negative Erscheinungen wie das Übergewicht des Amtlichen und Institutionellen übernommen. Es wäre wohl an der Zeit, dies durch Aufnahme paulinischer, johanneischer und jesuanischer Impulse zu korrigieren, wie es ja auch schon – vorwiegend in außereuropäischen Gebieten – geschieht. Das auf festem Grund gebaute Haus kann nicht das einzige Bild für die Kirche sein. Sie ist auch immer der vielgegliederte Leib Christi und „wanderndes Gottesvolk", wie das Zweite Vatikanische Konzil sie mit dem Hebräerbrief sieht.

Lit.: *Borse*, 1. und 2. Timotheusbrief/Titusbrief

WIEDERHOLUNGS- UND VERSTÄNDNISFRAGEN

- Warum können die Pastoralbriefe nicht von Paulus stammen?
- Worin besteht ihre Eigenart?
- Wie wird Paulus in den Pastoralbriefen dargestellt?
- Was ist die Hauptaufgabe der Gemeindeleiter?

3 Die Theologie des ersten Petrusbriefes

3.1 Ein „apostolisches Rundschreiben"

Obwohl der erste Petrusbrief „Petrus, Apostel Jesu Christi" als Absender nennt, gehört auch er zu jenen Schriften, die von paulinischem Gedankengut beeinflusst sind (vgl. z. B. 1,3.5.8f.13.23; 3,21f; 4.1.13; 5,3f.10). Er ist ja auch als eine Art *apostolisches Rundschreiben an Gemeinden im ehemaligen paulinischen Missionsgebiet Kleinasiens* gerichtet (1.1). Neben Anklängen an paulinische Theologie finden sich in ihm noch auffallend viele Berührungen mit der frühen Jesusüberlieferung und Zitationen alter christologischer Bekenntnisformeln (vgl. 1,13; 2,7f.21; 3,9.14f; 4,14; 1,18-21; 2,21-25; 3,18-22). Eine Besonderheit sind auch die zahlreichen Anspielungen auf die Taufliturgie (vgl. 1,3.23; 2,2.10.25; 3,21). Wenn das Schreiben sich als Brief des Apostels Petrus ausgibt, kann das seinen Grund darin haben, dass der Verfasser dessen schon weit anerkannte Autorität gegen einen vorhandenen Antipaulinismus ins Feld führen will, der sich gerade auf Petrus berief. Der Petrus des 1 Petr vertritt demgegenüber eine *paulinische Theologie*. Auch die Nennung des Silvanus als Schreiber oder Überbringer des Briefes (5,12) verfolgt vielleicht den gleichen Zweck. Er war nämlich als Mitarbeiter des Paulus bekannt (vgl. 1 Thess 1,1; 2 Kor 1,19; Apg 15,22-32) und ist somit gleichsam die Verkörperung der Einheit petrinischer und paulinischer Theologie.

3.2 Weltgestaltung aus christlicher Verantwortung

Das Schreiben richtet sich an Gemeinden und Christen, die wegen ihres Christseins vielfachen Bedrängnissen, gesellschaftlichen Benachteiligungen, Anfeindungen und auch Verfolgungen seitens ihrer nichtchristlichen Umgebung ausgesetzt sind. Allerdings handelt es sich nicht um eine allgemeine, staatlich gelenkte Christenverfolgung. Der Verfasser will die Christen in ihrer bedrängten Lage ermutigen und stärken. Er begnügt sich aber nicht mit einem Aufruf zum Durchhalten, sondern gibt auch Weisungen, *wie sie ihre Verantwortung als Christen in einer ihnen feindlich gesinnten Umwelt wahrnehmen können und sollten.* Es geht ihm um eine christliche Weltgestaltung, die ihre Kraft aus der Erwählung und Heiligung durch den Geist schöpft (vgl. 1,1f), die für sie in der Taufe Wirklichkeit geworden ist (1,3.23; 3,21f).

Weil die Christen als „Fremde und Gäste in dieser Welt", als Nonkonformisten und Kontrastgemeinde leben (vgl. 1,1.17; 2,11; 4,4), trifft sie das Unverständnis und die Feindschaft der Umwelt. Für den Verfasser ist dies aber gerade eine Gelegenheit, die Echtheit des Glaubens zu erweisen (vgl. 1,7). Überdies gelten ihm die gegenwärtigen Leiden als ein kurzes Durchgangsstadium zu einer „von himmlischer Herrlichkeit verklärten Freude" (vgl. 1,6-9). So leben die Christen in einer in der Auferstehung Jesu gegründeten „lebendigen Hoffnung" und werden befähigt, ihre leidvolle, bedrängte Lage zu bestehen.

Der erste Petrusbrief sieht die Situation also nicht nur negativ. Er beklagt sie nicht und resigniert nicht vor ihr. Er ruft nicht zum Auszug aus der Welt und auch nicht zum Widerstand gegen die bestehende Ordnung auf. Vielmehr ist er davon überzeugt, dass die Christen durch ihre „alternative Lebensweise" die Gesellschaft in einer Art gewaltloser Umwälzung und Unterwanderung umgestalten werden. Sie sollen daher stets bereit sein, *„jedem Rede und Antwort zu stehen, der nach der Hoffnung fragt"*, die sie erfüllt (3,15), und die Heiden durch ein „rechtschaffenes Leben" und durch ihre guten Taten zur Einsicht bringen (2,12; vgl. 3,1). In einer umfangreichen *Haus-* oder *Ständetafel* gibt der Verfasser konkrete Weisungen, wie Christen sich unter den gegebenen Umständen richtig verhalten sollen (2,13-17.18-20; 3,1-7).

3.3 Nachfolge Christi im Ertragen von ungerechtem Leid

Ihr anderes Verhalten und ihre Gesellschaftskritik „um des Gewissens willen" werden die Christen notwendigerweise in Konflikt mit ihrer Umwelt bringen: den Bürger mit dem Staat, den Sklaven mit seinem Herrn, die Ehefrau mit ihrem heidnischen Mann. „Petrus" sieht nun gerade *im Ertragen ungerechten Leids*, das ihnen als Christen zugefügt wird (vgl. 4,14-16). eine „Gnade bei Gott“ und vor allem die Verwirklichung der *Nachfolge Jesu*. „Dazu seid ihr berufen worden; denn auch Christus hat für euch gelitten und euch ein Beispiel gegeben, damit ihr seinen Spuren folgt“ (2,21; vgl. 2,22-25; 3,17f; 4,1.12-19). Diese Gemeinschaft der Christen mit ihrem Herrn ist ein charakteristischer Zug dieses Briefes (vgl. aber Gal 2,19; 5,24; Phil 3,10f). Er ist durch die besondere Situation der Briefempfänger bedingt. Lieber in der Nachfolge Christi Unrecht erleiden als Unrecht tun, das ist die Weisung, die er den Christen gibt. Der Verfasser entwirft kein großartiges Missionsprogramm. Er ruft auch nicht einmal zur aktiven missionarischen Verkündigung auf. Seine Missionsmethode ist die stille, gewaltlose Revolution durch das *Zeugnis eines christlichen Lebens* in dem Stand und Beruf, in dem der Einzelne lebt.

3.4 Die geschwisterliche Gemeinde im Heiligen Geist

Doch hat auch die Gemeinde als Gemeinde *Zeugnis* zu geben. Daher soll das Kennzeichen der Gemeinde vor allem die geschwisterliche Liebe sein (vgl. 1,22). Dadurch wird sie zu einem Heilsraum, einem Ort der Hoffnung, der auf andere anziehend wirkt (vgl. 3,8).
▷ Die Gemeinde wird aufgerufen, sich zusammen mit dem „lebendigen Stein“ Christus *„als lebendige Steine zu einem geistigen Haus aufbauen“* zu lassen (2,4f). Das Bild von der Gemeinde als Haus findet sich auch in Eph 2,19-22 und 1 Tim 3,15 (vgl. 1 Kor 3,16f). Hier ist es aber nicht in erster Linie als das schützende Bollwerk gegen Irrlehren oder als Juden- und Heidenchristen einender und bergender Raum gesehen, sondern als dynamische, lebendige Größe.
▷ Wie sehr die Vorstellung von einer lebendigen, vom Geist durchwalteten Gemeinschaft vorherrscht, zeigt die Erläuterung durch das andere Bild vom *heiligen Priestertum*, das „geistliche Opfer“ darbringen soll (vgl. 2,5.9). Die Christen sind nicht neben ihrem Christsein auch noch Priester, sondern sie sind es durch ihr Christsein, und ihre Opfer sind nicht besondere kultische Opfergaben, sondern *sie selbst* als *„lebendige Steine“*. Die paulinische Mahnung an die römischen Christen, sich „selbst als lebendiges und heiliges Opfer

darzubringen“, weil das „der wahre und angemessene Gottesdienst“ sei (Röm 12,1), ist ein durchaus zutreffender und sachgemäßer Kommentar zu diesem „Petruswort“. Mit atl. Bildern (vgl. Jes 43,20f; Ex 19,5f; Hos 2,23) werden die Christen ferner als „erwähltes Geschlecht“, als „heiliger Stamm“ und „Gottes Eigentumsvolk“ bezeichnet (2,9).

▷ Als dieses neue Gottesvolk, als geschwisterliche durch Gottes Erbarmen auserwählte und geeinte Gemeinde, sind sie *missionarische Kirche,* die durch ihr Leben „die großen Taten dessen verkündet“, der sie „aus der Finsternis in sein wunderbares Licht gerufen hat“ (2,9).

▷ Die Gemeinden, an die sich das Rundschreiben richtet, weisen in ihrer Struktur eine *Mischung von charismatischen und „amtlichen“ Elementen auf.* Es gibt in ihnen die Charismen des Wortes und des Dienstes (vgl. 4,11), aber auch das Amt des Ältesten (vgl. 5,1). Auch und gerade für sie ist Christus das Vorbild, der „oberste Hirte“ (5,4), der „Hirte und Aufseher eurer Seelen“ (2,25), das Vorbild. Daher sollen sie *nicht Beherrscher der Gemeinde sein, sondern Vorbilder im Dienen* (vgl. 5,1-4). In diesem Abschnitt meldet sich eine frühe Kritik an jedem Amtsmissbrauch zu Wort.

Das Kirchenbild und auch die Christologie des 1 Petr sind nicht das Ergebnis theologischer Spekulation. Sie sind vielmehr erwachsen aus dem Nachdenken über die konkrete Situation der Gemeinden. Da diese Situation auch heute noch (oder wieder) in vielen Teilen der Welt gegeben ist, ist sein Rundschreiben von höchster Aktualität.

Lit. *Seethaler,* 1. und 2. Petrusbrief/ Judasbrief.

WIEDERHOLUNGS- UND VERSTÄNDNISFRAGEN

- Welche Situation setzt der 1 Petr voraus?
- Wozu ruft der Verfasser die Christen in dieser Situation auf?
- Welche Bilder verwendet der Verfasser für die Kirche?

VIII. Kapitel
Die Theologie des Hebräerbriefes

1 Eine Mahnrede

Was F. Grässer in Bezug auf den Hebräerbrief schrieb, kann man als allgemein anerkanntes Ergebnis der Forschung bezeichnen: „Weder ist unser Schriftstück ein Brief, noch ist es von Paulus, noch ist es an die „Hebräer" gerichtet" (in: Theol. Rundschau 30, 1964, S. 145). Damit weiß man allerdings nur, was er nicht ist. Zum Glück lässt sich über diese rein negative Feststellung hinaus auch einiges Positive sagen. Während die Forschung hinsichtlich des Verfassers weiterhin im Dunkeln tappt, ist sie sich in der Bestimmung der literarischen Gattung und der Empfänger doch soweit einig, dass es sich um eine schriftlich aufgezeichnete, kunstvoll gegliederte Predigt oder *„Mahnrede"* (13,22) an Christen handelt.

2 Der typologische Gebrauch der Schrift

Der Verfasser war sicher ein gebildeter Theologe, der sich gekonnt der exegetischen Methoden bedient, die im hellenistischen Diaspora-Judentum und bei Philo verwendet werden. Gerade in der Weise, wie er das AT gebraucht, liegt eine seiner Besonderheiten. Sie ist es auch, die seine Predigt für heutige Hörer leider so schwer verständlich macht. Der vorherrschende Zug dieser Methode ist neben der Allegorie (vgl. auch Paulus, Gal 4,22-27) die *Typologie*. Das heißt, Personen und Ereignisse des AT werden als vorbildliche Vorausdarstellung von Personen (vor allem Christus) und Ereignisse im Neuen Bund verstanden (vgl. bei Paulus, I Kor 10,1-10). Seine vorherrschenden Themen sind *Israels Wüstenwanderung* und der *atl. Kult*. Obwohl ihm das AT als inspirierte heilige Schrift gilt, versteht er es doch ganz von der letztgültigen Offenbarung in Christus her, entsprechend den programmatischen Einleitungsworten: „*Viele Male und auf vielerlei Weise hat Gott einst zu den Vätern gesprochen durch die Propheten; in dieser Endzeit aber hat er zu uns gesprochen durch den Sohn, den er zum Erben des Alls eingesetzt und durch den er auch die Welt erschaffen hat*" (1,1f). Nur bei ihm findet sich die im ganzen NT nicht übliche Zitationsformel: „Gott (bzw. Christus bzw.

der Heilige Geist) sagt", und atl. Stellen können daher auch als Worte Christi zitiert werden (vgl. 2,12ff; 10,5-7). Das zeigt, dass der Verfasser das AT vor allem als prophetische Schrift versteht. Als Prophetie sagt es aber selbst das Ende des AT in seinen gesetzlich-institutionellen Teilen an (vgl. Röm 3,21; 10,4).
Um die Botschaft des Hebräerbriefes verstehen zu können, muss man eine Vorstellung von der Situation der Hörer haben, an die er sich wendet und die er mit seiner Predigt aufrufen, stärken, ermutigen, verändern will.

3 Die Situation der Gemeinde

Aus den Ermahnungen und Aufrufen, die der Verfasser an die Hörer richtet, lassen sich einige wichtige Schlüsse auf die Situation der Gemeinde ziehen. Sie ist nicht von außen, von Irrlehrern, bedroht.
▷ Die Bedrohung kommt vielmehr von innen. Es ist der abnutzende *Alltag*, in dem sie sich bewähren soll, der ihre Schwierigkeiten ausmacht. Glaubensschwäche hat sich breit gemacht. Hände und Knie sind erschlafft und schwankend geworden (12,2). Die Begeisterung der ersten Stunde ist einer allgemeinen Müdigkeit gewichen. Resignation erfasst sie, und Abfall bedroht sie (6,6). Sie ist in der Versuchung, sich in der Welt einzurichten und sich an die Verhältnisse anzupassen. Eine allgemeine „geistliche Anämie" (O. Kuss) greift um sich. Man ist bereit, wie Esau das Erstgeburtsrecht gegen die Versprechungen der Welt einzutauschen (12,16).
▷ Die eigentliche Anfechtung der Gemeinde besteht jedoch darin, dass sie *nichts von der Herrlichkeit, dem Erlöstsein sieht*, die ihr verkündet worden sind. Sie ist genauso wie die Nichtchristen den Nöten dieser Welt ausgeliefert, erfährt Leiden, Bedrückung und Verfolgung (12,3-12). Obwohl sie bekennt, dass Jesus Christus, durch den die Welt erschaffen wurde (1,2), zum Herrn der Welt erhöht worden ist (1,8), erfährt sie sich selbst als machtlos. *Dieses Auseinanderklaffen zwischen ihrem Glaubensbekenntnis als christliche Gemeinde und der täglichen Erfahrung ist das eigentliche Problem. durch das sie in die Glaubenskrise geführt wird.*
Auf diese Glaubenskrise antwortet der Verfasser mit einer Neuin-

terpretation des urchristlichen Bekenntnisses zu Jesus als dem, der sich selbst erniedrigte und von Gott erhöht wurde. Er führt diese Neuinterpretation an der Vorstellung von Jesus Christus als dem *Hohenpriester* durch, indem er zeigt, dass die Gemeinde in ihm einen Hohenpriester hat, der zugleich ganz auf der Seite der Menschen und ganz auf der Seite Gottes steht.
Jesus ist nicht ein entrückter Gott, der nichts von der Not der Menschen weiß. Vielmehr hat die Gemeinde in ihm einen, der an seinem eigenen Leib erfahren hat, was es heißt, als Mensch unter den Bedingungen dieser Welt zu leben: „Darum musste er *in allem seinen Brüdern (und Schwestern) gleich sein, um ein barmherziger und treuer Hoherpriester vor Gott zu sein* und die Sünden des Volkes zu sühnen. Denn da er selbst in Versuchung geführt wurde und gelitten hat, kann er denen helfen, die in Versuchung geführt werden" (2,17f; vgl. 4,15; 5,7; 10,9). Als der, „der durch Leiden den Gehorsam gelernt" hat (5,8), ist er für die Gemeinde zum *„Anführer und Vollender des Glaubens"* geworden (12,2). Wenn daher Gott die Gemeinde nicht aus den Leiden befreit, dann handelt er an ihr wie an seinem eigenen Sohn, d. h. wie an Söhnen. Jesus führt somit viele Söhne und Töchter zur Herrlichkeit (2,10).

4 Jesus Christus, der Hohepriester des Neuen Bundes

Jesus ist für die Gemeinde aber nicht nur das Vorbild eines Lebens aus dem Glauben, der die Welt überwindet und in allen Anfechtungen bestehen kann. Er ist für sie auch der Grund der Hoffnung und der Gewissheit, dass sie ans Ziel kommen wird. Denn er selbst hat dieses Ziel schon erreicht. Ja, er hat gerade durch sein Leiden für die Glaubenden „ewige Erlösung bewirkt" und ihnen einen neuen Zugang zu Gott eröffnet (vgl. 9,11f; 6,19f; 10,20).
▷ Diese Erlösungstat Christi deutet der Verfasser neu in typologischer Entsprechung zum Hohenpriestertum des Alten Bundes, d. h. mit kultischen Vorstellungen und Begriffen (vgl. S. 89f). Seine Absicht ist es, die *Einzigartigkeit* und *Überlegenheit* des Hohenpriestertums Jesu Christi herauszustellen. Nachdem er zunächst (in 3,1 – 5,10) die Tatsache des Hohepriestertums Jesu gezeigt hat, weist er

(in 5,11 – 10,18) nach, dass das Hohepriestertum Jesu von anderer Art ist als das alttestamentliche. Diese Lehre vom Hohenpriestertum ist die *theologische Sonderleistung* des Verfassers und auch nach seiner Meinung das *Kernstück* seiner Darlegungen, im Unterschied zu den bekannten Anfangslehren (vgl. 5,12ff; 6,1; 8,1).

▷ Während die atl. Opfer gerade durch die Notwendigkeit ihrer Wiederholung letztlich ihre Unwirksamkeit bestätigten (vgl. 7,18f) und nur die Macht der Sünden in Erinnerung riefen (vgl. 10,3f), wird in dem *Ein-für-allemal des Opfers Christi* seine wirksame Kraft offenbar. Wie Christus das Ende des Gesetzes ist (Röm 10,4). so ist er auch das *Ende aller kultischen Opfer durch seine (Lebens-)Hingabe an Gott.* Im Neuen Bund kann es neben dem einen Hohenpriester Jesus keine anderen Priester im eigentlichen Sinn geben, weil es neben dem einmaligen und einzigartigen Opfer Christi keine anderen Opfer gibt (vgl. den Beweisgang in 10,11-18; ferner 7,27; 9,11-28).

Durch seinen Sühnetod hat Jesus im Unterschied zum atl. Opferkult für immer alles Trennende beseitigt. Er selbst ist opfernder Priester und Opfergabe zugleich (9,14), und diese Opfergabe ist nicht etwas vom Leben Verschiedenes, sondern sein eigenes Leben (vg!. 5,7-8).

▷ Obwohl Jesus ein Hoherpriester ist, „der heilig ist, unschuldig, makellos, abgesondert von den Sünden und erhöht über die Himmel" (7,26f), ist er doch kein vom Volk Getrennter, sondern einer, der *seinen Brüdern und Schwestern in allem gleich sein wollte* (vgl. 2,17f; 5,81; 10,14). In all dem zeigt sich die Andersartigkeit und Überlegenheit des Hohenpriestertums Jesu Christi. Durch das einmalige Opfer Jesu, verstanden als Zusammenfassung und letzte Konsequenz seines Lebens aus dem Glauben, ist an die Stelle des Vorläufigen, der Abbilder und Schatten, die vollendete, endgültige Wirklichkeit des Neuen Bundes getreten (vgl. 10,1-10).

Die Hohepriester-Christologie des Hebräerbriefes ist ein eigenständiger Entwurf eines herausragenden, uns unbekannten Theologen der frühen Kirche. Nach einer geistvollen Bemerkung (von F. Overbeck) ist sie wie dessen Melchisedek-Interpretation: „Ohne Vater, ohne Mutter, ohne Stammbaum" (7,3). Trotz dieser Eigenständigkeit sollte man seine Bindung an die Tradition jedoch nicht übersehen.

5 Die sittlichen Ermahnungen

Im Unterschied zum üblichen Schema in den ntl. Briefen, die sittlichen Ermahnungen an den Schluss zu setzen, *wechseln im Hebräerbrief lehrhafte Aussagen und Ermahnungen ständig miteinander ab.* Auch auf den zentralen Teil über das Hohe Priestertum Jesu folgt ein längerer Abschnitt mit abschließenden sittlichen Ermahnungen (10,19 – 13,19). Sie sind Aufruf zur Nachfolge dieses Hohenpriesters in einem Leben aus unerschütterlichem Glauben, unwandelbarer *Hoffnung* und aufrechter, konkreter *Liebe* (10,19-25).
▷ Weil den Christen durch das Lebensopfer Jesu ein neuer Zugang zu Gott eröffnet worden ist und durch sein Eintreten bei Gott auch offen bleibt (vgl. 7,25), können sie trotz ihres Versagens und Angefochtenseins immer voll Zuversicht und Freimut zu Gott hintreten. Die Gemeinde des Neuen Bundes ist das *wandernde Gottesvolk*, das seinem *„Anführer" Jesus auf dem Weg zur himmlischen Heimat folgt* (vgl. 4,1-11). Das bedeutet aber auch, dass sie zunächst mit Jesus „vor das Lager hinausziehen und seine Schmach auf sich nehmen" muss (13,13). Das Opfer der Christen vollzieht sich nicht in einem heiligen Bezirk, sondern *in der Welt* durch konkretes Tun des Guten (10,24f; 13,1-19). Worauf es jetzt, in dieser Zeit des Auf-dem-Wege-Seins, ankommt, sind Ausdauer (10,36) und vor allem Glaube.
▷ Der *Glaube* verbindet sich auch mit der *Hoffnung* und bezieht sich auf Zukünftiges und Unsichtbares (vgl. 6,11f.18; 10,22f.36.39). Er ist nach dem Verfasser das „Feststehen in dem, was man erhofft, Überzeugtsein von Dingen, die man nicht sieht" (11,1). Um die Leser zu solch einem Glauben zu ermutigen, zeigt der Verfasser an einer langen Beispielreihe aus dem AT, wozu diese *„Wolke von Zeugen"* aufgrund des Glaubens fähig war bzw. was ihnen „aufgrund des Glaubens" zuteil wurde (11,4-40).
Doch das eigentliche Vorbild, auf das die Christen blicken sollen, ist Jesus: „Lasst uns mit Ausdauer in dem Wettkampf laufen, der uns aufgetragen ist, und dabei *auf Jesus blicken, den Urheber und Vollender des Glaubens*" (12,1f). Der Hebräerbrief spricht niemals vom Glauben *an* Jesus, sondern vom *Glauben Jesu.* Indem er Jesus als „den Urheber und Vollender des Glaubens" bezeichnet, stellt er ihn seinen Lesern gleichsam als *das Modell des vollkommen glaubenden*

Menschen vor, dessen Glaube sich in Leid und äußerster Bedrängnis bewährt hat (vgl. 5,7-10; 12,2).

Lit.: *Knoch*, Begegnung 200-206; F. *Laub*, Hebräerbrief.

WIEDERHOLUNGS- UND VERSTÄNDNISFRAGEN

- Wie kann man die Eigenart des Hebr charakterisieren?
- Was ist typisch für den Schriftgebrauch des Hebr?
- Welche Gemeindesituation setzt der Hebr voraus?
- Was ist das Besondere der Christologie des Hebr?
- Wozu ermahnt der Hebr die Gemeinde vor allem?

IX. Kapitel
Die Theologie des Jakobusbriefes

1 Das Hauptanliegen

Die Forschung ist sich darin einig, dass der Jakobusbrief kaum vom „Herrenbruder" Jakobus (gesteinigt 62 n. Chr.) stammen kann. Er ist auch kein Brief im eigentlichen Sinn, sondern eher *„eine Art Handbüchlein christlicher Ethik"* (E. Lohse), denn er enthält *fast nur sittliche Ermahnungen*. Seine Absicht ist es, Anweisungen für eine praktische Verwirklichung des Glaubens im Alltag zu geben. Dabei fällt die außergewöhnlich starke Berührung mit der Jesusüberlieferung der Evangelien, besonders der Bergpredigt, auf (vgl. 1,6.16.22f; 2,5; 4,9; 5,2.9.12.17).

Zunächst erweckt das Schreiben den Eindruck einer losen Aneinanderreihung von Ermahnungen. Aber hinter seinen sehr praktischen Ausführungen steht doch ein übergeordneter Leitgedanke. Es gebt dem Verfasser um die christliche Vollkommenheit, um den *vollkommenen christlichen Menschen,* wie schon das häufige Vorkommen des Begriffs „vollkommen" oder verwandter (bzw. gegensätzlicher) Begriffe zeigt (vgl. 1,4.17.25; 2,8.22; 3,2). Vollkommenheit meint die Ganzheit, die Ungeteiltheit des Menschen (vgl. 1,8; 2,10; 3,2f.6.8; 4,8). Das Ziel ist also der *ganze, ungeteilte Mensch,* dessen Sein und Handeln nicht zwiespältig ist, bei dem Wort und Tat, Glaube und Werke nicht auseinanderfaflen.

2 Das Verhältnis von Glaube und Werken

Das Kernstück seines Schreibens ist das *Verhältnis von Glaube und Werken* (2,14-26). Dieser Abschnitt hat, wie bekannt, eine entscheidende Rolle in der Auseinandersetzung zwischen katholischen und reformatorischen Theologen gespielt. Luther kritisierte am Jakobusbrief, dass er „nicht Christum treibe".

Tatsächlich scheint Jakobus eine Gegenposition zur paulinischen Rechtfertigungslehre „aus Glaube allein" zu vertreten (vgl. Gal 2,16;

Röm 3,20.28 und S. 155ff), wenn er die These aufstellt: *„Ihr seht, dass der Mensch aufgrund seiner Werke gerecht wird, nicht durch den Glauben allein ...“* (2,24).

Doch erkennt man heute mehr und mehr, dass man den Jakobusbrief in seiner Absicht missversteht, wenn man ihn in dieser Weise direkt an Paulus misst. Er will ja zunächst überhaupt keine Lehrschrift sein, die sich bewusst mit der paulinischen Gesetzesproblematik auseinander setzt. Daher fehlt bei ihm auch bezeichnenderweise die typische paulinische Gegenüberstellung: „aus Glaube allein“ „aus Werken *des Gesetzes*“. Wenn überhaupt, wendet Jakobus sich höchstens gegen einen falschverstandenen und missbrauchten „Paulinismus“, der meint, es sei mit einem Nur-Glauben getan. Doch ist auch das gar nicht so sicher.

▷ Jakobus versteht jedenfalls unter den „Werken“ *nicht* die „*Werke des Gesetzes*“ (vgl. Röm 3,20; Gal 2,16), durch die der Mensch sich selbst sein Heil verdienen könnte, sondern ausschließlich die *Werke der Liebe* als Äußerung eines wahren Glaubens. In diesem Tun folgt der Mensch dem „vollkommenen Gesetz der Freiheit“, dem „königlichen Gesetz“ (vgl. 1,25; 2,8.12), das heißt, er erfüllt den Willen Gottes, wie Jesus ihn gewiesen hat. Dieses „Gesetz“ ist identisch mit dem „Wort der Wahrheit“ der christlichen Botschaft (vgl. 1,18.21.25).

▷ Im Streit der beiden extremen Meinungen, ob der Mensch *nur* aus Werken oder *nur* aus Glauben gerechtfertigt werde (vgl. 2,18), will der Verfasser zeigen, dass der Glaube erst durch das *Zusammenwirken beider vollendet wird* (2,22). „Denn wie der Körper ohne den Geist tot ist, so ist auch der Glaube tot ohne Werke“ (2,26). Es geht ihm also um den lebendigen und vollendeten Glauben, um den Glauben, der, wie Paulus sagt, „in der Liebe wirksam“ werden muss, um echter Glaube zu sein (vgl. 5,22; Röm 6,22; Gal 5,6).

▷ Das Tun des Menschen ist im Übrigen auch nach Jakobus *Antwort* auf ein zuvorkommendes, gnadenhaftes *Handeln Gottes*, von dem „jede gute Gabe und jedes vollkommene Geschenk“ kommt (vgl. 1,17). Vor allem Tun hat Gott bereits den Glauben in den Hörern gewirkt, denn „aus freiem Willen hat er uns durch das Wort der Wahrheit geboren ...“ (1,18).

Jakobus setzt also eine andere Situation und Zeit voraus als Paulus.

Die scharfen Auseinandersetzungen über den Heilsweg (Gesetz oder Glauben) sind abgeklungen. Er richtet sich eher gegen ein Christentum, das in der Gefahr ist, die *praktischen Konsequenzen seiner Glaubensentscheidung zu übersehen.* Gegen ein spekulatives und theoretisches Schein-Christentum, das nur in schönen Worten besteht (vgl. 2.14-17), setzt er sein konkretes Tat-Christentum, ohne es jedoch auf eine rein innerweltliche Mitmenschlichkeit zu reduzieren. Man wird nicht sagen können, dass seine Weisungen und seine Kritik an einem weltlosen, lehrhaften Schöne-Worte-Glauben heute nicht mehr aktuell wären

Lit.: *Knoch,* Begegnung 209–206; *Hoppe,* Jakobusbrief.

WIEDERHOLUNGS- UND VERSTÄNDNISFRAGEN

- Was ist das Hauptanliegen des Jak?
- Wie sieht Jak das Verhältnis von Glaube und Werken?

X. Kapitel
Die Theologie der Offenbarung des Johannes

1 Kein versiegeltes Buch

In Offb 22.10 gibt der Engel dem Seher Johannes die Weisung, das Buch „mit seinen prophetischen Worten" nicht zu versiegeln. Seine Botschaft soll für alle zugänglich sein. Dennoch ist die „Offenbarung des Johannes", die sich selbst „Offenbarung Jesu Christi" nennt (1,1) für die meisten Christen immer noch ein mit „sieben Siegeln" verschlossenes Buch (vgl. 5,1ff). Nur in bestimmten Kreisen war und ist es die bevorzugte und leider auch oft missbrauchte Schrift. Für das mangelnde Interesse und Verständnis gibt es verschiedene Gründe. Die symbolreiche Sprache, die ganze Vorstellungs- und Bilderwelt der Apokalyptik, vor allem das reich verwendete „Kriegsvokabular", sind uns weitgehend fremd und mit unserem Gottesbild schwer oder gar nicht vereinbar. Was den damaligen Empfängern dieser prophetischen Botschaft eine erhellende und ermutigende Sinndeutung gab, versperrt uns den Zugang zu ihr. Dazu kommt ein mangelndes Wissen in Bezug auf die konkrete Entstehungssituation, die für ein Verständnis der verwendeten Bilder aber nicht unerheblich ist. Schließlich haben auch Missverständnisse hinsichtlich des eigentlichen Anliegens dieser Schrift den Zugang zu ihr erschwert. Oft hat man in ihr nämlich eine in prophetischer Schau empfangene und dann niedergeschriebene Deutung bzw. Beschreibung des Ablaufs der Weltgeschichte sehen wollen. Gott hätte den Seher auf Patmos gleichsam wie in einem Film die kommende weltgeschichtliche Entwicklung schauen lassen und ihm ihr schreckliches Ende gezeigt.

2 Die Absicht

Das ist aber – um mit dieser letzten Schwierigkeit zu beginnen – eine Verkennung der besonderen Gattung dieser Schrift. Wie die Verfasser verwandter jüdischer Schriften, z. B. des Danielbuchs, will auch Johannes nicht ferne Zukunft beschreiben, sondern *seinen bedrängten Glaubensbrüdern Trost schenken, Mut machen, Hoffnung wecken, Glauben stärken.* Sein Buch bzw. genauer: sein Brief (vgl. 1,4-6; 22,21) ist also das ermutigende, tröstende und auch ermahnende Wort eines *Propheten* und Mitbruders, der sich dazu von Gott berufen und durch seinen Geist befähigt weiß (vgl. 1,9f; 19,10; 22,9). Es geht in dieser Schrift also *nicht um die Beschreibung künf-*

tiger Epochen der Welt- und Kirchengeschichte, sondern um die prophetische Deutung der gegenwärtigen Lage der Gemeinde und um mitbrüderliche Hilfe für sie (vgl. die Beschreibung der Wirkung prophetischer Rede durch Paulus in I Kor 14!). Diese Deutung geschieht allerdings aus dem prophetischen Wissen um das von Gott bestimmte endgültige Ziel der Weltgeschichte.
Dass es uns so schwer fällt, die tröstliche Absicht zu entdecken, mag mit daran liegen, dass verschlüsselte Symbolbilder und -zahlen verwendet werden, deren Bedeutung nicht unmittelbar zugänglich ist, sondern Hintergrundwissen verlangt.

3 Die Situation der Christen

Die Situation der Christen, wie sie in der Offenbarung beschrieben wird, weist große Ähnlichkeit mit der Lage auf, die im ersten Petrusbrief vorausgesetzt ist. Die Offenbarung ist ja auch wie jenes „Rundschreiben" an Gemeinden in Kleinasien gerichtet und verfolgt den gleichen Zweck, nämlich die bedrängten und schwer geprüften Glaubensbrüder und -schwestern zu stärken. In der Art und Weise, wie sie diese Absicht verwirklichen, unterscheiden sie sich allerdings erheblich. Kann man I Petr als ein „apostolisches Mahnschreiben" kennzeichnen, so ist die Offenbarung des Johannes eine durch und durch *prophetische* Schrift, die ihre prophetische Botschaft aber in *apokalyptischer Bildersprache* verkündet.
Auch hinsichtlich der *Situation* gibt es, trotz großer Ähnlichkeiten, Unterschiede. Während die Christen des I Petr wegen ihres Christseins gesellschaftliche Nachteile auf sich nehmen müssen, zurückgesetzt und verachtet werden, wird in der Offenbarung bereits eine von örtlichen staatlichen Stellen gelenkte und äußerst bedrohliche Verfolgung sichtbar. Sie bringt die standhaften Christen in eine ständige *Bekenner- und Märtyrersituation* (vgl. außer den sieben „Sendschreiben" in Kap. 2f noch 1,9; 12,13; 6,911; 13,15).
Mehrere Hinweise lassen den Schluss zu, dass es sich um Christenverfolgungen während der Regierungszeit Kaiser *Domitians* (81-96) handeln muss. Unter seiner Regierung wurden zahlreiche kaiserliche Tempel und Statuen errichtet (so z. B. in Ephesus), vor denen je-

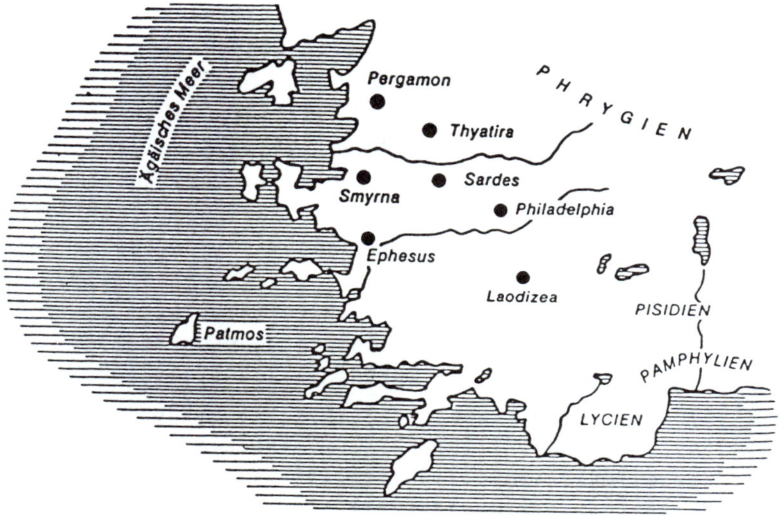

Die sieben Christengemeinden der Johannesoffenbarung im Westen der römischen Provinz Asia (vgl. Offb 2-3)

der Staatsbürger dem Kaiser göttliche Verehrung erweisen musste (vgl. 13,2-18; 17.2.5.15; 18,7.23f. Näheres bei Weiser 204–207).

4 Die Verheißung für den Überwinder

In dieser Verfolgungssituation ruft der prophetische Seher zum Ausharren, zur Treue, zur Leidens- und Todesbereitschaft, aber auch zur Buße und Umkehr auf (vgl. besonders die sieben „Sendschreiben“: Kap. 2 – 3; ferner 12,19; 13,10; 14,12f; 21,7).

Das Ausharren und Erdulden von Verfolgungen versteht der Verfasser – ähnlich wie der erste Petrusbrief und der Hebräerbrief – als *ein Leiden in der Nachfolge des getöteten Christus,* auf dessen Sühnetod er immer wieder verweist (vgl. 1,5f.18; 2,8; 5,6-12; 7,14; 11,8; 12,11; 13,8). Daher auch der bevorzugte Titel „Lamm“ bzw. „Widder“ für Christus.

Der Blick auf den von den Machthabern dieser Welt getöteten Christus soll den Christen Kraft zum Ausharren im Leid geben. Doch ist

der Tod Christi nie isoliert gesehen. Der Getötete ist der, dem *die Herrschaft und Macht* gegeben ist, der den Tod überwunden hat (vgl.1,5.18; 2,8; 5,6; 6,16; 7,17). Daher wird der Glaubende, der hier in der Nachfolge seines Herrn gelitten hat und treu geblieben ist, auch an der Herrschaft Anteil haben. „Wer siegt, der darf mit mir auf meinem Thron sitzen, so wie auch ich gesiegt habe und mich mit meinem Vater auf seinen Thron gesetzt habe" (3,21). Er ist aufgeschrieben in das „Buch des Lammes", das das „Buch des Lebens ist" (vgl. 13,8; 21,27).
Das ganze Buch ist von dem Glauben an die *schon geschehene Machtergreifung* durch das geschlachtete Lamm und von der Erwartung des endgültigen Sich-Durchsetzens der Gottesherrschaft bestimmt. Insofern ist auch die Offenbarung gekennzeichnet von dem „Schon" der Heilsgegenwart und dem „Noch-nicht" der endgültigen Vollendung. Entscheidend ist aber die *in derAuferstehung begründete gegenwärtige Herrschaftsstellung Christi*, die dem Seher als himmlische Wirklichkeit gezeigt wird (vgl. 5,8-10; Kap. 12-14). Die Unterscheidung zwischen der Wirklichkeit, die Johannes im Himmel sieht, und dem Geschehen auf Erden, wo das Widergöttliche noch seine Macht ausüben darf, ist die besondere Weise, das „Schon" der Heilsgegenwart und das „Noch-nicht" der endgültigen Erlösung auszudrücken (vgl. S. 181f).
Im Anschluss an Dan 7,1-8 stellt Johannes die bedrohenden Mächte unter dem Symbol *zweier Tiere* dar, wobei das Tier aus dem Meer (13,1-10) das römische Reich und das Tier aus der Erde (13,11-18) die in seinem Dienst stehende staatliche „Propagandamaschinerie" symbolisiert. Der Verführerin Rom, der *„Großen Hure Babylon"* (Kap. 17f), steht die von Gott bewahrte Gemeinde, versinnbildlicht in einer anderen Frau, als *„großes Zeichen am Himmel"* gegenüber. Wenn Johannes die Auseinandersetzung zwischen den Glaubenden und den vom römischen Staat repräsentierten widergöttlichen Mächten als *Kampf* beschreibt (vgl. 12,7ff; 19,11-21), dann hat das – neben der Abhängigkeit von apokalyptischen Überlieferungen – seinen Grund auch in der konkreten Situation. Die kriegerischen Szenen sind Ausdruck des Ernstes der Entscheidung. Hier geht es um ein Entweder – Oder. Jeder faule Kompromiss zwischen Christsein und der göttliche Verehrung beanspruchenden Staatsmacht ist

ausgeschlossen! Offensichtlich gab es Gruppen (vgl. 2,2.6.14f.20), die beides für vereinbar hielten. Daher diese Sprache, die zu einer entschiedenen Haltung bewegen will. Da dieser Konflikt immer wieder auftritt, dürfte die Offenbarung in diesem Punkt stets neu von größter Aktualität sein.

5 Die Vergegenwärtigung des Heils

In gewisser Weise ist die himmlische Wirklichkeit aber auch *jetzt schon* auf Erden erfahrbar, und zwar im *Gottesdienst* und *im Wirken des Geistes.* In der gottesdienstlichen Feier spiegelt sich gleichsam die himmlische Wirklichkeit wider, die der Seher ja auch als einen nie endenden Gottesdienst beschreibt (vgl. die zahlreichen Hymnen). In der Liturgie, in der Feier der Taufe und der Eucharistie (vgl. 3,12.20; 5,8; 7,3ff; 8,3f; 14,1; 22,4.15-20) erhalten die Glaubenden Anteil am Heil der „jenseitigen" himmlischen Welt.

Als *„Geist der Prophetie"* (19,10) redet der Geist konkret durch christliche Propheten zur Gemeinde (vgl. 1,4f.13; 2,1.7.8. 11.12; 3,10.6f.9.19; 4,5; 5,6; 14,13).

Bezeichnenderweise *fehlt jede Erwähnung von Amtsträgern* und ist die Gabe der Prophetie die einzige Geistgabe, die genannt wird (vgl. 10,7; 11,18; 16,6; 19,10; 22,6.9.16). Obwohl der Verfasser reichlich aus der Bildsymbolik der jüdischen Apokalyptik schöpft (aus Dan, äthHen, 4 Esra), *unterscheidet* er sich doch in wichtigen Punkten von ihr. Weil er alles Geschehen von dem grundlegenden Ereignis der Herrschaftseinsetzung Christi her sieht, kann er auf die in der apokalyptischen Literatur übliche *Pseudonymität* verzichten. Das heißt, er verbirgt sich nicht hinter der Autorität und dem Namen einer großen Gestalt der Vergangenheit, wie Henoch, Daniel oder Baruch. Dadurch entfällt auch die rückblickende Darstellung der bisherigen Geschichte bis zur Gegenwart, die sonst die Autorität des Apokalyptikers bekräftigen soll. Weil Johannes sein Wort als *„Zeugnis Jesu"* und *Wort des Geistes für seine Gegenwart* versteht, braucht er sein Buch auch nicht zu versiegeln (vgl. 22,10). In diesen Punkten unterscheidet sich Johannes also von den jüdischen Apokalyptikern.

6 Die Erwartung des nahen Endes

Das stärkste Motiv zum Ausharren und Bestehen in der Verfolgungssituation ist aber der Ausblick auf die Zukunft mit der Gewissheit des *nahe bevorstehenden Endes* dieses Weltzustands (vgl. 3,11.20; 6,11; 22,6.10.20). Mit dem Erscheinen Christi wird der endgültige Sieg Gottes durch seinen Messias über alles Widergöttliche auch auf Erden Wirklichkeit werden, und die, die standgehalten haben, werden dann *mit Christus auf Erden herrschen* (5,10).

Der Seher beschreibt dieses Ende, das zugleich *Befreiung der Getreuen* und *Gericht über die Feinde* ist, in eindrucksvollen, z.T. schreckerregenden Bildern. Sie sind nicht einfach Niederschrift des Geschauten, sondern der Verfasser drückt mit diesem „Bildmaterial", das ihm aus der biblischen und außerbiblischen, besonders der apokalyptischen Literatur, zur Verfügung stand, die empfangene Offenbarung in menschlicher Weise aus (vgl. die Anspielung auf die ägyptischen Plagen, auf die Tiere in Dan 7). Die aufeinander folgenden Bildzyklen bzw. Gerichtsvisionen wollen auch *nicht einen zeitlichen Ablauf* schildern. Das Nacheinander ist vielmehr Entfaltung des *einen* Geschehens, das dadurch in seinem *Wesen* möglichst umfassend gekennzeichnet werden soll.

Die Offenbarung endet mit *Bildern des Heils*, mit der Vision der *neuen Welt Gottes* (21,1 – 22,5), symbolisiert in der „Braut", der „Frau des Lammes", der neuen „heiligen Stadt Jerusalem" (21,9f). Gottes Heilswille, der sich besonders in der Auferweckung Jesu offenbarte, ist doch zum Ziel gekommen (vgl. 1 Kor 15,23-28; Röm 8,18-39). Die Welt wird letztlich nicht von einem blinden Zufall und auch nicht von den Mächten des Bösen bestimmt. Gott hat ihre Geschichte in seiner Hand, und er hat die Seinen nicht vergessen, auch wenn es manchmal so scheinen mag. Ihr Leiden ist nicht sinnlos. Das ist die tröstende und den Glauben stärkende Botschaft des Propheten Johannes. Man wird sie in ihrer Eigenart nur verstehen, wenn man berücksichtigt, dass sich in ihr der Protest einer verfolgten Minderheit im Namen Gottes gegen eine erdrückende, ungerechte Staatsmacht und zugleich aber auch die begründete Hoffnung auf endgültige Rettung ausdrückt. Solange das Kommen des Herrn zur Befreiung und zum Gericht aber noch aussteht, ruft die Gemeinde vertrauensvoll und fast beschwörend nach ihm: „Komm, Herr Jesus!“ (22,20).

Lit.: *Weiser* 203-216; *Giesen*, Johannes-Apokalypse.

WIEDERHOLUNGS- UND VERSTÄNDNISFRAGEN

- Welche Absicht verfolgt der Verfasser der Offb?
- Wodurch ist die Situation der Empfänger vor allem bestimmt?
- Mit welchen Bildern beschreibt der Verfasser die Gemeinden und ihre Gegner?
- Wie sieht er die endgültige Vollendung des Heils? Mit welchen Bildern beschreibt er sie?

Rückblick
Einheit in der Vielfalt

Am Ende dieses Weges durch das Neue Testament, bei dem es darum ging, *die leitenden theologischen Gedanken der einzelnen Schriften bzw. Schriftgruppen zusammenhängend darzustellen*, dürfte deutlich geworden sein, dass die 27 Schriften eine *reiche Vielfalt* theologischer Entwürfe und Konzepte bieten, die sich nicht einfach in ein harmonisches einheitliches Gesamtkonzept bringen lassen. Solch eine nachträgliche Harmonisierung der spannungsgeladenen Vielfalt ist auch gar nicht erstrebenswert, da sie nur auf Kosten des Eigenwerts der einzelnen Entwürfe geschehen könnte. Im Bild gesprochen, sind diese inspirierten Schriften einem vielstimmigen Chor vergleichbar, der aus einer Grundstimme erwachsen ist. Zu dieser Basisstimme haben sich in einem Zeitraum von rund 60-80 Jahren immer neue Stimmen gesellt, die das Grundthema variieren, sich dabei manchmal auch sehr weit von ihm entfernen, so dass es keineswegs immer zu einem harmonischen Zusammenklang kommt. Dennoch wollen sie alle auf die ursprüngliche Grundstimme bezogen bleiben. So erklingen im NT zwar viele Stimmen, aber alle bezeugen den einen Glauben.

Die Grundstimme, gleichsam der sich durchhaltende „cantus firmus", ist das *Grundbekenntnis, dass Gott durch die Sendung seines Sohnes Jesus Christus und durch dessen Tod und Auferstehung die Welt mit sich versöhnt hat, und zwar unabhängig von allen menschlichen Vorleistungen, aus reiner Gnade*. Dieses gnadenhafte Handeln Gottes hat sich – als Erfüllung alttestamentlicher Verheißungen – in der Geschichte des Jesus von Nazaret vollzogen. Zu dieser Erkenntnis sind die Jünger/innen aber erst *nach der Auferstehung und Geistsendung* gekommen. Von da an haben sie ihren Glauben zuerst in kurzen Glaubensformeln bekannt, die das Bekenntnis zum Sühnetod und zur Auferstehung Jesu zum wesentlichen Inhalt hatten. Auferstehung und Geistsendung bewirkten die Wiederaufnahme der ReichGottes-Verkündigung Jesu durch seine Jünger – zunächst an Israel, bald aber auch an Nichtjuden. Das brachte auch die

Einbeziehung der Verkündigung des irdischen Jesus mit sich, denn es ging ja um die Fortführung der Botschaft Jesu, zu der Gott sich durch dessen Auferweckung bekannt hatte.

Die zunächst mündliche Verkündigung – man lebte ja in einer gespannten Erwartung der Wiederkunft des Auferstandenen – wurde bald auch in *schriftlichen Sammlungen*, besonders zu *katechetischen und missionarischen* Zwecken, aufgezeichnet. *Markus* fasste dann als erster die Sammlungen in einer zusammenhängenden Darstellung zu einem *„Evangelium"* zusammen, indem er das Passionskerygma mit der übrigen Überlieferung verband. Allerdings konnte er dabei bereits auf andere Versuche zurückgreifen (vormarkinische Tradition).

Matthäus und *Lukas* haben diese erste Evangelienschrift zur Grundlage ihrer Evangelien gemacht und sie durch die umfangreiche Redenquelle und andere Überlieferungsstoffe ergänzt. Diese „Neubearbeitungen" des Mk spiegeln bereits die veränderte Situation und Umwelt wider, was sich sehr deutlich z. B. in der Frage der Parusieerwartung zeigt. Lukas fügt dem Evangelium noch seine Darstellung der Ausbreitung der Heilsbotschaft von Jesus in der damaligen Welt hinzu, die sog. *„Apostelgeschichte"*.

Ein beeindruckendes Beispiel aktualisierender Neuverkündigung unter veränderten Bedingungen bietet das *Johannesevangelium*. Es versucht, die Botschaft Jesu in die Sprache und Vorstellungen seiner Umwelt zu übersetzen und Jesus als die alle anderen Angebote übertreffende Erfüllung zeitgenössischer Erlösungs- und Heilserwartungen zu erweisen.

Ohne ausdrücklichen Rückgriff auf die Botschaft des irdischen Jesus entfaltet und vertieft *Paulus* in seinen Briefen das urchristliche Kerygma vom gekreuzigten und auferstandenen Herrn und zeigt dessen Konsequenzen für das Leben des Einzelnen und der Gemeinden. Er tut dies unter Aufnahme verschiedenster Vorstellungen aus dem AT und auch aus der heidnischen Umwelt.

Für Paulus lässt sich das, was Gott durch seinen Sohn Jesus Christus für die Welt getan hat, in der Erkenntnis und dem Bekenntnis zusammenfassen, dass er *den Menschen durch Tod und Auferstehung seines Sohnes einen neuen Heilsweg außerhalb des Gesetzes eröffnet hat.* Gott rechtfertigt den Sünder ohne Werke des Gesetzes durch

den Glauben an ihn als den, der den gekreuzigten Jesus von den Toten auferweckt hat. Diese Grundeinsicht paulinischer Reflexion über die Versöhnungstat Gottes in Jesus Christus versucht man auch in der nachpaulinischen Zeit, in der sog. *deuteropaulinischen Literatur*, festzuhalten.
Neue Probleme, vor allem die Bedrohung durch Irrlehren, die in einigen Fällen durch falsche Interpretationen paulinischer Gedanken aufkamen, aber auch Bedrohungen und Verfolgungen von außen bewirkten eine Verlagerung der Schwerpunkte in der Verkündigung und eine Veränderung der Gemeindestrukturen. Der Niederschlag dieser Entwicklung findet sich, wie gezeigt wurde, in der übrigen ntl. Briefliteratur, den sog. *Pastoralbriefen* und *Katholischen Briefen* und der *„Offenbarung des Johannes"*.
Manche Leser und Leserinnen mögen in der Vielfalt und der mangelnden Einheitlichkeit der ntl. Zeugnisse einen bedauernswerten Nachteil sehen. Ihnen wäre vielleicht eine klare, eindeutige Linie lieber. Aber gerade die Vielfalt zeigt, dass schon die ersten Generationen Gottes Wort in Jesu Botschaft *nicht als toten Buchstaben* angesehen haben, den man einfach wiederholen und wie ein lebloses Museumsstück weitergeben konnte. Sie waren sich bewusst, dass nur der Geist lebendig macht und dass Jesu Botschaft den Menschen dort ansprechen muss, wo er lebt. Das erforderte notwendigerweise ein Umsetzen in die Lebenssituation des Menschen, ein Eingehen auf seine konkreten Probleme und Fragen. Das AT und das NT schildern eben nicht einen übergeschichtlichen Mythos, sondern die Begegnung Gottes mit dem Menschen in seiner *geschichtlichen Bedingtheit*. Natürlich bedeutet das nicht, dass nun alles und jedes als Botschaft Jesu und christliches Bekenntnis ausgegeben werden kann. Daher hat die Kirche sich selbst unter den ntl. *Kanon*, d.h. den Maßstab der 27 Schriften, gestellt, nach dem sie beurteilen kann, was christliche Verkündigung ist, die ihren Anfängen treu bleiben will. Gewiss erklingt das Grundbekenntnis von der gnadenhaften Versöhnungstat Gottes in Christus nicht in jeder dieser Schriften in gleicher Klarheit. Daher hat man immer wieder versucht, einen „Kanon im Kanon" als Kriterium des Ganzen aufzustellen oder die Frage nach der „Mitte der Schrift" gestellt. So wollte z.B. Luther alle Schriften danach beurteilt wissen, ob sie

„Christum treiben". Das ist gewiss ein gutes Kriterium. Aber können wir so genau wissen, was in einer Schrift „Christum treibt"? Und ist das für jeden und für alle Zeiten immer die gleiche Schrift, der gleiche Text?

Die frühe Kirche hat jedenfalls in einem über drei Jahrhunderte dauernden Prozess in der Gesamtheit der 27 Schriften und in ihrer gegenseitigen Zuordnung die unverfälschte Stimme ihres Herrn erkannt, der sie sich hörend und gehorchend unterworfen hat. Gerade in der Vielfalt der Stimmen vernimmt sie auch immer neu das Zeugnis des Geistes der Wahrheit, der Freiheit und des Lebens, das dieser durch sie von Jesus Christus gibt, der gekommen ist, *damit die Menschen das Leben in Fülle haben* (vgl. Joh 10,10).

Anhang

Ausgewählte grundlegende und weiterführende Literatur

(Öfter und nur mit Verfassernamen [und Kurztitel] zitierte Werke sind mit einem * gekennzeichnet.)

1. *Einleitungen, Arbeitsbücher, Literatur zur Umwelt und Geschichte*

Berger K., Theologiegeschichte des Urchristentums. (UTB 1541), Stuttgart 1990

Bösen W., Galiläa als Lebensraum und Wirkungsfeld Jesu, Freiburg 2. Aufl. 1990

Conzelmann H./Lindemann A., Arbeitsbuch zum Neuen Testament. (UTB 52), Tübingen 10. Aufl. 1991

Conzelmann H., Geschichte des Urchristentums. (NTD-Erg. 5), Göttingen 6. Aufl. 1989

Kirchschläger W., Einführung in das Neue Testament, Stuttgart 1994*

Ders., Kleiner Grundkurs Bibel. Im Blick: Das Neue Testament, Stuttgart 2. Aufl. 1992

Knoch O., Begegnung wird Zeugnis. (BBB 6), Kevelaer/ Stuttgart 1980*

Lohse E., Die Entstehung des Neuen Testaments. (Theol. Wiss. 4), Stuttgart 5. Aufl. 1991

Ders., Umwelt des Neuen Testaments. (NTD-Erg.1), Göttingen 8. Aufl. 1989

Schierse F. J., Einleitung in das Neue Testament, Düsseldorf 4. Aufl. 1987

Schnelle U., Einleitung in das Neue Testament (UTB 1830), Göttingen 1994

Zu den Anfängen der Überlieferung

Bösen W., Der letzte Tag des Jesus von Nazaret, Freiburg 1994

Frankemölle H., Jesus – Anspruch und Deutungen. (Topos T. 88), Mainz 1980

Kremer J., Das älteste Zeugnis von der Auferstehung Christi. (SBS 17), Stuttgart 3. Aufl. 1970

Pesch R., Wie Jesus das Abendmahl hielt, Freiburg 2. Aufl. 1978

Polag A., Die Christologie der Logienquelle. Neukirchen 1977

Schürmann H., Jesu ureigener Tod, Freiburg 2. Aufl. 1976

Vögtle A./Pesch B., Wie kam es zum Osterglauben? Düsseldorf 1975

2. *Theologien und zusammenfassende theologische Darstellungen*

Conzelmann H., Grundriss der Theologie des Neuen Testaments. (UTB 1446), Tübingen 4. Aufl. 1987
Gnilka J., Neutestamentliche Theologie. Ein Überblick, Würzburg 1989
Ders., Jesus von Nazaret. Botschaft und Geschichte (Sonderausgabe). Freiburg 2. Aufl. 1993
Goppelt I., Theologie des Neuen Testaments (Hg. v. J. Roloffl (UTB 850. Göttingen 3. Aufl. 1985
Kittel G., Der Name über allen Namen. Biblische Theologie. Neues Testament, Göttingen 1990
Kümmel W. G., Die Theologie des Neuen Testaments nach seinen Hauptzeugen, Göttingen 5. Aufl. 1987
Küng H., Christ sein, München 10. Aufl. 1983
Lohse E., Grundriss der neutestamentlichen Theologie, Stuttgart 4. Aufl. 1989
Schierse F. J., Christologie. (Leitfaden Theologie 2). Düsseldorf 6. Aufl. 1992
Schillebeeckx E., Jesus, Freiburg 1975
Ders., Christus und die Christen, Freiburg 1977
Schnackenburg R., Die Person Jesu Christi im Spiegel der vier Evangelien, Freiburg 1993
Schrage W., Ethik des Neuen Testaments, Göttingen 5. Aufl. 1989
Schweizer E., Theologische Einleitung in das Neue Testament, Göttingen 1989
Weiser A., Theologie des Neuen Testaments I. Die Theologien der Evangelien (Studienbücher Theologie 8), Stuttgart 1993*

3. *Zu den synoptischen Evangelien und der Apostelgeschichte*

Ernst J., Lukas. Ein theologisches Portrait, Düsseldorf 1985
Ders., Markus. Ein theologisches Portrait, Düsseldorf 1987
Ders., Matthäus. Ein theologisches Portrait, Düsseldorf 1989
Kliesch K., Apostelgeschichte (SKK NT 5). Stuttgart 1986
Limbeck M., Markus-Evangelium. (SKK NT 2), Stuttgart 4. Aufl. 1989
Ders., Matthäus-Evangelium. (SKK NT 1), Stuttgart 2. Aufl. 1988
Merklein H., Die Gottesherrschaft als Handlungsprinzip (FzB 34), Würzburg 1978
Ders., Jesu Botschaft von der Gottesherrschaft. (SBS 111), Stuttgart 3. Aufl. 1989
Ders., Die Jesusgeschichte – synoptisch gelesen, Stuttgart 1995
Müller P.-G., Lukas-Evangelium. (SKK NT 3) Stuttgart 3. Aufl. 1988
Schneider G., Die Passion Jesu nach den drei älteren Evangelien, München 1973

4. *Zum Johannesevangelium und zu den Johannesbriefen*

Baur W., 1., 2. und 3. Johannesbrief (SKK NT 17), Stuttgart 1991
Blank J., Das Evangelium nach Johannes (Geistl. Schriftl. 4/la-3), Düsseldorf 1977-4981
Ernst J., Johannes. Ein theologisches Portrait. Düsseldorf 1991
Porsch F., Johannes-Evangelium (SKK NT 4), Stuttgart 2. Aufl. 1989

5. *Zu den Paulusbriefen, den Deuteropaulinen und den Pastoralbriefen*

Bornkamm G., Paulus. (Urban-T. 119). Stuttgart 4. Aufl. 1979
Borse U., 1. und 2. Timotheusbrief/Titusbrief. (SKK NT 13), Stuttgart 2. Aufl. 1986
Ernst J., Paulus. Ein theologisches Portrait, Düsseldorf 1986
Hoppe R., Epheserbrief/Kolosserbrief. (SKK NT 10), Stuttgart 1987
Knoch O., Die „Testamente" des Petrus und Paulus (SBS 62). Stuttgart 1973

6. *Zu den übrigen Schriften*

Giesen H., Johannes-Apokalypse (SKK NT 18), Stuttgart, 3. Aufl. 1992
Goldstein H., Paulinische Gemeinde im ersten Petrusbrief. (SBS 80), Stuttgart 1975
Hoppe R., Jakobusbrief. (SKK NT 15), Stuttgart 1989
Pesch R., Die Echtheit eures Glaubens. Biblische Orientierung: 1. Petrusbrief, Freiburg 1980
Seethaler P. A., 1. und 2. Petrusbrief/Judasbrief. (SKK NT 16). Stuttgart 2. Aufl. 1986
Vögtle A., Das Buch mit den sieben Siegeln, Freiburg 1981

7. *Allgemein verständliche Kommentarreihen*

Das Neue Testament Deutsch. (NTD), hg. v. G. Friedrich/ P. Stuhlmacher
Die Neue Echter-Bibel. (NEB), hg. v. J. Gnilka/ Schnackenburg, Würzburg
Geistliche Schriftlesung. Hg. v. W. Trilling, Düsseldorf
Stuttgarter Kleiner Kommentar zum Neuen Testament. (SKK NT), hg. v. P.-G. Müller, Stuttgart
Verwiesen sei auch auf den „Grundkurs Bibel – Neues Testament. Werkbuch für die Bibelarbeit mit Erwachsenen." Stuttgart 4. Aufl. 2002

Namen- und Sachregister (in Auswahl)

Register der Bibelstellen (in Auswahl)

(Die kursiv gesetzten Ziffern beziehen sich auf die Seitenzahlen.)